中国特色绿色发展的政治经济学

Political Economics of Green Development with Chinese Characteristics

岳利萍　康　蓉　李　伟◎等著

发展的政治经济学与新中国70年

任保平　何爱平　师　博／主编

西北大学“双一流”建设项目资助
Sponsored by First-class Universities and Academic Programs of Northwest University

中国经济出版社
CHINA ECONOMIC PUBLISHING HOUSE
北　京

图书在版编目（CIP）数据

中国特色绿色发展的政治经济学 / 岳利萍等著. -- 北京：中国经济出版社，2019.10

ISBN 978-7-5136-5802-7

Ⅰ.①中… Ⅱ.①岳… Ⅲ.①中国特色社会主义-社会主义政治经济学-研究 Ⅳ.①F120.2

中国版本图书馆 CIP 数据核字（2019）第 165932 号

责任编辑　李若雯　贺　静
责任印制　巢新强
封面设计　华子设计

出版发行　中国经济出版社
印 刷 者　北京力信诚印刷有限公司
经 销 者　各地新华书店
开　　本　710mm×1000mm　1/16
印　　张　22
字　　数　312 千字
版　　次　2019 年 10 月第 1 版
印　　次　2019 年 10 月第 1 次
定　　价　89.00 元
广告经营许可证　京西工商广字第 8179 号

中国经济出版社 **网址** www.economyph.com **社址** 北京市东城区安定门外大街 58 号 **邮编** 100011
本版图书如存在印装质量问题，请与本社销售中心联系调换（联系电话：010-57512564）

总 序

发展经济学是第二次世界大战以后产生的研究发展中国家经济发展的经济学科，20 世纪 40 年代后期在西方国家逐步形成，主要探讨贫困落后的发展中国家如何实现现代化和工业化、摆脱贫困、走向富裕等问题。但是西方发展经济学以西方经济学的理论与方法为指导，并没有为中国经济发展提供有效的理论指导。进入新时代，中国面临的重大发展问题是现代化发展问题，经济发展的主要任务是现代化强国建设。西方发展经济学不可能指导中国经济的现代化发展，中国经济发展的实践亟须构建具有新时代特征和中国特色的中国发展经济学。新时代中国特色社会主义政治经济学的创新要以马克思主义经济发展理论为指导，以新时代中国经济发展的经验、事实和材料为基础，把发展经济学与政治经济学相结合，构建发展的政治经济学理论体系，探讨新时代中国现代化发展的特殊规律。

一、中国特色发展的政治经济学的理论定位

随着中国特色社会主义进入新时代，中国发展经济学的研究对象不再是如何解决贫穷落后的问题，而是应该研究中国独特的现代化发展道路，探索新时代中国现代化发展的特殊规律。概言之，主要包括两方面的内容：一是我国如何由落后国家变为一个经济大国，研究如何由计划经济转型为社会主义市场经济大国的道路。改革开放 40 年来中国经济快速发展，实现了由计划经济体制向社会主义市场经济体制

的转型、由封闭经济体系向开放经济的转型，成功进入了中等收入国家行列，这一阶段的发展道路为世界其他发展中国家提供了新的范本，需要在理论上加以系统总结和研究，进而形成系统化的中国特色发展的政治经济学的理论学说。二是进入新时代，我国如何从一个经济大国变为现代化经济强国。就经济总量而言，目前我国已经成为世界第二大经济体，但还不是经济强国，作为发展中大国的国际地位没有变，仍然面临现代化发展问题。传统增长方式亟待转型，“中等收入陷阱”必须尽快跨越，社会矛盾不断加剧，发展的不平衡、不协调、不充分、不可持续问题更加突出，亟须建立新时代中国特色发展的政治经济学，为解决这些问题提供理论指导，从而使中国从经济大国转向现代化的经济强国。新时代中国特色发展的政治经济学以中国现代化强国发展道路为研究对象，回答的是“什么是新时代的现代化发展”“在新时代如何实现现代化发展”“新阶段的现代化发展为了什么”这三个根本问题。既要解释中国从低收入国家发展成为中等收入国家所走过的发展道路，又要研究进入中等收入国家发展阶段后走向现代化的发展道路。易言之，既要对中国过去的发展道路进行理论总结，又要对中国新时代的现代化强国建设的道路进行研究。

习近平总书记在主持中共中央政治局第二十八次集体学习时强调，要立足我国国情和发展实践，揭示新特点、新规律，提炼和总结我国经济发展实践的规律性成果，把实践经验上升为系统化的经济学说。这不仅是对中国特色社会主义政治经济学的要求，而且是中国特色发展的政治经济学构建要坚持的基本原则。因此，中国特色社会主义政治经济学为中国特色发展的政治经济学提供了基本理论和方法，中国特色发展的政治经济学要坚持以人民为中心的发展思想，把增进人民福祉、促进人的全面发展作为出发点和落脚点，体现中国特色社会主义共同富裕的本质特征。同时也“要按照立足中国、借鉴国外、挖掘历史、把握当代、关怀人类、面向未来的思路，着力构建中国特色哲学社会科学，在指导思想、学科体系、学术体系、话语体系等方面充分体现中国特色、中国风格、中国气派[①]”。新时代中国特色发展的政治经济学要在中国特色社会主义政治经济学所揭示的内在的本质的经济必然性的基础上，研究新时代中国特色的现代化强国建设的道路，总结我国现代化发展的规律，指导新时代现代化强国建设。

中国特色发展的政治经济学的核心是促进生产力的发展，继续坚持解放、发展和保护生产力。其基本立场在于实现以人民为核心的经济发展，坚持人民主体地位，一切为了人民、一切相信人民、一切依靠人民是新时代中国特色发展的政治经济学始终要坚持的核心立场。

二、中国特色发展的政治经济学的实践定位

新时代中国特色发展的政治经济学的实践定位应该是立足于新时代中国发展的实际、中国经济改革的实践和中国新时代现代化发展的实际，研究中国现代化发展的重大理论问题、重大实践问题，总结概括中国经济以及世界经济现代化发展的重大历史经验教训，提炼升华，探索其中的经济规律，进而上升为系统化的经济学说，这样才能促进中国特色发展的政治经济学的理论创新，才能从学理上阐释中国道路的成功，才能指引新时代中国现代化发展的道路。

从这一实践定位出发，中国特色发展的政治经济学创新的内容应大致包括：一是中国由传统农业国转变为工业国的发展道路。中国的农业工业化与其他国家不一样，改革开放之前通过国家工业化，奠定了工业化的基础。改革开放以后，发挥市场机制的作用，利用民间资本的力量，通过乡镇企业促进了农村工业化，加速了中国工业化的进程。二是中国特色的城乡一体化发展道路。作为发展中国家，中国具有发展中国家二元经济结构的典型特征，因而城乡问题是中国现代化

① 习近平．在哲学社会科学工作座谈会上的讲话［EB/OL］．新华网，2016－05－18.

发展的核心问题之一。“党的十八大提出的‘走中国特色社会主义农业现代化道路，建立以工促农、以城带乡、工农互促的新型工农、城乡关系，形成城乡经济社会发展的新格局’是中国特色社会主义城乡一体化的伟大社会实践。”① 三是中国特色的社会主义市场经济道路。改革开放以来，我国成功地实现了从高度集中的计划经济体制向市场经济体制的转型，建立了社会主义市场经济体制的基本框架，走出了一条中国特色的社会主义市场经济发展道路。中国特色社会主义经济体制把市场经济的一般理论与中国的社会主义制度相结合，既具有市场经济的一般特征，又是与社会主义基本制度相结合的市场经济，是在积极有效的国家宏观调控下，市场对资源配置起基础性作用，能够实现效率与公平均衡发展的经济体制。中国特色社会主义市场经济道路的形成，是采用双轨过渡，从局部到总体，体制内改革与体制外推进相结合，改革、发展与稳定相协调，经济的市场化与政治的多元化相分离等方式建立起来的，因此，中国特色发展的政治经济学必须研究中国特色社会主义市场经济道路，总结其发展规律。四是中国特色的扶贫道路。作为最大的发展中国家，新中国成立以来，特别是改革开放以来，我国消除的贫困人数在世界范围内是最多的，据统计，改革开放以来我国的贫困发生率已由1978年的30.7%下降至2015年的5.7%②。中国的反贫困为人类做出了卓越的贡献，中国特色发展的政治经济学的理论创新必须总结这一经验。

三、中国特色发展的政治经济学的理论基础

马克思主义经济发展理论和中国特色社会主义政治经济学是新时代中国特色发展的政治经济学创新的理论基础。新时代中国特色发展

① 彭国昌．分离与融合：中国特色社会主义城乡一体化发展趋势与路径选择［J］．湖南社会科学，2014（1）．

② 孙久文，唐泽地．中国特色的扶贫战略与政策［J］．西北师范大学学报，2017（2）．

的政治经济学是在马克思主义经济发展理论和中国特色社会主义政治经济学所揭示的内在的、本质的经济必然性的基础上进行理论创新，研究中国特色社会主义现代化发展的道路。

(1) 马克思主义经济发展理论是中国特色发展的政治经济学的理论基础。马克思主义经典作家在研究资本主义经济的过程中，也研究了经济发展的一般规律，形成了系统的马克思主义经济发展理论。这一理论核心包括：①经济发展的终极目标是人的全面发展。马克思主义经济发展理论认为经济发展的目标是人的全面发展，物质资料的生产是人全面发展的基础。马克思人的全面发展理论体现在马克思和恩格斯1845—1846年合作完成的《德意志意识形态》一书中，马克思认为人的全面发展是指人的智力和体力的统一，精神劳动、物质劳动和享受的统一，生存和发展的统一，并使人的潜能和天资、兴趣和才能得到空前未有的充分发展，使人的身心、精神（道德）、才能、个性全面而丰富地发展。人的全面发展是在社会发展中不断得到实现的，马克思把这一点总结为“社会发展的普遍规律”，同时，人的全面发展又推动了社会的全面进步[①]。②经济发展的动力在于生产力的发展。马克思主义经济发展理论认为生产力是经济发展的动力和最终决定因素。要素生产力和协作生产力是马克思生产理论体系的两个维度。马克思在其生产力理论中，首先论述了要素生产力对经济发展的作用，他在《资本论》第一卷中论述资本主义劳动过程时，就分析了生产要素对生产过程的影响，指出：“在劳动过程中，人的活动借助于劳动资料使劳动对象发生预定的变化。”[②] 经济发展中的生产要素包括劳动者、生产资料、劳动对象三个部分，其中人是经济发展的主体，也是经济发展的最活跃的要素。生产资料、劳动对象是经济发展的物质要素，是人的劳动借以进行的社会关系的指示器。同时，科学技术

---

① 戴跃侬．人的全面发展理论与马克思主义中国化［J］．马克思主义与现实，2007（5）．

② ［德］马克思．资本论：第一卷［M］．北京：人民出版社，2004：205．

也是生产力，科学技术决定着生产力要素中劳动者的素质，也决定着生产工具和劳动资料的水平。马克思在《资本论》的分工与协作中，还分析了协作生产力对经济发展的作用，协作生产力实际上通过劳动者与生产资料相结合的社会形式对经济发展产生影响。马克思分别研究了简单协作、工场手工业和机器大工业三种协作形式对经济发展的作用。③经济发展的持续性在于按比例协调发展。马克思主义经济发展理论中强调的按比例协调发展包括两个方面：一是国民经济各部门和各个生产环节按比例发展；二是人与自然协调发展。在再生产理论中他把社会生产划分为两大部类，认为两大部类之间相互影响、互为条件、相互制约，两大部类之间只有按比例协调发展，社会再生产才能顺利进行。同时，资本循环依次要经过三个阶段、变换三种职能形式，它们在时间上前后相继，在空间上同时并存，只有这样，资本循环才能顺利进行，这表明国民经济的各个环节必须保持协调关系。同时，马克思主义经济发展理论还论述了人与自然的协调关系，认为人与自然之间存在物质变换关系，在这个物质变换关系中，人与自然之间必须保持协调关系，在经济发展中既要遵循经济规律，又要遵循自然规律。④经济发展的效果取决于经济发展方式。马克思认为生产方式包括外延的扩大再生产和内涵的扩大再生产，前者是指生产场所的扩大，后者则是指生产资料效率的提高，同时，在地租理论中论述了粗放经营和集约化耕作两种方式。这实际上是分析了经济发展的两种方式：一是要素投入驱动型的发展；二是要素使用效率提高型的发展。如果经济发展主要靠要素投入来推动，就是粗放型经济发展方式；如果经济发展主要依靠要素效率的提高，则是集约型经济发展方式。马克思认为提高劳动生产率的途径是变革劳动过程的技术条件和社会条件，从而改变经济发展方式。

（2）中国特色社会主义政治经济学是中国特色发展的政治经济学的理论基础。中国特色社会主义政治经济学与中国特色发展的政治经济学之间既有联系，又有区别。中国特色社会主义政治经济学是对中国经济改革发展的实践经验进行系统总结而形成的系统化学说，是研究和揭示中国经济发展和运行规律的科学，是最高层次的经济理论。中国特色社会主义政治经济学在方向性、基础性、战略性层面研究中国生产力、生产关系以及生产方式的发展规律和趋势，为新时代中国特色发展的政治经济学的创新提供理论指导。例如，新时代理论，解放、发展和保护生产力理论，创新驱动理论，共同富裕理论，社会主义市场经济理论，新常态理论，供给侧结构性改革理论，五大发展理念理论等，这些都是新时代中国特色发展的政治经济学创新要坚持的基本原则。而新时代中国特色发展的政治经济学是中国特色政治经济学的重要组成部分，新时代中国特色发展的政治经济学的创新可以深化中国特色社会主义政治经济学中经济发展理论的研究。新时代中国特色发展的政治经济学要依据中国特色社会主义政治经济学，研究“什么是现代化发展”“现代化发展为了什么”“为谁实现现代化发展”等问题。进入新时代，中国经济发展面临一系列的新问题，需要从理论上加以阐释，包括中国特色的市场经济道路、中国的现代化道路、中国特色的工业化道路、中国特色的市场经济道路、中国特色的城镇化道路、中国特色的“三农”现代化道路等，对这些问题的研究既要以中国特色社会主义政治经济学为指导，其研究成果又可以丰富和发展中国特色社会主义政治经济学。

四、中国特色发展的政治经济学的新境界

习近平总书记在全国哲学社会科学工作座谈会上的讲话中指出，构建中国特色哲学社会科学体系应该从我国改革发展的实践中挖掘新材料、发现新问题、提出新观点、构建新理论。同时，应该从学理上“系统总结改革开放以来中国社会主义现代化建设的丰富实践经验，回应我国进入中等收入发展阶段面临的重大发展问题挑战”①。因此，

① 洪银兴．以创新的经济发展理论阐释中国经济发展［J］．中国社会科学，2016（11）．

中国特色发展的政治经济学必须开拓新的境界。

（1）发展观的新境界。五大发展理念是中国特色发展的政治经济学的发展观，开拓了中国特色发展的政治经济学中发展观的新境界，是发展观的一次重大创新。具体表现在：①创新发展体现了发展动力理论的新境界，创新是引领发展的第一动力，发展动力决定了经济发展的速度、效能以及可持续性。②协调发展的理念开拓了发展结构理论的新境界。我国进入中等收入阶段后，经济发展中的不平衡问题更加突出，需要转向协调发展，以增强新时代发展的整体性，使新时代的产业结构、供求结构、区域空间结构以及相应的发展战略趋向均衡。③绿色发展理念开拓了新时代经济发展财富理论的新境界，传统发展经济学的财富仅是指物质财富，绿色发展理念依据人—自然—社会复合生态系统的整体性观点形成新的财富论，进一步强调了自然资源的重要性。④开放发展的理念开拓了经济全球化理论的新境界，开放发展强调从融入全球化到主导全球化的转变，使我国由经济全球化的从属地位转变为主导地位。⑤共享发展的理念开拓了发展目的理论的新境界，体现了人的全面发展思想，要在新时代实现改革和发展成果全民共享。由此可见，五大发展理念开拓了中国特色发展的政治经济学中发展观的新境界，是发展观的一次重大创新。

（2）发展目标的新境界。党的十九大报告中指出，我国经济已经由高速发展阶段向高质量发展阶段转变，新时代中国特色发展的政治经济学要开拓发展目标的新境界，研究高质量发展。高质量发展要求以提高全要素生产率为目标，通过质量变革、效率变革、动力变革打造中国经济发展的升级版。质量变革是高质量发展的前提和基础，是高质量发展的环境保障。质量变革是指实现产品质量、生产质量和生活质量的提升，其关键是提升生产质量，增加有效供给，减少无效供给，提高供给体系的质量。效率变革主要包括生产效率、市场效率和协调效率三个方面。其中，生产效率强调要素配置效率、企业运行效率和生产组织效率；市场效率关注市场准入效率、市场匹配效率和市场交易效率；协同效率是经济与社会、经济与生态之间的协同运行效率。动力变革是指经济发展动力的调整，包括创新发展动力和结构发展动力。创新发展是高质量发展的第一驱动力，是提升生产能力、提高市场效率、增强企业竞争、实现协调发展的第一支撑力。结构发展动力是高质量发展的战略支撑，须通过产业结构、动力结构和要素结构的全面优化实现高质量的经济发展。

（3）经济发展任务的新境界。新中国成立之后，中国经济发展的目标是实现国家的繁荣富强，也就是实现国家富裕。进入新时代以后，国家富裕的任务已经基本完成，无论是经济发展、经济改革，还是现代化都应当考虑“富民”，即能不能给人民带来利益，能否使人民群众分享经济发展的成果，这既是新时代中国特色发展的政治经济学的任务，又是新时代中国特色发展的政治经济学经济发展任务的新境界。中国特色发展的政治经济学以“富民”为目标，不仅涉及加快经济发展问题，还涉及经济发展成果如何分配，才能使人民群众得到最大收益、最大的社会福利问题①。即一方面要实现经济又好又快发展，“快”是指速度，“好”是指质量，“好”放在前面，是发展观的新境界，也就是经济发展由数量型、速度型转向高质量发展型；另一方面，让人民富裕，不但要扩大中等收入者的比重，还要在收入普遍提高的基础上缩小收入差距，让居民生活质量普遍得到提高。

（4）经济发展模式的新境界。进入新时代意味着我们必须摒弃过去数量型的经济发展模式，探索质量型的发展路径，以提高经济发展质量为核心，把质量当成基础性和关键性的变量，通过转方式、调结构、创新发展，将中国经济引入高质量发展的轨道。实现从高速增长向高质量发展阶段的转型，必须进行发展模式的创新，开拓经济发展

① 洪银兴．以人为本的发展观及其理论和实践意义［J］．经济理论与经济管理，2007（5）．

模式的新境界。新时代背景下的经济发展与过去发展模式最大的区别就是要建立在质量效益的基础上，强调经济结构在诸多领域的全面升级，同时，经济发展方式逐步由粗放型向集约型转变，提高经济发展质量，实现高质量发展。新时代中国经济发展要从单纯的速度提升变为速度与质量效益的同步提升，不能仅以 GDP 为标准，更重要的是要着力解决发展的不平衡和不充分问题，提高居民生活质量，满足人民对美好生活的需求，让居民共同享受经济增长的成果，减少贫富差距和城乡差距。

（5）经济发展动力的新境界。处于低收入发展阶段时，经济发展的主要任务是摆脱贫困和实现快速经济增长，因此经济发展的目标是以规模扩张和要素驱动为动力追求经济发展的规模和数量。进入中等收入国家行列并成为世界第二大经济体以后，我国经济发展的目标由摆脱贫困转向基本实现现代化，由建设经济大国转向建设经济强国，为此，必须实现经济发展动力的转换，从要素驱动彻底转向创新驱动。因此，新时代中国特色发展的政治经济学需要强调经济发展动力的创新，不断强化创新引领新时代发展的动力作用。科技创新是全面创新的引领，应大力推动科技创新成为产业创新的动力，在提升自身在全球价值链上地位的基础上，实现知识创新与技术创新、科技创新与产业创新、产业创新与产品创新的深层次对接。

（6）经济发展动能的新境界。经济发展不同阶段的动能是不同的，当前中国经济正处于新旧动能转换的关键时期，培育经济发展的新动能是适应和引领中国经济新常态的必然要求。培育和发展经济新动能就是要给经济增长注入新的活力、新的动力、新的能量。新动能不仅是经济发展的新引擎，而且是改造提升传统动能、促进质量效益型经济发展的动力。新动能的形成需要供需双侧协调发力。供给方面，通过创新驱动、结构调整、制度变革等手段培育供给侧新动力；需求方面，通过消费、投资、出口需求协同拉动重振需求侧动力。由于新时代经济矛盾1的主要方面集中在供给侧，应将供给侧动力作为新时代现代化发展新动能的核心。概言之，中国特色发展的政治经济学要适应世界新产业革命的趋势，以科技创新为核心，以产业创新为抓手，以制度创新为保障，坚定走创新型经济发展的道路，以创新为抓手实现新动能的培育。

（7）发展战略的新境界。经过新中国70年，特别是40多年的改革开放，中国经济发展进入了新时代，我们面对的已经不再是单纯的发展问题，而是发展起来以后的现代化问题，相应地，中国特色发展的政治经济学必须进行发展战略的创新，开拓发展战略的新境界。具体而言，在战略思路上，新时代中国特色发展的政治经济学要以促进经济增长转向高质量发展为目标，以知识、技术、信息和人力资本等为先进生产要素，以创新为第一驱动力，构建现代化经济体系，实现以新型工业化为核心的新时代经济现代化，以追求效率、秩序、民主为核心的新时代政治现代化，以城市化和城镇化为特征的新时代社会结构现代化，以人的素质提高和生活方式变革为主体的新时代人的现代化。在战略目标上，新时代中国特色发展的政治经济学要由高速增长目标转向高质量发展目标，要由过去的制度创新转向以建设创新国家和现代化强国为内容的综合创新。战略措施上，新时代中国特色发展的政治经济学要由单一市场化路径转向市场化、工业化、城市化和生态化的协调同步发展，以“强起来”为目标构建新时代对外开放新格局，全面提高对外开放水平。

（8）发展型式的新境界。美国发展经济学家钱纳里提出了“发展型式”的概念，他认为“发展型式”就是经济发展过程中在重要领域的系统变化。中国过去的发展型式围绕解决贫穷落后问题而形成，这种发展型式以速度为目标，以要素投入为动力，以规模扩张为方式实现经济发展。进入新时代，我国社会的主要矛盾已经转化为人民日益增长的美好生活需要和不平衡不充分的发展之间的矛盾，中国经济面临的不再是发展问题，而是发展起来以后的现代化问题，此时就要依据变化了的问题和主要矛盾，开拓发展型式的新境界。要以发展质量为目标，以创新为驱动力，以效率提升为主要方式，以满足人民对美好生活的需要为终极目的，以现代化为主线进行发展型式的变革。

五、中国特色发展的政治经济学的理论体系创新

“中国是世界上最大的发展中国家，现在也是经济发展最快、最成功的国家，面临的发展问题最多、困难最大，实践经验和可供研究的资料最丰富，是最能够出发展经济学理论的地方，也是发展经济学研究条件最好、最有利的地方。”① 新中国成立以来特别是改革开放以来我国取得了巨大的发展成绩，有许多成功的经验需要总结，并从学理上上升为系统化的经济学说。因此，新时代中国特色发展的政治经济学创新的任务具有二重性：一是总结研究改革开放以来的新问题、新材料，形成系统化的学说以指导新时代的中国经济发展；二是形成系统化的学说，为世界发展经济学贡献中国方案和中国智慧。依据发展经济学的一般范式，中国特色发展的政治经济学理论体系的创新应该包括以下几个层次。

（1）中国特色发展的政治经济学的“中国特色”。这主要包括两个方面：一是新时代中国经济发展的特殊性。从新时代中国经济发展初始条件和主要矛盾的变化出发，从发展目标、发展模式、发展主题、发展道路等方面研究新时代中国经济发展的特殊性。二是在新时代中国经济发展特殊性分析的基础上，研究新时代中国特色发展的政治经济学的“中国特色”。

（2）中国特色的发展条件。经济发展的条件决定了经济发展的方式和模式，以及经济发展的道路。这一层次主要研究四个方面的问题：

① 简新华．创建中国特色发展经济学［J］．生产力研究，2008（18）．

一是中国发展条件与发达国家的比较；二是中国发展条件与其他发展中国家初始条件的比较；三是在比较的基础上研究中国经济发展的特殊禀赋条件、制度条件、市场条件、技术条件、基础设施条件、经济基础条件、文化条件等方面的中国特色；四是中国经济发展面临的特殊问题，从人口、资源、环境、就业、“三农”、贫穷、地区、城乡、工农差别等方面研究中国新常态经济发展面临的特殊问题。

(3) 中国特色的发展道路。在中国特色发展初始条件研究的基础上，研究中国特色的发展道路，包括：中国特色的市场化道路、中国特色的改革发展道路、中国特色的工业化道路、中国特色的城市化(城镇化) 道路、中国特色的信息化道路、中国特色的“三农”现代化道路、中国特色的开放发展道路，并进一步研究中国经济发展在上述“六化”中的特殊规律。

(4) 中国特色的发展过程。这一层次主要研究如何实现新时代现代化发展的问题，依据五大发展理念和新时代主要矛盾的变化，研究五大发展理念的理论贡献，以及在实践上如何推进五大发展。重点研究如何在新时代中国经济发展中落实创新、协调、绿色、开放和共享发展，从而推动中国经济实现高质量发展。

(5) 中国特色的发展模式。这一部分主要研究新中国成立以来以及改革开放以来我国所选择的不同于西方但又适合本国国情的经济发展模式。具体而言，一是中国发展模式的演变，包括计划经济时期的经济发展模式、改革开放以来的发展模式和新常态下的经济发展模式。二是中国发展模式的同质性与异质性，比较研究中国较其他国家发展模式的特殊性。三是中国发展模式的转型，依据世界经济发展的趋势，以及中国进入中等收入国家的现实状况，研究新常态下中国经济发展模式的转型。

(6) 中国特色的发展战略。经济发展战略是指在一定时期内，国家关于国民经济发展的带有全局性、长远性、根本性的总体构想，及其为此实施的总体规划和方针政策。这一层次主要研究：一是中国经济发展战略的历史演变。主要包括：计划经济时期的赶超战略、改革开放时期的追赶战略、新时代的质量效益战略。二是发展战略的中国特色。从具体国情和发展阶段性特征出发，研究中国发展战略在选择、实施等方面的中国特色。三是新时代中国经济发展战略的转型，如何从长期的追赶战略转向质量效益战略。

（7）中国经济发展的前景。这一层次主要研究：一是中国经济发展对人类的贡献。总结大国发展的经验，总结中国发展模式、道路、体制等方面对世界的贡献。二是中国特色发展的政治经济学对世界发展经济学的贡献。总结概括中国经济发展的实践经验及可在发展中国家推广的理论。三是中国经济发展前景的估计。在对世界上各种关于中国经济发展前景分析的观点进行评价的基础上，估计新时代中国经济发展的未来前景。

六、"发展的政治经济学与新中国70年"丛书简介

"发展的政治经济学与新中国70年"丛书是教育部人文社会科学重点研究基地——西北大学中国西部经济发展研究中心和西北大学经济管理学院理论经济学科共同完成的一套系列丛书，也是我们在理论经济学建设方面的新成果。

西北大学理论经济学科过去以政治经济学的教学与研究见长，后来何炼成教授又提出了中国发展经济学的构想，政治经济学与中国发展经济学成为西北大学理论经济学科的主要研究领域。近年来，我们在研究理论经济学，特别是习近平总书记提出的中国特色社会主义发展政治经济学的过程中，逐渐形成了一个新的思想认识，即中国的问题是发展问题，而发展问题需要运用政治经济学的理论与方法来研究。在这种思想认识的基础上，我们把政治经济学与发展经济学相结合，提出了建立"发展的政治经济学"理论体系的思想认识。

在这一认识的指导下，我们首先开始写文章逐步阐释这一思想。2012年我和我的学生钞小静在2012年第11期《经济学家》上发表了《从数量型增长向质量型增长转变的政治经济学分析》，逐渐通过经济增长问题来研究发展的政治经济学。在2013年第5期《经济学家》上，何爱平教授发表了《发展的政治经济学：一个理论分析框架》，阐释了发展的政治经济学的基本框架。2015年我和我的博士生马强文又写了《经济发展方式转变的政治经济学分析》，在云南召开的第一届公共经济学论坛上我讲了这篇文章，阐释了发展的政治经济学的基本思想。在2015年第3期《黑龙江社会科学》上，我发表了《学好用好政治经济学 把握时代发展规律》的文章，指出“中国改革开放所面临的很多问题都是政治经济学问题，都需要用现代政治经济学予以回答。学好用好政治经济学对把握中国经济发展和改革的规律意义重大”。

2016年，《西部论坛》杂志主编黄志亮教授专访孟捷、周文和我三人，专访稿发表在《西部论坛》2016年第5期上，在我的专访稿《中国经济学的形成基础与体系构建》中，我提出中国特色社会主义政治经济学理论体系构建要抓住“发展”这个主题，中国经济学首先应研究中国发展的经济学，甚至可以称之为中国发展的政治经济学。

我在2016年第6期《中国高校社会科学》上发表了《“中国发展的政治经济学”理论体系构建研究》的文章，系统阐释了发展的政治经济学的思想，文中指出“当代中国马克思主义政治经济学的构建应该以中国特色经济发展道路为研究对象，主线是发展经济学与马克思主义政治经济学结合而形成的‘中国发展的政治经济学’。在理论逻辑上，‘中国发展的政治经济学’以马克思主义政治经济学为理论基础，既反映人类经济发展的一般规律，又反映中国经济发展的特殊规律，还能有效解释当代中国经济发展现象、指导中国经济发展实践。在实践逻辑上，‘中国发展的政治经济学’要有效解释中国特色的发展道路，抓住‘经济发展’这个主题，并直面中国经济发展的大问题、大矛盾。在发展经济学和政治经济学的结合中构建的‘中国发展的政治经济学’理论体系，应该研究中国经济发展的初始条件、中国宏观经济发展的政治经济学、中国中观经济发展的政治经济学、中国微观经济发展的政治经济学、中国与世界合作发展的政治经济学等五个层次问题”。我在2018年第3期《天津社会科学》上发表了《创新中国特色社会主义发展经济学 阐释新时代中国高质量的发展》的文章，阐释了发展经济学与政治经济学相结合的问题，同时我多次在全国性的学术研讨会上介绍了我的这篇文章的思路。2018年我们给本科生开设了一门课程“中国特色社会主义政治经济学18讲”，把讲授内容组织大家写成文章，在《西北大学学报》连续发表，我的文章和师博教授的文章都体现了发展的政治经济学的思想，文章发表后先后被人大报刊复印资料和中国社会科学文摘转载。

围绕这些文章的思路，我们经过认真研究，提出了组织这套丛书的研究设想，恰好2019年是新中国成立70周年，所以我们把这套丛书的名称定位于“发展的政治经济学与新中国70年”，一方面，这套书是发展经济学与政治经济学相结合的产物；另一方面，这套书是新中国70年的经验总结和概括。

这套丛书包括：《中国特色发展的政治经济学》《发展的政治经济学：理论框架与分析范式》《中国宏观经济发展的政治经济学》《中国中观经济发展的政治经济学》《中国微观经济发展的政治经济学》《中国与世界合作发展的政治经济学》《中国特色发展道路的政治经济学》《中国特色生态文明建设的政治经济学》《中国特色绿色发展的政治经济学》《中国特色的企业发展理论》。

本套丛书得到了西北大学社科处的高度重视，同时，教育部人文社会科学重点研究基地——西北大学中国西部经济发展研究中心和经济管理学院共同完成了这套丛书。在丛书写作的过程中，我从经济管理学院院长转任到了西北大学研究生院院长的位置，但是我仍然担任教育部人文社会科学重点研究基地——西北大学中国西部经济发展研究中心主任，利用中心平台，在西北大学经济管理学院副院长师博教授的协助下，我们继续完成了这套丛书。本丛书的出版感谢西北大学各级校领导的支持，感谢社科处、学科办和研究生院的支持。感谢我的老师南京大学洪银兴教授等师长的支持，我的思路得到了老师们的支持和鼓励。同时，这套丛书的出版也得到了中国经济出版社霍宏涛副总编辑和贺静副编审的大力支持，在书稿修改、封面设计等方面他们也做了大量的工作。

“发展的政治经济学”是我们的一个新的构想，我们期待着学术界同人的关注和批评，我们将在这个领域中不断开拓，争取多出高质量的研究成果。

西北大学研究生院院长

教育部人文社会科学重点研究基地

——西北大学中国西部经济发展研究中心主任

任保平敬序

2019 年 1 月于缥缃居

前 言

马克思在《资本论》中，对资本主义生产方式进行了彻底的批判，指出了它的反生态特征。马克思指出，要充分认识资本本质，努力克服资本逻辑对生态循环圈的撕裂，正确看待劳动的自然生产力，处理好人的主体性与自然优先性的关系；并发展科学技术，促进循环利用和经济社会的可持续发展。马克思揭示了人类劳动与自然之间的实践关系，也敲响了人与自然关系恶化的警钟，形成了马克思主义绿色发展理念的源头活水。此后，列宁在总结和实践马克思绿色发展思想的过程中，对资本主义生态危机进行了批判，同时提出了“利用自然有序发展社会主义”和“利用科学技术发展持续社会生产力”的思想。从国内来看，毛泽东在长期的社会革命和社会建设实践中，提出了很多有关绿色发展的观点，主要包括正确处理人与自然关系、增产节约和生态美化的思想；邓小平的人口控制和环境绿化思想也是对绿色发展的反思；在马克思主义中国化的过程中，胡锦涛提出的可持续发展战略思想具有巨大意义，接力并创新了中国马克思主义的绿色发展观。有关绿色发展的思想虽由来已久，但是其真正作为一个完整的概念出现，却是始于习近平总书记提出的绿色发展理念。这一理念旨在建设人与自然和谐相处的现代化发展新格局，加快推进美丽中国建设，为实现全面建成小康社会补齐短板。绿色发展理念的出现，为新时代中国特色社会主义经济社会与资源环境的协调发展提供了基本遵循，为中国推进生态文明建设指明了方向，也为世界范围内解决生态环境和经济增长之间的矛盾提供了中国智慧和方案，彰显了中国在国际社会的生态责任。

绿色发展的政治经济学理论，既是马克思主义生态思想的当代表达，又是对传统西方经济理论的超越，它继承和发展了马克思主义生态思想，开辟了马克思主义中国化的新境界，是对世界发展理念的科学总结，具有不可磨灭的理论贡献。此外，绿色发展的政治经济学为建立人类命运共同体创造了理论基础。要解决人与自然和谐发展的问题，最重要的就是要构建人类命运共同体；万物皆有始终，人类能否突破自身的短板从而最终实现永续发展，关键就在于能不能扭转不合理的发展方式，能不能形成促进人类发展可持续性的科学理念。绿色发展的政治经济学理论，就是对上述关键问题的最科学的回答。

本书的结构安排如下：第一，绿色发展的政治经济学本源。本部分首先以历史背景为线索，系统梳理了马克思主义绿色发展理念的演进过程，并根据习近平总书记重要讲话总结出习近平新时代绿色发展理念的内涵及创新点；然后从生态经济学的视角对绿色发展进行了论述。第二，绿色发展方式的政治经济学阐释。该部分分别从城市群产业转型、供给侧改革背景下的制造业绿色转型、消费绿色转型和能源互联网构建四个方面对绿色发展方式的政治经济学作了论证。第三，绿色发展制度的政治经济学阐释。绿色发展制度的构建应当从能源体制建设、自然资源产权制度建设和环境监管体制建设三个方面来进行，这正是本部分研究的切入点。第四，绿色发展承诺的政治经济学阐释。万物皆有始终，人类能否突破自身的短板从而最终实现永续发展，关键就在于能不能扭转不合理的发展方式，能不能形成促进人类发展可持续性的科学理念，也就是要构建人类命运共同体。所以本部分首先研究了人类命运共同体背景下中国参与全球气候治理的问题，然后对碳定价影响绿色发展进行了国际比较研究。第五，新时代绿色发展的关键路径与实现逻辑。本书最后基于马克思主义发展观，选择科学技术创新作为新时代绿色发展的关键路径，并运用生产力与生产关系的矛盾运动规律，研究了绿色科学技术创新影响生产、分配、交换和消费四个环节，进而影响绿色生产方式和绿色生活方式，从而驱动绿色发展的实现逻辑。

本书分工如下：第一章：岳利萍、毕冬一；第二章：孙彭莉、康蓉；第三章：岳利萍、王双石；第四章：岳利萍、贺思佳；第五章：岳利萍、张瑶；第六章：尚娱冰、康蓉；第七章：周婧、康蓉；第八章：岳利萍、张瑶；第九章：岳利萍、郭玄；第十章：骆晓、康蓉；第十一章：荣超、康蓉；结语：李伟。

目 录

第一篇 绿色发展的政治经济学本源

第一章 马克思主义绿色发展理念的历史演进与当代价值 ………… 3

第一节 马克思主义绿色发展理念形成的历史背景 ………… 3

第二节 马克思主义绿色发展理念的演进及内容 ………… 11

第三节 习近平新时代绿色发展理念的内涵及创新 ………… 26

第四节 习近平新时代绿色发展理念的当代价值 ………… 30

第二章 生态经济学的起源与发展 ………… 32

第一节 生态经济学的内涵与特点 ………… 32

第二节 生态经济学产生的历史背景 ………… 37

第三节 西方生态经济学的起源与发展历程 ………… 44

第四节 新中国成立 70 年来中国生态经济学发展的历史演进 ………… 49

第二篇 绿色发展方式的政治经济学阐释

第三章 我国城市群产业转型升级的困境与路径选择 ………… 57

第一节 背 景 ………… 57

第二节 中国城市群及产业相关理论梳理 ………… 58

第三节 新中国成立 70 年来中国城市群发展演进 ………… 60

第四节 中国城市群产业发展现状 ………… 67

第五节 中国城市群产业转型升级的困境 ………… 75

第六节　中国城市群产业转型升级的可行路径 …………………… 79
第四章　供给侧改革背景下我国制造业绿色转型的困境与路径选择 …………………………………… 84
第一节　背　景 ………………………………………………… 84
第二节　我国制造业绿色转型的相关研究 ……………………… 85
第三节　新中国成立 70 年来我国制造业的发展状况及存在的问题 ………………………………………………… 90
第四节　促进我国制造业绿色转型的可行路径 ……………… 113
第五章　我国消费绿色转型的困境与路径选择 ……………… 119
第一节　绿色消费的内涵及特征 ……………………………… 120
第二节　新中国成立 70 年来我国消费发展的态势 ………… 121
第三节　新时代我国消费绿色转型的障碍 …………………… 130
第四节　新时代我国消费绿色转型的可行路径 ……………… 135
第六章　能源互联网与绿色发展的政治经济学分析 ………… 140
第一节　能源现状 ……………………………………………… 140
第二节　能源互联网 …………………………………………… 149
第三节　能源互联网与绿色发展 ……………………………… 157
第四节　“一带一路”与建设全球能源互联网………………… 161

第三篇　绿色发展制度的政治经济学阐释

第七章　新时代我国绿色发展的能源体制改革 ……………… 167
第一节　新中国成立 70 年来我国能源体制的演进 ………… 167
第二节　我国现行能源体制存在的问题 ……………………… 174
第三节　新时代我国能源体制深化改革的方向 ……………… 182
第四节　能源体制改革与绿色经济发展 ……………………… 187
第八章　新时代我国绿色发展的自然资源产权制度改革 ………… 193
第一节　新中国成立 70 年来我国自然资源产权制度的演进 … 193

第二节 绿色发展与自然资源产权的理论阐释 …………………… 194
第三节 构建绿色发展自然资源产权制度的必要性 …………… 199
第四节 新时代我国深化自然资源产权制度改革的基本方向
…………………………………………………………………… 202
第九章 新时代我国绿色发展的环境监管体制创新 ……………… 209
第一节 引 言 ………………………………………………………… 209
第二节 绿色发展的核心要义 ……………………………………… 210
第三节 新中国成立 70 年来我国环境监管体制改革的演进 … 215
第四节 新时代推进中国环境监管体制创新的建议 …………… 227

第四篇 绿色发展承诺的政治经济学阐释

第十章 人类命运共同体背景下中国参与全球气候治理的战略选择
…………………………………………………………………… 235
第一节 全球气候治理的文献综述 ………………………………… 236
第二节 全球气候变化的现实和影响 ……………………………… 238
第三节 全球气候治理的现状 ……………………………………… 239
第四节 中国参与全球气候治理的战略选择 ……………………… 244
第十一章 碳定价影响绿色发展的国际研究比较 ………………… 253
第一节 背 景 ………………………………………………………… 253
第二节 碳定价机制的理论分析 …………………………………… 255
第三节 碳税及碳排放市场交易运行机制 ………………………… 264
第四节 碳定价影响绿色发展的国际比较 ………………………… 271
第五节 政策建议 …………………………………………………… 274

第五篇 结 语

第十二章 新时代绿色发展的关键路径与实现逻辑 ……………… 279
第一节 新时代绿色发展理念研究文献回顾 ……………………… 279

第二节 新时代绿色发展的关键路径选择 …………………… 284
第三节 科学技术创新驱动绿色发展的实现逻辑 ……………… 292
第四节 促进科学技术创新驱动绿色发展的建议 ……………… 298

参考文献 ………………………………………………………… 301
索 引…………………………………………………………… 319

第一篇
绿色发展的政治经济学本源

第一章　马克思主义绿色发展理念的历史演进与当代价值

第一节　马克思主义绿色发展理念形成的历史背景

一、《资本论》中绿色发展理念形成的历史背景

19 世纪，欧洲的资本主义经历了前所未有的发展。资本主义制度成为欧洲的主要社会制度。资本对剩余价值的不断追求促使生产不断扩大，进而使人们陷入对消费的过度追求，因此人与自然产生了某种程度上的对立。在生产快速扩大的情况下，生产过程产生了大量的废弃物，对环境持续施压。马克思认为，资本主义的废弃物来源主要分为生产来源和消费来源，来自生产过程中的称为生产排泄物，来自消费过程的称为消费排泄物。受当时技术水平的约束加上人们对环境保护的无视，排泄物的利用率很低。一些未经及时处理的排泄物直接暴露在环境中，造成了污染。“在利用这种排泄物方面，资本主义经济浪费很大；例如，在伦敦，450 万人的粪便，就没有什么好的处理方法，只好花很多钱用来污染泰晤士河。”① 为了追求更多的剩余价值，资本的规模不断扩大，不变资本和可变资本持续增长，进而社会对生产资料和消费资料的消耗都增大。物质资料都是人从自然界获取的，因此伴随着资本主义的发展，人们对大自然的掠夺也不

① ［德］马克思．资本论：第 3 卷［M］．北京：人民出版社，2004：115.

断加剧。在以流通过程为起点的循环形式中，“全部商品产品的消费是资本本身循环正常进行的条件”①，为了使商品顺利卖出，商品促销活动会促成消费者在商品还没有完全报废之前就废弃它②。此外，资本家为满足奢侈的生活而进行过度消费，“奢侈消费资料只进入资本家阶级的消费，所以只能和花费的剩余价值交换”③。

资本主义生产方式在破坏自然的同时，也不可避免地影响了人的生存环境。由于资本家的一切行为都是为了追求利润，他们对社会的长远发展关注不足。资本的本性导致资本家很难站在社会的整体去考虑发展问题。在认清资本的这一本性后，马克思在《资本论》中批驳了其对生态环境的威胁，形成了马克思的绿色发展思想。

二、列宁绿色发展思想形成的历史背景

在国际上，西方资本主义国家已经发展到帝国主义时代，对生态环境的破坏达到新的高度，资本主义生态危机时常爆发。而在俄国国内，俄国小农经济崩溃，各种生态思潮泛滥。在这个时代，无产阶级十分需要能够与资产阶级进行斗争的思想武器，因此列宁的绿色发展思想就有了现实的土壤④。

列宁的绿色发展思想是在国际生态危机的大背景下孕育而生的。在19世纪末的西方资本主义世界中，列宁观察到资本家对生态问题并没有清醒的认识，这是由他们的资本主义阶级性质决定的。在资本主义世界中不断爆发的生态危机，根本上是由资本不断追逐剩余价值决定的，然而很多人却妄谈利用资本主义的生产方式来消除生态危机。例如，当时德国与英国签订的煤炭矿业资源的统一开采协议造成了严重的森林破坏，就可以说明全球性资本主义市场调控难以控制。面对这样的情势，列宁清醒地指出了

① ［德］马克思．资本论：第2卷［M］．北京：人民出版社，2004：108.
② 胡家勇，李繁荣．《资本论》中的生态思想及其当代价值［J］．经济学动态，2015(7)：70－79.
③ ［德］马克思．资本论：第2卷［M］．北京：人民出版社，2004：448.
④ 邓亚中．列宁生态思想研究［D］．武汉：华中师范大学，2015.

生态危机的根本原因是资本主义的生产方式。在当时的情况下，西方资本家根本不可能自觉交出自然物质资源的控制权，而他们这种对自然资源开采、利用的控制权的滥用，却恰恰是导致生态灾难的罪魁祸首。

除了国际资本主义生态危机，19 世纪末的俄国国情，也对列宁绿色发展思想的形成有重要促进作用。十月革命之前，俄国的工业化程度很低。俄国的农业作为经济支柱，生产效率却十分低下，尤其表现在自然资源的低效率利用上。低效率造成人民生活水平低下，生存环境堪忧。只有形成一种科学的发展思想，才能消除生产力发展的阻碍，改善人与自然的矛盾，提高发展的可持续性。然而，列宁发现当时的俄国不仅生产资料归少数人所有，更是一个思想严重落后的国家。无论是封建地主还是农民，都在生产问题上存在很大的偏见。劳动者不主动学习科学知识来改善劳动，而是采取大量消耗物料的方式。这种落后的生产方式，甚至比西方的落后国家还要落后得多。

面对上述国际生态危机和国内的现实问题，列宁将马克思主义理论与俄国现实相结合上。然而，马克思主义绿色发展思想从诞生到列宁时期，已经经历了几十年的理论断层。俄国的现实要求马克思的绿色发展思想必须要在俄国的土壤上结出新的果实。因此，列宁根据现实世情国情，对马克思的绿色发展思想进行了创新，逐渐形成了列宁的绿色发展思想。

三、中国绿色发展思想形成的历史背景

（一）毛泽东绿色发展思想形成的历史背景

毛泽东并未专门论述过绿色发展，但在中国革命和建设的长期探索中提出过多次相关的理念，如属意自然、增产节约、大地园林化、统筹兼顾等。这些提法皆包含了绿色发展的思想意蕴。毛泽东的相关主张和观点，为指导我国近代经济社会发展发挥了重要作用，成为近代中国马克思主义绿色发展理念的思想丰碑。

毛泽东最早研究国民生产是在第二次国内革命战争时期。1933 年，毛

泽东在《必须注意经济工作》的演讲中提出，经济建设可以同时保障军队补给和人民生活；抗日战争期间，面对国民党的经济封锁给革命地区带来的困局，毛泽东采取了生产自给的方针政策；中央苏区时期，面对战争对当地人民生活环境造成的破坏，毛泽东采取了植树造林的办法，及时改善了苏区的生态环境。新中国成立后，由于前一段时期饱经战乱，我国大部分地区都较为荒凉，因此毛泽东开始关注生产环境的美化。可以认为，毛泽东的绿色发展思想逐渐形成于革命年代和新中国成立时期，是针对生产落后、物资奇缺以及环境恶劣的问题而形成的。

（二）邓小平绿色发展思想形成的历史背景

邓小平绿色发展思想形成的背景主要可从两个方面概括：一方面，即使经过了一段时期的经济建设，我国的生产力仍然较为落后；另一方面，人民仍然贫穷，生活水平较差。

邓小平指出，中国的国情首先是底子薄。中国在经历了帝国主义、封建主义、官僚资本主义的破坏和攫取之后，已经成为一个十分落后的国家；其次，中国人口多、耕地少，农民占全国人口的绝大多数。因此，谈及中国的现代化建设，就必须从国情出发①。

生产力落后，人民生活水平不高，就内在地要求解决人口与资源之间的矛盾。对此，邓小平提出了控制人口的思想。人口是经济发展的关键，人口庞大尽管可以提供丰富的劳动力，但也在一定程度上给教育、就业、医疗等制造了压力。不仅如此，大量的人口也可能成为自然环境的负担。邓小平站在全国发展的高度，强调了优化人口与资源关系的重要性，他指出：“人多有好的一面，也有不利的一面。在生产还不够发展的条件下，吃饭、教育和就业就都成为严重的问题。我们要大力加强计划生育工作。”②

---

① 邓小平．邓小平文选：第2卷[M]. 北京：人民出版社，1994：163.

② 邓小平．邓小平文选：第2卷[M]. 北京：人民出版社，1994：164.

（三）江泽民绿色发展思想的历史背景

江泽民绿色发展思想的历史背景，是改革开放以来我国在“一个中心，两个基本点”指导下的经济发展。我国将经济建设作为重心，大力发展生产力，社会整体无论是经济还是文化都交出了喜人的成绩。但是，在这些成就的背后，一些问题开始逐渐暴露出来，如生态失衡、环境污染。制约社会持续发展的关键，已经不是物质生产的不发达，而是经济增长与人口、资源与环境之间的多重矛盾。

首先，最显著的是环境污染日益严重。改革开放以来，伴随着我国工业化发展的进程，工厂的数量不断增加。然而，由于这些工厂受到当时技术的限制，没有行之有效的废水处理技术，大量工业废水未经处理便被直接排入河流湖泊。同时，当时的政府行政部门将经济建设摆在首要位置，对环境问题不够重视，没有起到很好的监察作用，致使大量水体遭受污染。在农村，为了提高粮食产量和质量，农业生产过程中大量使用农药等化学制品，这些有害的化学物质残余顺着沟渠流入河流湖泊，对水体造成污染。改革开放以后，中国的城市化进程明显加快，城市人口急剧膨胀产生了大量的生活垃圾，生活污水的排放量超过了当时的城市承载量，威胁到居民的生活环境。除水污染外，大气污染问题更加尖锐。在1993年之后的一段时间内，我国的重工业生产规模急速扩大，生态环保技术却有缺失。大量的重工业上下游工厂排放了巨量的工业废气，使我国空气质量快速下滑。不仅如此，经济增长在一定程度上也增加了机动车的数量，后者的尾气排放也进一步污染了城市空气，造成了严重的空气污染。除上述情况外，20世纪90年代以来，土壤污染、城市固体垃圾污染等环境污染问题都十分严重。

其次，水资源和土地资源日益枯竭。中国是一个人均水资源占有量只有2300立方米的国家，而世界平均水平约为9200立方米。因此，我国是世界上水资源最匮乏的国家之一。同时由于我国人口众多，又是农业大国，人民生活耗水量和农业耗水量都十分庞大，已经超出了自然所能承载的范围。不仅人均占有量低，而且水资源的整体分布也存在巨大的地区差异，长江流域及长江以南地区的面积占全国的1/3左右，其水资源总量却达到4/5，其他地方占据2/3的面积，而水资源却仅有1/5。水资源的这种区域差异，给人民的生产生活用水均带来了困难。

另外，由于气候原因，旱涝灾害也时有发生。我国的领土面积总体较广，居世界第四位，但人均土地占有量却不高。我国的土地面积中，难以建设和利用的山地丘陵占比较大，而便于人民生产生活利用的平原土地却较少。同时，由于土地荒漠化严重，现有的土地资源还在不断减少。除了自然资源本身的日益枯竭，在生产过程中对资源能源的粗放式消耗也是导致我国资源日益短缺的重要原因。发现上述问题，成为江泽民绿色发展思想的重要历史背景。

（四）胡锦涛绿色发展思想的历史背景

胡锦涛绿色发展思想形成于在21世纪之后。2002年前后，我国在一段时间内保持了超高速的经济增长，创造了东方奇迹。然而，这些经济成就的背后却隐藏了很多不可持续的因素。经济的不断发展，使生态环境承受了较大的压力，环境进一步遭到破坏，生态进一步恶化。与此同时，产业结构也出现了较多隐患。

1998年是我国房地产改革的元年，标志着我国房地产包分配的时代结束、市场化时代逐渐来临，房地产业逐渐成为国民经济的支柱产业。房地产的蓬勃发展，带动了上下游相关产业的迅猛增长，也通过经济传导链条影响了各行各业的发展。房地产业的发展动力，在带来经济增长的同时，也进一步破坏了产业结构，使房地产相关的经济占比过高，埋下了发展不可持续的隐患。

四、新时代绿色发展理念形成的历史背景

到2019年，我国的改革开放已经持续了41年。改革开放为我国经济发展提供了不竭的动力，使我国取得了举世瞩目的成绩。然而，长期的高速发展也带来了难以忽略的潜在问题，如结构的问题、生态的问题等。尤其是经济发展与生态环境之间的矛盾，制约了经济社会的可持续发展。如何统筹协

调好经济发展与生态环境保护的关系是新常态下我国经济转型面临的重大考验①。然而，不乏一些悲观的言论认为中国比西方国家的环境污染更严重、更广泛、更长久，认为中国的经济发展与环境保护是不相容的。还有一些西方国家以“环保卫士”自居，认为中国带来了大量的超越国界的生态环境问题，提出所谓的“中国生态环境威胁论”，故意借环境问题来排挤中国，损害中国的国际形象，我们需要一个新时代的发展思想来回击这些谬论。

（一）绿色发展理念是在全球生态环境问题日益突出的情况下提出的

当前全球的生态环境问题主要表现在气候变化、资源紧缺、生态多样性减少等方面，这些问题不仅是我国面临的问题，更是全人类面临的共同难题。全球气候变化潜在地制约着各国的可持续发展，成为人类生存的重大安全隐患；资源枯竭与近代工业发展的粗放型模式紧密相连，成为巨大工业文明成就的惨重代价；生物多样性的减少是生态问题的直接恶果，为人类敲响了来自生命的警钟。2008 年，西方社会爆发了金融危机，在一定程度上也对我国产生了负面影响。危机的出现，让人们深深地体会到发展模式的错误将长远地影响着人类的未来。对于发展模式的问题，联合国公开强调了全球经济的“绿色化”倡议，并推出了一些具有参考价值的经济转型方略。在此基础上，2011 年联合国又发布了《绿色经济报告》，进一步向各国传达了绿色经济的重要性。

（二）绿色发展理念是在世界经济社会绿色发展转型的趋势下提出的

当前，世界经济正在绿色化转型，从仅注重工业发展转变为生态经济共同发展。低碳经济已成为绿色发展的一种共识，各国在发展的过程中越来越注重生态环境保护，都在积极探索突破危机的新思路和新方法。这些

---

① 薄海．我国经济欠发达地区绿色发展的理论依据及现实路径[J]．经济研究导刊，2017(25)：6－8.

探索在本质上都是一种重新审视人与自然关系、超越工业社会模式的绿色发展道路。实现绿色发展，不仅是当前打破发展桎梏的解决方案，而且是人类社会发展的必由之路。从历史的角度可以看到，每一次人类发展遭遇到的“瓶颈”，都是一次实现飞跃的机遇。在我们当前所遇到的发展难题中，孕育着绿色改革的巨大生机。

（三）绿色发展理念是在我国经济持续高速发展的资源“瓶颈”下提出的

中国是一个发展中国家，发展过程中需要大量的自然资源，特别是碳能源的消耗量不断攀升，已经在事实上造成了碳能源的供需紧张、经济发展与资源短缺的矛盾凸显。新中国成立以来，我国一直依靠重工业来加快经济增长，尽管自改革开放以后，中国在依靠科技进步、转变经济增长方面取得了明显的成就，然而这些经济增长基本是依靠粗放式的资源消耗达成的。粗放的发展方式，造成了资源的滥用，不仅不具有效率，还形成了局部的污染。在这种形势下，中国共产党深入探索出了适应新时代的发展理念，摒弃了以往在发展中的错误观念，发扬了节约资源、环境友好的正确思想。在新时期，我们党在“十二五”规划中将绿色发展和建设节约型社会作为未来发展的重点。

（四）绿色发展理念是立足我国可持续发展的基本国策而提出的

可持续发展旨在保持发展的持续性。难以持续的发展不是我国追求的发展目标和方式。可持续发展，就要保证发展过程中各方因素的动态平衡，包括生产平衡、分配平衡、消费平衡等方面，不仅在静态上达到平衡，还要在动态上平衡。1997 年，在对我国基本国情深入研究的前提下，党的十五大明确提出了可持续发展战略，成为我国绿色发展理念的历史渊源；2002 年，党的十六大报告将“可持续发展”纳入全面建设小康社会目标；2007 年，党的十七大报告将“全面、协调、可持续”作为科学发展观的重要内容；2012 年，党的十八大报告将生态文明建设列入“五位一体”的中国特色社会主义“总布局”中；2015 年 4 月 25 日，中共中央和国务院首次提出了“绿色化”的概念，并在党的十八届五中全会将绿色发展确立为“十三五”五大发展理念之一。

第二节　马克思主义绿色发展理念的演进及内容

一、《资本论》中绿色发展理念的内容

马克思在《资本论》中，对资本主义生产方式进行了彻底的批判，指出了它的反生态特征。在《资本论》中，马克思采取了科学的论证逻辑，从商品开始，以资本主义生产过程为载体，抽丝剥茧地将资本主义的劣根性暴露在世人面前。马克思揭示了人类劳动与自然之间的实践关系，也敲响了人与自然关系恶化的警钟，形成了马克思主义绿色发展理念的源头活水。

（一）正确看待劳动的自然生产力，处理好人的主体性与自然优先性的关系

马克思在他的著作中创新地阐释了“劳动的自然生产力”的理论，将劳动的自然生产力作为人类社会发展的根本保证。马克思指出，自然的生产力——自然产生的劳动生产率，是绝对剩余价值存在的前提①，自然生产力不仅能够使工人生产出维持自我存在的必要产品，还能够生产维持资本扩大生产的剩余价值。按照马克思的观点，“如果劳动的自然生产力很高”，“如果土地、水等自然力只需使用不多的劳动就能获得生存必需的生活资料，那么——如果考察的只是必要劳动时间的长度——这种劳动的自然劳动力，或者也可以说，这种自然产生的劳动率所起的作用显然和劳动的社会生产力的发展完全一样”②，然而，我们应当分辨清楚的是，自然生

① ［德］马克思，恩格斯．马克思恩格斯全集：第 48 卷［M］．中共中央马克思恩格斯列宁斯大林著作编译局，译．北京：人民出版社，1985：4.

② ［德］马克思，恩格斯．马克思恩格斯全集：第 48 卷［M］．中共中央马克思恩格斯列宁斯大林著作编译局，译．北京：人民出版社，1985：4.

产力包含的自然力，是客观的，是不随人的意志而改变的。它所涉及的客观规律，是不能被人所践踏的。人的实践必须遵从这一规律，而不是违背。对于这一点，马克思早在《1844 年经济学哲学手稿》中就有阐述：“人作为自然的、肉体的、感性的、对象性的存在物，同动植物一样，是受动的、受制约的和受限制的存在物。”① 人总归具有主观能动性，这一点是显著区别于其他生物的，也就是说，人类“能够认识和正确运用自然规律”②。

（二）充分认识资本本质，努力克服资本逻辑对生态循环圈的撕裂

资本从不会停止贪婪和剥削。在资本主义制度下，占有生产资料的资本家通过不断投入更多的可变资本和不变资本来实现更多的价值剥削。投入更多的资本，就意味着消耗更多的自然资源，造成更严重的生态危机。为了使人们能够在认识资本逻辑之后主动避免生态失衡，马克思从三个方面解释了资本对生态环境造成的撕裂：第一，物质变换循环圈的撕裂。马克思认为，“大工业和按工业方式经营的大农业共同发生作用”，在“更多地滥用和破坏劳动力”（即人类的自然力）的同时，“更直接地滥用和破坏土地的自然力”，从而“使劳动者精力衰竭”的同时“造成了地力的浪费。”③ 第二，自然生态链的断裂。马克思认为，城市工业人口的增加和农村农业人口的减少，造成了“在社会的以及由生活的自然规律所决定的物质变换的联系中”的“一个无法弥补的裂缝”，造成了能够“通过商业而远及国外”的地力的浪费。④ 第三，生态循环周期的断裂。马克思指出：

① ［德］马克思. 1844 年经济学哲学手稿［M］. 中共中央马克思恩格斯列宁斯大林著作编译局，译. 北京：人民出版社，2000：105.

② ［德］马克思，恩格斯. 马克思恩格斯选集：第 4 卷［M］. 中共中央马克思恩格斯列宁斯大林著作编译局，译. 北京：人民出版社，1995：383－384.

③ ［德］马克思. 资本论：第 3 卷［M］. 中共中央马克思恩格斯列宁斯大林著作编译局，译. 北京：人民出版社，2004：928－929.

④ ［德］马克思. 资本论：第 3 卷［M］. 中共中央马克思恩格斯列宁斯大林著作编译局，译. 北京：人民出版社，2004：919.

“漫长的生产时间（只包括比较短的劳动时间），从而漫长的资本周转期间，使造林不适合私人经营，因而也不适合资本主义经营。”① 可以看到，资本的内在本质要求价值增殖的周期越短越好，因此当周期小于森林再生的自然周期时，就会发生森林的生态危机。马克思在《资本论》中举出的这个森林生态危机的例子鲜明地指出了资本逻辑的内在反生态性。

（三）发展科学技术，促进循环利用和经济社会的可持续发展

马克思在《资本论》中天才般地提出了“再利用”思想。在“生产排泄物的利用”部分，马克思指出：“生产排泄物和消费排泄物的利用，随着资本主义生产方式的发展而扩大。”② 马克思认为，生产排泄物并未完全丧失在生产领域中的有用性，通过合理利用这些排泄物，可以在不影响生产总量的情况下大大减少物料的耗费。要促进生产者充分再利用排泄物，应当满足以下两个条件：一方面，要存在大规模的生产劳动；另一方面，科技足够发达，发现了排泄物的有用性。如果科技不够发达，废物的再利用是不可能实现的。除此之外，《资本论》中还提出了很多促进社会持续发展的思想。例如，马克思举出土地的例子说明了若想实现长久发展，就必须消灭资本主义私有制③。同时，马克思还提出，“废料的减少，部分地取决于所使用的机器的质量。机器零件加工得越精确，抛光越好，机油、肥皂等物就越节省”④。换言之，科技进步可以提高物料的使用效率，在产量不变的条件下减少资源损耗，即“把生产排泄物减少到最低限度”⑤。

---

① [德]马克思，恩格斯．马克思恩格斯文集：第6卷[M]．中共中央马克思恩格斯列宁斯大林著作编译局，译．北京：人民出版社，2009：272.

② [德]马克思．资本论：第3卷[M]．中共中央马克思恩格斯列宁斯大林著作编译局，译．北京：人民出版社，2004：115.

③ [德]马克思．资本论：第3卷[M]．中共中央马克思恩格斯列宁斯大林著作编译局，译．北京：人民出版社，2004：128.

④ [德]马克思．资本论：第3卷[M]．中共中央马克思恩格斯列宁斯大林著作编译局，译．北京：人民出版社，2004：137.

⑤ [德]马克思．资本论：第3卷[M]．中共中央马克思恩格斯列宁斯大林著作编译局，译．北京：人民出版社，2004：155.

二、列宁绿色发展思想的内容

列宁虽然并未直接提出过绿色发展思想，但他在总结和实践马克思绿色发展思想的过程中，对资本主义生态危机进行了批判，同时提出了“利用自然有序发展社会主义”和“利用科学技术发展持续社会生产力”的思想。

（一）对资本主义生态危机的批判

列宁认为，资本主义导致生态危机的根本原因，就是资产阶级对自然资源的私人占有。私人对自然资源的垄断，是导致生态环境持续下降的原因，进而也是造成生态危机的原因。在列宁的批判中，可以认识到资本主义对生态自然的恶劣影响。列宁指出，由于社会采取了资本主义生产方式，人们“排挤自然经济，并靠牺牲自然经济来扩大自己”①，使人与自然之间的关系出现严重的矛盾，导致人无法在大自然进行正常的实践活动。大自然在人为破坏下面临崩溃，而资本主义危机的一个重要方面也是由于生态自然危机的出现。因此，列宁认为资本主义的生态掠夺反而将会牺牲自己持续发展的可能性，资本主义对生产力的促进作用最终将消失殆尽，直到社会主义的出现。资本主义带来的多重矛盾，导致人无法在大自然进行正常的实践活动。大自然在人为破坏下面临崩溃，催生了资本主义的生态危机。列宁经过上述分析后认为，社会生产力与资本主义的矛盾将催生新的社会制度，社会主义终将取得胜利。

（二）利用自然有序发展社会主义

社会主义制度是一种为广大人民群众服务的制度。所以，社会主义的首要目标就是要进行建设，使人们的生活水平得到提高。列宁也认识到俄国的基本国情是一个依靠自然资源生产的落后农业国家，对自然资源的开发和利用成为俄国发展的关键。

---

① ［俄］列宁．列宁全集：第1卷［M］．北京：人民出版社，1984：169.

利用自然资源发展社会主义，是人们改善自身生存环境的现实需要，也体现出社会主义的先进性。列宁对资本主义工人环境的思考，在社会主义建设中得到体现。列宁首先详细调查了俄国的自然环境。通过对农民的劳动生产工具进行研究，他指出了推广先进农具对农业的巨大促进作用。在历史上，虽然俄国存在丰富的自然资源，但大部分农具仍然非常落后，务农的效率极其低下。恰恰相反，法国和英国等国家农民的农具却非常先进，极大地提高了农业的生产力。在同等劳动人数的前提下，英国等发达国家对自然资源开发的效率数倍于俄国。例如，铁犁“在许多场合它甚至是农民唯一的耕具”①。没有合适的工具，农民难以提高效率，生产力被束缚。列宁指出，在自然经济的生产方式下，农民手中的自然资源非常容易被资本家所掠夺，逐渐形成少数资本家控制大部分自然资源的局面。资源被少数人控制，极大地冲击着小农为主的自然经济，农民的产品不断退出市场。最后，农民陷入贫困并破产。一无所有的农民只能出卖劳动力，成为无产阶级的一分子。自然资源从农民手中转到资本家，无疑会加重对无产阶级的剥削和自然环境的破坏。

列宁指出，只有建立无产阶级政权下的现代农业和工业，才能实现人与自然的协调。俄国在生产力发展上与西方先进国家有明显的差距，特别是在生产效率和资源的利用上，落后于其他国家。只有充分运用自然资源进行工业生产，俄国才能不断发展。列宁认为“俄罗斯苏维埃共和国所处的条件非常优越”②。一方面，俄国是一个地大物博的国家，广阔的土地上拥有大量的矿石、燃料和木材，这些都是工业生产最需要的自然物质资源，所以俄国的工业有着坚实的保障。另一方面，列宁认为在资本主义对于自然资源的开发利用上，还是以满足资本主义经济利益为主，对于工业生产的需求和自然环境保护并不关心。在“资本主义到社会主义的过渡时期”，俄国的发展充分发挥了社会主义制度的特点，解决了人民最急需的

① [俄]列宁．列宁全集:第1卷[M]．北京:人民出版社,1984:45.

② [俄]列宁．列宁全集:第34卷[M]．北京:人民出版社,1985:169.

工业产品。在统一管理和计划下，对自然资源合理利用。避免了资本主义对自然的疯狂掠夺，增强了社会发展的可持续性。

（三）利用科学技术发展社会生产力

利用科技发展生产力，是列宁绿色发展思想的重要组成部分。科技的发展升级了人们的生产工具，不仅可以节约人们的劳动时间，而是可以扩展人类的实践范围。在科学技术升级的影响下，工业和农业都将发生巨大的变化，有利于发展俄国的社会主义。

列宁认识到，十月革命前俄国的社会生产力发展水平远远落后于西方发达国家。普通群众文化水平低下，缺乏改善和升级社会生产的科技人才。为了俄国的长远发展，为了达到社会主义的建设所需的生产力，列宁强调“要建设共产主义，就必须掌握技术，掌握科学”①。现代科学是社会不断进步的推动力之一，要使广大的人民群众普遍认识到科学技术在日常生活中的作用，发动人民群众积极学习科学，从而更好地进行社会主义建设。资本主义之所以能够发展得如此迅速，很大程度上就是科技的推动作用。因此，俄国要进行发展，也必须走科技这条路。这是列宁对科学技术的基本认识，也是列宁绿色发展思想的关键所在。

三、中国绿色发展理念的演进及内容

（一）毛泽东绿色发展理念

毛泽东在长期的社会革命和社会建设实践中，提出了很多有关绿色发展的观点。具体来说，可以分为以下几部分。

1. 人与自然思想

正确处理人与自然的关系，首先就是要学习自然规律，把握自然规律。在掌握了规律的前提下，才能够利用规律、解决矛盾。人无法脱离自然独立存在，人的全部活动都在自然之中。毛泽东基于马克思哲学的基本

---

① ［俄］列宁．列宁全集：第 38 卷［M］．北京：人民出版社，1986：283.

原理，从客观世界出发，提出了人与自然的矛盾。他认为，“人类既是自然的奴隶，也是自然的主人”①。

人改造自然的同时，也被自然所限制，“人去压迫自然界，拿生产工具作用于生产对象，自然界这个对象要作抵抗，反作用一下，这是一条科学”，“自然界有抵抗力，这是一条科学。你不承认，它就要把你整死”。②毛泽东用通俗的语言，强调了人与自然主客观的对立统一，既肯定了人改造自然的能力和必要性，又强调了人不能违背自然界的规律。

2. 增产节约思想

增产节约思想来源于抗日战争期间的后勤实践。在这一时期，共产党领导的红色边区受到经济封锁，物资补给十分困难。为了继续革命，毛泽东提出“发展生产，要做到农业生产‘耕三余一’，备战，备荒”，“经济改革的基本方针是为着发展生产，而实行一个调节各阶级经济利益的民主集中的经济政策”，极大地改善了边区的物资水平。除此之外，在研究了各方关于物资生产的观点之后，毛泽东进一步提出，共产党“一方面要反对陈旧的保守的观点，另一方面又要反对空洞的不切实际的大计划”③。毛泽东认为，生产是第一位的，因此必须大力发展生产。在扩大生产的同时，还要“尽可能地减少浪费④”。

3. 生态美化思想

毛泽东的生态美化思想是在革命实践中逐渐形成的。在中央苏区时期，长期的战乱对美好的生态环境产生了显著的破坏。为了生态重建，毛泽东将植树造林作为重要措施推广开来。1944 年，毛泽东在延安曾说：“陕北的山头都是光的，像个和尚头，我们要种树，使它长上头发。种树要订一个计划，如果每家种一百棵树，三十五万家就种三千五百万棵树。

---

① 黄志斌，沈琳，袁蛟姣．毛泽东的绿色发展思想及其时代意义[J]．毛泽东邓小平理论研究，2015(8)：48－52，91.

② 毛泽东．毛泽东文集：第 7 卷[M]．北京：人民出版社，1999：448.

③ 毛泽东．毛泽东选集：第 3 卷[M]．北京：人民出版社，1991：894.

④ 毛泽东．毛泽东选集：第 3 卷[M]．北京：人民出版社，1991：240.

搞他个十年八年，‘十年树木，百年树人’。”① 毛泽东用通俗的语言在群众中进行号召，强调了环境美化的重要性。

1949 年新中国成立以后，我国进入新的社会主义建设时期。在这一阶段，毛泽东更加重视人民生活劳动环境的美化。毛泽东指出：“森林是社会主义建设的重要资源，又是农业生产的一种保障。积极发展和保护森林，对于促进我国工、农业生产具有重要意义。”② “一切能够植树造林的地方都要努力植树造林，逐步绿化我们的国家，美化我国人民劳动、工作、学习和生活的环境。”③ 毛泽东对人民群众生产生活的环境水平有着很高的要求，这无疑成为毛泽东绿色发展思想的重要组成部分。

（二）邓小平绿色发展理念

邓小平绿色发展理念，是建立在对一段时期内建设社会主义的经验和思考的基础上的。他立足国情，提出了一系列旨在协调人与自然关系、增强经济发展可持续性的观点和思想。在改革开放后的相当长一段时间内指导了我国的改革发展实践。

1. 人口控制思想

人口控制思想是邓小平作为党的第二代领导集体核心，旨在提高人民群众生活水平而提出的政策主张。邓小平认为，实现持续发展就必须要协调好人与自然的关系。而在这两者关系中，人是主体，环境是客体。持续发展的内在要求使得我们应当首先改善人口与自然之间的比例关系。

控制人口，是从主体方面解决人与自然矛盾的选择。人口是经济发展的主要推动力量，有人才能有“量”，但人口数量过多会影响经济的“质”。庞大的人口，虽然有利于提高经济总量，为生产发展提供充足的劳动力。但同时也会对教育、就业、医疗等公共资源施加压力，使生态资源的供给难以为继。正如邓小平所说：“人多有好的一面，也有不利的一面。

① 毛泽东．毛泽东选集：第 3 卷[M]. 北京：人民出版社，1991：153.
② 毛泽东．毛泽东论林业[M]. 北京：中央文献出版社，2003：78.
③ 毛泽东．毛泽东论林业[M]. 北京：中央文献出版社，2003：77.

在生产还不够发达的条件下，吃饭、教育和就业就都成为严重的问题。”①

2. 环境绿化思想

想要科学地理解和解决人与自然矛盾，就绕不开对地球上森林的关注和保护。森林是地球之肺，是大气层的空气调节器，在整个生态系统中发挥着基础作用。维护好森林生态，对人类经济社会可持续发展具有不可忽视的作用。在一段时期内，我国对原始森林的砍伐超过了大自然能够自动恢复的阈值，严重破坏了生态稳定性，恶化了人与自然的关系，成为经济社会发展不可持续的隐患。20 世纪我国四川、陕北等地发生了特大洪灾，对人民的生存生活造成巨大威胁。邓小平在调查了当地情况之后，说道：“最近发生的洪灾涉及到林业问题，涉及森林的过量采伐，看来宁可进口一点木材，也要少砍一点树。报上对森林采伐的方式有争议。这些地方是否可以只搞间伐，不搞皆伐，特别是大面积的皆伐。”② 显然，邓小平已经意识到很多自然灾害中包含着显著的人为因素。

保护生态环境，不但应减少环境破坏，还应同时提高环境投入。造林是一种相对方便的环境投入，不仅可以改善生态环境造福当代，还可以持续调节生态水平，造福子孙后代。鉴于此，邓小平于 1982 年强调要“植树造林，绿化祖国，造福后代”③。20 世纪 80 年代，邓小平曾指出：“植树造林，绿化祖国，是建设社会主义、造福子孙后代的伟大事业，要坚持二十年，坚持一百年，坚持一千年，坚持世代相传。”④ 当邓小平会见美国驻华大使时，他还说：“我们准备坚持植树造林二十年、五十年……定会给人民带来好处，生态环境将发生很好的变化，人民也将因此而富裕起来。”⑤ 显然，邓小平对植树造林的强调正是基于他的环境绿化思想。

① 邓小平．邓小平文选：第 2 卷[M]．北京：人民出版社，1994：164.

② 中共中央文献研究室．新时期环境保护重要文献选编[M]．北京：中央文献出版社，2001：139.

③ 邓小平．邓小平文选：第 3 卷[M]．北京：人民出版社，1995：21.

④ 中共中央文献研究室，编．回忆邓小平：中卷[M]．北京：中央文献出版社，1998：280.

⑤ 冷溶，汪作玲，等．邓小平年谱（1979—1997）：下册[M]．北京：中央文献出版社，2004：867.

3. 科教兴国思想

改革开放后，科技发展日新月异，邓小平发现了科技进步对生产力提升的倍增作用，而后者的发展就是社会发展的根本原因。邓小平根据马克思主义基本理论，结合了科技提升生产力的客观现实，创造性地提出了“科学技术是第一生产力”的著名论断，精辟地阐述了科技和生产力之间的内在联系和客观规律。他进一步指出：“没有科学技术的高速度发展，也就不可能有国民经济的高速度发展。”①

科技的进步需要人的思想，而只有教育才能够提升人的思想，才能创造新的知识。对此，邓小平指出：“科学技术人才的培养，基础在教育。”②1992年春，邓小平在南方谈话中强调：“经济发展得快一点，必须依靠科技和教育。”③ 显然，我们越想要快速发展生产力，就越应该发展教育。这就是邓小平的科教兴国思想的基本内容。

（三）江泽民绿色发展思想

在21世纪的社会主义实践中，江泽民逐步形成了人与自然和谐发展、社会经济可持续发展的绿色发展思想。

1. 人与自然和谐发展思想

江泽民在认识自然规律的前提下，积极利用规律，科学分析和处理人与自然的关系。发现自然规律的前提是认识自然。江泽民认为，人民对自然规律的认识，并不是即时的，而是循环往复、不断深入的。“过去没有认识的东西，今天可以被认识，今天没有认识的东西，将来可以被认识。”④ 认识与现实往往是存在偏差的，这是正常的。对这种认识上的偏差，人们能够做的就是在实践中不断重新认识，加深理解。

认识了自然，把握了规律，就可以利用规律实现自我目标。江泽民指

---

① 邓小平．邓小平文选:第2卷[M]．北京:人民出版社,1994:86.
② 邓小平．邓小平文选:第2卷[M]．北京:人民出版社,1994:95.
③ 邓小平．邓小平文选:第2卷[M]．北京:人民出版社,1994:37.
④ 江泽民．江泽民文选:第2卷[M]．北京:人民出版社,2006:233.

出："自古以来，中华民族就进行了征服、开发、利用自然的壮阔历史活动。"[①] 江泽民认为，利用规律改造自然，必须要"学会按自然规律办事"[②]，就是说在自然规律的基础上积极发挥主观能动性。在经济建设和其他社会事业建设方面，我们不能违背自然规律。

2. 人口、资源与环境统筹思想

我国处于社会主义初级阶段，人口数量庞大，人均资源非常少，这些基本国情是制定任何国策都必须考虑的因素。在这种国情下，想要实现长远的发展就必须节约资源、保护环境。对此，江泽民曾指出："经济的发展，必须与人口、环境、资源统筹考虑。"[③] 因此，解决这三者之间的关系，是保持经济持续、快速、健康发展的前提。

至于如何解决三者的关系，首先，江泽民曾提出过方案："坚持以信息化带动工业化，以工业化促进信息化，走出一条科技含量高、经济效益好、资源消耗低、环境污染少、人力资源优势得到充分发挥的新型工业化路子。"[④] 其次，要"坚持计划生育和环境保护，不仅有直接利益，而且还有长远利益；不仅有经济效益，更有社会效益"[⑤]。最后，我们必须把人口、资源与环境的工作纳入法治规划轨道，加强立法，严格执法，加强人口、资源与环境的法制宣传教育，普及相关知识，使广大干部群众自觉遵纪守法，提高环境意识和生态意识。

3. 科技支撑的绿色发展思想

实现绿色发展，需要依靠科学技术的进步和法律制度的完善。绿色发展是依靠科学和技术的力量，在自然环境能够负担的情况下，用人力资源取代自然资源。提高生产效率，将生产方式变为低碳生产，从而实现环保发展。江泽民继承了邓小平"科学技术是第一生产力"的理念，在他的几

---

① 江泽民. 江泽民文选：第 2 卷[M]. 北京：人民出版社，2006：67.

② 江泽民. 江泽民文选：第 2 卷[M]. 北京：人民出版社，2006：233.

③ 中共中央文献研究室. 江泽民论有中国特色社会主义（专题摘编）[M]. 北京：中央文献出版社，2002：279.

④ 江泽民. 江泽民文选：第 3 卷[M]. 北京：人民出版社，2006：545.

⑤ 《中国环境年鉴》编辑委员会. 中国环境年鉴[M]. 北京：中国统计出版社，1998：3.

次重要讲话中一再强调了科技和教育的作用，多次提出要提高科技和教育在发展战略中的优先级。不仅如此，他还指出，绿色发展只依靠经济手段和技术手段是不够的。

科学技术是第一生产力。首先，技术的发展可以提高生产效率，以最小的资源产出获得更多的利益；其次，技术创新可以通过培育新的可再生替代能源，优化生产能力，实现资源节约和环境保护。因此，提高科技创新能力可以改变工业文明发展中过度消耗资源和破坏生态环境的局面，变“黑色发展”为“绿色发展”。[①]

4. 人才兴国思想

人才是发展的关键。江泽民高度关注我国的教育事业。他认为人才是社会经济发展中最重要的资源[②]，技术进步和技术创新都是通过人才实现的。很长一段时间以来，我国都是世界上最大的制造业国家，但在整个产业链中，我们只负责一些低附加值且高能耗的生产环节，利润流出国外，但污染留在国内。这使得我国的经济发展始终依赖于低廉的劳动力输出和资源的消耗。因此，我国要想降低资源消耗，提升生产附加值，最终减少污染，就必须升级落后的产业结构。针对我国的人才培养工作，江泽民指出“中国的人力资源丰富，但人才资源并不丰富，结构不尽合理，创新能力还亟待提高”。[③] 很显然，为了从根本上提高人力资源，我们首先要发展好教育事业，提高教育质量。

（四）胡锦涛绿色发展思想

在马克思主义中国化的过程中，胡锦涛提出的可持续发展战略思想具有巨大意义。2010 年，胡锦涛在重要讲话中明确阐述了绿色发展的概念及内涵，接力并创新了中国马克思主义的绿色发展观。

---

① 中共中央文献研究室．江泽民论有中国特色社会主义（专题摘编）[M]．北京：中央文献出版社，2002：237.

② 江泽民．论科学技术[M]．北京：中央文献出版社，2001：77 – 78.

③ 中共中央文献研究室．江泽民论有中国特色社会主义（专题摘编）[M]．北京：中央文献出版社，2002：261.

1. 绿色增长思想

绿色增长，是指在促进经济发展的同时，又可以持续协调资源和环境，从而保证人民的幸福感持续提升。因此，绿色增长思想就是如何实现上述目标的观点、观念的综合。当一个经济并未达到绿色发展的内在要求时，就必须通过一系列社会改革进行调节。其中，转变经济发展方式是关键一环。转变经济发展方式，不仅可以节约资源、保护环境，还能够高效地缓解人与自然的矛盾，实现人与自然的和谐，从而提高人民的幸福感。正如胡锦涛指出的那样，"必须把加快转变经济发展方式贯穿经济社会发展全过程和各领域，坚持在发展中促转变"①，不能以生态环境为代价，换取局部的、短期的发展，应摒弃"饮鸩止渴"的短视发展观。

2. 以人为本思想

以人为本包括"人"和"生态"两个要素。在自然生态领域，以人为本体现了人的利益的根本性质。胡锦涛曾指出，要实现"经济社会的可持续发展"，就必须在利用自然改造自然的过程中注重"人与自然的和谐相处"②。坚持经济社会全面协调发展，关注人与自然的关系，将生态保护的实践落脚于人民群众的根本利益。为了促进经济、政治、文化和生态的共同繁荣，真正实现人与自然的协调发展，实现社会的永续发展，就要推动传统发展观向绿色发展观转变。

3. 统筹兼顾思想

统筹兼顾思想是胡锦涛绿色发展思想的重要组成部分。绿色发展就是要实现人与自然的和谐发展，实现经济社会的永续发展。而这一切的实现必须依靠多因素的配合和调控，必须进行统筹兼顾。统筹兼顾思想与社会主义和谐思想中的统筹兼顾方法具有一致的内核。

---

① 中共中央文献研究室．科学发展重要论述摘编[M]．北京：中央文献出版社，2008：37.

② 中共中央文献研究室．科学发展重要论述摘编[M]．北京：中央文献出版社，2008：1.

四、马克思主义绿色发展理念演进的特征

马克思主义绿色发展理念经历了长久的风风雨雨，却仍然焕发着新的生命力，这是由它的科学性决定的。马克思主义绿色发展理念不是一种架空的理论，而是从实践中产生的，具有科学理论的重要性质。它是具体的，不是抽象的。通过上述梳理，可以看到，具体的马克思主义绿色发展理念在不同时期具有不同形式，指导无产阶级执政党解决所面临的发展难题。但无论形式如何，均体现出了以下演化特征。

（一）马克思主义哲学思想贯穿始终

马克思主义哲学是认识世界、分析世界、理解世界的基本工具，不仅可以增强认知的科学性，还有利于指导未来的实践。从第一代国家领导人的绿色发展思想，到新时期绿色发展思想，马克思主义的哲学思想都得到了充分的体现，包括唯物论、辩证法、认识论、唯物史观等。

马克思主义绿色发展理念是唯物辩证的。绿色发展理念在不同时期具有不同的形式，但归根结底是为了指导和解决持续发展的问题。因此，所有的绿色发展思想均来源于人在物质世界中的实践，是主观改造客观的历史过程。从上文可以看到，每一代国家领导人都将人与自然之间的关系作为其绿色发展的基石，都将人与其赖以生存的客观世界之间的矛盾作为最基本的矛盾。正是因为物质世界是客观实践的场所，而实践又是物质的，因此绿色发展思想虽不断演进，但唯物的基本观点始终不变。与此同时，所谓“绿色发展”，从内涵上决定了这种思想必须是辩证的。例如，“一方面，我们必须反对旧的保守主义观点，另一方面，我们必须反对空洞的不切实际的计划”，“人多有好的一面，也有不利的一面”，“坚持计划生育和环境保护，不仅具有近期效益，更具有远期效益”等。可以看出，辩证发展是绿色发展的题中之意，“过”和“不及”都是要在发展中避免的。

马克思主义绿色发展理念是认识论的体现。马克思主义认识论是在实践的基础上主体对客体的能动的革命的反映论。在领导人民发展社会主义的过

程中，党的“实事求是，理论联系实际，一切从实际出发”的思想路线，也是党运用马克思主义认识论认识和解决不同实际问题的科学实践。发展阶段不同，党所面临的待解决的问题也不同，从而实践内容和客体均存在差别。在这种情况下，将感性认识上升为理性认识，从而形成具有真理特征的理论来指导未来的实践，就是马克思主义绿色发展理念的演进过程。

马克思主义绿色发展理念是唯物史观的体现。社会历史的发展自有其客观规律，生产力决定生产关系，而后者又会对前者产生反作用力。马克思主义绿色发展理念经过半个多世纪的演进，其内容和形式的变化都体现了这种客观规律。当生产关系对生产力的发展起到负面作用时，就必须改变。绿色发展理念就是对社会历史发展规律的认识，克服对生产力持续发展的历史桎梏，才能实现持续的发展。

（二）人民的中心地位不变

从毛泽东开始，人民的地位就大于一切，共产党的一切实践都是“为人民服务”的，人民是发展的主体，也是发展的动力。邓小平也认为，一切为了人民，一切也要依靠人民。发展的最终目的是使人民共同富裕，而不是贫穷①。江泽民的“三个代表”思想，将“人民利益”作为党的执政之基。胡锦涛提出的科学发展观在认可发展是第一要务的基础上，着重强调了“以人为本”的核心和“全面协调可持续”的要求。因此，发展是否可持续，其判断标准就是是否有利于人民的根本利益。绿色发展思想对发展持续性的关注，其出发点和落脚点皆是人民。在马克思主义绿色发展思想的演进过程中，人民的中心地位始终未变。

（三）科学性逐渐增强

毛泽东时代，便树立了“实事求是，理论联系实际，密切联系群众”的党的基本路线。可以说，“实事求是”是毛泽东绿色发展思想的精髓。

---

① 岳利萍，毕冬一．新时代中国特色社会主义政治经济学人民中心论思想的渊源与创新[J]．西北大学学报（哲学社会科学版），2018，48(3)：23－31.

邓小平也提出了著名的“科学技术是第一生产力”的论断。江泽民的绿色发展思想中，也强调了要利用科学技术实现持续发展。胡锦涛的科学发展观，将科学性全面提高到战略性的高度，指出不仅应当利用科技带动发展，而且关于“如何发展，怎样发展”这样的问题，也应该抱着科学的态度探讨。因此，马克思主义绿色发展思想的演进过程，也就是关于发展这样的大问题其指导思想的科学性逐渐增强的过程。

第三节　习近平新时代绿色发展理念的内涵及创新

一、习近平新时代绿色发展理念的内涵

习近平总书记在党的十八届五中全会上提出，要“坚持绿色发展，必须坚持节约资源和保护环境的基本国策，坚持可持续发展，坚定走生产发展、生活富裕、生态良好的文明发展道路”①。在我国经济转型、建设生态文明的背景下，习近平绿色发展思想同时兼顾了国内和国际两个大局，具有非常重要的理论价值和现实意义。

一是形成了绿色生产力理论。生产力是经济社会发展的根本推动力，发展绿色生产力，就是平衡资源消耗与环境保护，提高经济发展的持续性。正如习近平总书记强调的那样，“保护生态环境就是保护生产力，改善生态环境就是发展生产力”，“我们既要绿水青山，也要金山银山。宁要绿水青山，不要金山银山，而且绿水青山就是金山银山”。② 总书记这些重要讲话的内容，就是对绿色生产力的创造性描述。绿色生产力侧重于“绿色生产”。“绿色”意指生产的生态性，采取绿色生产方式利于实现平衡的人与自然关系，大大减少自然对人的报复，从而有利于实现人类社会的永续发展。绿色生产力与一般语境下的生产力并不矛盾，两者皆为社会发展的推动力。所不同的是，绿色生产力更加强调生产力在协调人与自然之间

① 中国共产党第十八届中央委员会第五次全体会议公报[J]. 求是，2015(21)：3-7.

② 岳利萍. 生态文明的科学指南[N]. 光明日报，2018-06-04(6).

关系中的作用，强调生产力的发展不能以恶化人的生存环境为前提，而是要以保持人与自然和谐共存为前提。在当前我国经济转型升级的重要时期，绿色生产力理论不仅是回答如何突破生态“瓶颈”、实现经济进一步发展的金钥匙，也是马克思主义中国化的新的里程碑。

二是重视绿色民生福祉。绿色的、优美的、健康的生活环境是人民群众生活幸福的重要基础。建设和保护好人民群众的生产生活环境，是我党的重要奋斗目标和工作重点。习近平总书记指出，良好生态环境是最普惠的民生福祉。保护环境，节约资源，归根结底还是为了解决与人民群众的健康紧密相关的绿色民生问题。因此，建设生态文明就是对绿色民生的最大重视。习近平绿色发展思想有机地统一了生态和民生，既坚持和贯彻了以人民为中心的发展思想，又重新阐释了建设生态文明的出发点和落脚点。

三是提出生命共同体的重要思想。在党的十九大报告中，习近平总书记强调了统筹山水林田湖草的重要性，创造性地提出了“人与自然是生命共同体”的科学理念。人因自然而生，人作为生物体是自然的组成部分，人与自然是一种共生关系。好的自然生态环境是人生存生活的必要条件，是人类社会发展的根本前提。山水林田湖是一个生命共同体，人的命脉在田，田的命脉在水，水的命脉在山，山的命脉在土，土的命脉在树。尽管这几部分在形式上具有独立性，但它们的存在都是以其他部分的存在为前提的。

四是强调生态红线和生态安全。法律是行为的底线，是生态安全的红线。必须用法律严格约束不法行为，严保生态安全。在全国生态环境保护大会上，习近平总书记指出，要“用最严格制度最严密法治保护生态环境，加快制度创新，强化制度执行，让制度成为刚性的约束和不可触碰的高压线”。

五是注重环境治理领域的国际合作。当前，全球领域的生态合作是基础大势。环境问题不是一个国家的事，也不是一个洲的事，而是全人类的事。一个国家若想实现绿色发展，仅靠国内的重视是远远不够的。环境治理需要世界各国的共同努力，需要全球人民的共同智慧。习近平总书记认为，我国应当深度参与全球环境治理，促进形成世界环境保护和可持续发展的新方案。只有每个国家都全面参与到全球生态治理中，才有可能真正破解人类发展的生态环境困局，实现永续发展。

二、习近平新时代绿色发展理念的创新

（一）财富观的升级：从物质财富到物质与生态财富的组合最优化

财富观是指人们对财富价值的认识和观念，因此，财富观也自然成为价值观的重要组成部分。传统的财富观是指物质财富，这在发展的初期是可以理解的。在物质较为匮乏的社会中，人们对财富的观念局限在使用价值的占有上，这种财富观严格依附于特定的实体物质上。人们以拥有物质的多寡作为财富的量的判断标准。这种财富观的出现，是由于自然资源的稀缺性还没有充分显现，环境问题还没有被人们所重视，资源环境的价值被人为地排除在财富观的视野之外。人们既没有把生态成本纳入商品价值中，又没有把生态效益纳入经济核算。出现了一种严重的错觉：经济发展只看“数字”，财富衡量只看产出。新时代绿色发展理念要求将生态财富纳入经济核算中去，在经济发展中追求物质财富和生态财富的组合最优化。在粗放型经济发展的模式中，过于强调物质财富的增长，使得环境超载，出现严重的生态问题。这种落后的财富观念造成生态资源大规模浪费，牺牲了高额的生态财富，换取了少量的物质财富。这种增长，显然是不可持续的。而要将生态财富引入我国财富观中，将生态财富引入我国财富观测度中，致力于长期社会发展的可持续目标函数由初始的追求物质财富最大化升级为实现物质财富和生态财富最优化组合，从而在根本上解决人与自然的协调问题。将绿色发展观作为我国财富观的理论体系的一部分，不但需要明确绿色发展的内涵、构建绿色发展的制度保障以及规划生态财富持续积累的路径安排，还需要通过一场彻底的、根本的、深刻的生态—经济—社会的理念革命来完成。新时代绿色发展理念，就是这样一场理念的革命。

（二）发展方法的创新：跨越“中等收入陷阱”的新方案

新时代绿色发展理念回答了如何跨越“中等收入陷阱”的问题，提出了绿色发展是实现国民收入稳定提高的新方法。简单地回顾历史可以发现，我国在低收入发展阶段，发展的目标是单一的经济数量增长，而在进入中等收入阶段以后，经济社会的发展就不单纯是经济增长的问题了，而是赋予了经济发展更加广泛的内涵，涉及经济社会的各个方面。如果经济在不断地增长，但是人们的生存环境污染严重，生态被破坏，人们的健康受损，那么这种经济增长不但是毫无意义的，还会成为制约国民收入持续增长的桎梏。

欲跨越“中等收入陷阱”、实现国民收入稳定提高，就必须从根本上消除制约人们全面发展的因素。只有保证人与自然和谐、生态与社会共生、物质财富与生态财富组合最优，才能孕育出打破“中等收入陷阱”制约的强大动力。以新时代绿色发展理念为导向的新的发展模式，创新了跨越“中等收入陷阱”的方案，有利于我国走上经济、生态、社会全面可持续发展的绿色化道路。

（三）环境治理视野的发展：从国家治理到世界治理

资源约束、环境污染、生态安全，这几个问题是全球各国共同面临的发展难题。当前，世界各国已经深入融合，一国的命运与另一国紧密相连。其他国家发展受阻，本国也难独善其身。一段时间以来，水污染、大气污染、森林植被锐减、资源减少、生物多样性丧失、臭氧层遭到破坏、全球气候变化、持久性有机物污染愈加严重，全球生态安全遭到严重威胁。实行绿色发展，是全球人民的共识。实现绿色发展，需要全球人民的参与。

为了推动形成世界环境治理的新格局，引导建立公平合理、合作共赢的全球气候治理体系，就要发挥好我国在全球治理中的作用，要彰显我国的大国形象。党的十八大以来，以习近平同志为核心的党中央高度重视绿色发展，在多个场合都强调绿色发展的重要意义，推动绿色发展相关举措的施行。在党的十八届五中全会上，党将绿色发展写入“十三五”规划建议。显然，绿色发展已经成为我国经济建设的重要指导方针。

第四节　习近平新时代绿色发展理念的当代价值

一、为构建人类命运共同体提供理论基础

要解决人与自然和谐发展的问题，最重要就是要构建人类命运共同体。万物皆有始终，人类能否突破自身的短板从而最终实现永续发展，关键就在于能不能扭转不合理的发展方式，能不能形成促进人类发展可持续性的科学理念。习近平新时代绿色发展理念，就是对上述关键问题的最科学的回答。

构建人类命运共同体，不仅要重构人类的财富观，还要形成以人类整体利益为先的新发展观，要将环境治理视角从一国扩展到世界。当今世界出现的环境问题以及发展不平衡问题，从另一个角度来看就是发展思路的扭曲。相当多的国家没有树立绿色发展的理念，在发展中采取短视的做法，无形中为长久发展埋下了不可持续的种子。不仅如此，欠缺绿色发展理念的国家，往往采取“零和博弈”的思路来规划本国的发展路径，将一国的利益凌驾于全人类之上。习近平新时代绿色发展理念的三个伟大创新，不仅为世界人民尤其是发展中国家和落后国家的人民提供了现实发展的思路，而且回答了为什么以及怎么样构建人类命运共同体的问题。

二、有利于走出突破资源约束的人类发展之路

科学技术革命加速了“人和自然之间的物质变换过程”，人类在创造出巨大物质财富的同时，也从“绿色的农业文明时代”走向了“黑色的工业文明时代”。作为“劳动的源泉”的资源环境承受了巨大的压力，在这种低效的发展模式下，资源的稀缺性越发显著，客观环境越来越成为经济发展的“瓶颈”。

不仅如此，粗放的生产排放出大量的有毒废水废气以及固体废弃物，对自然资源造成二次破坏和浪费。倘若继续走这种旧的发展路径，将严重威胁到人类的子孙后代的繁衍生息，有悖于经济发展的初心。新时代绿色发展理念，提出了新的发展方式，采取一切有效手段提高自然资源的利用效率并消除环境污染，既保障了人民群众美好的生活环境，又能够突破生态环境形成的发展“瓶颈”，实现人类的永续发展。

三、有利于创造和激发全球经济社会发展的持续性

传统的经济增长以粗放增长为主要方式，资源消耗和环境污染是粗放型经济增长的主要特征，在一段时间内损害了经济社会发展的持续性。在新的时期下，这种以环境换增长的方式暴露出了明显的弊端，我国的资源环境状态已经出现了一定程度的危机。中国经济必须从速度型增长转变为效率型增长，必须在节约资源和保护环境的前提下实现经济增长，而不是相反。因此，一方面，我们要摒除旧的威胁生态环境的经济增长点；另一方面，我们必须寻找或创造新的经济增长点。绿色科技作为新一代的技术革命，在推动经济增长的同时也能够和生态环境实现优良的适应性，“是当今时代科技革命和产业变革的方向，是最有前途的发展领域……可以形成很多新的经济增长点”①。由此可见，加快以绿色科技代替原有陈旧的生产技术是大势所趋。习近平总书记曾提出了著名论断——“绿水青山就是金山银山。”在绿色发展理念指导下的经济发展，能够不断发掘绿色生产力，释放经济活力，创造有利于人民根本利益的社会经济新局面。

① 习近平在省部级主要领导干部学习贯彻党的十八届五中全会精神年专题研讨班上的讲话[N]. 人民日报,2016-05-10(2).

第二章　生态经济学的起源与发展

第一节　生态经济学的内涵与特点

一、生态经济学的内涵

生态经济学（Ecological Economics）形成于20世纪60年代，相较于传统生态学和经济学，起步时间较晚，目前关于生态经济学的研究正处于探索与发展阶段，因此尚未形成完整成熟的理论体系与研究方法论。生态经济学研究的内容与范畴是复杂且具有综合性的，不是单纯地将生态学、经济学或其他相关学科进行叠加。关于生态经济学的定义与内涵，来自不同专业背景的学者（如生态学、自然资源与环境学、农林学、哲学等学科），对于生态经济学的定义也有着各自不同的理解，张志强等（2003）①、唐建荣（2004）② 等学者曾对生态经济学的内涵作过初步的总结。

（一）肯尼斯·鲍尔丁对生态经济学的理解

生态经济学的概念是由美国经济学家肯尼斯·鲍尔丁（Kenneth E. Boulding，1966）提出的，他认为人类在追求经济增长的过程中，无限制地向自然生态系统索取自然资源，忽视了生态系统中的资源是有限的，而

① 张志强，徐中民，程国栋．可持续发展下的生态经济学理论透视［J］．中国人口·资源与环境，2003，13（6）：1－7.

② 唐建荣．生态经济学［M］．北京：化学工业出版社，2004：22－27.

人类的社会经济系统发展与自然生态系统是血肉相连的完整有机体，两者不可分割。他认为随着人类经济的快速发展，经济增长对资源的无限需求必然会与生态系统中自然资源供给的相对有限性产生矛盾，并且这种矛盾会随着经济活动的发展而不断加深。在此基础上，鲍尔丁提出了“生态经济协调”理论，他认为人类任何的经济活动都是在大自然的生物圈中进行的，以大自然环境为基础的社会经济活动需要生态系统提供物质与能量，同时以人作为主体的经济活动又会对生态系统的循环与系统运行产生影响。要想解决生态系统与经济系统的矛盾，就必须努力促进生态系统与经济系统的协调发展，视生态系统与经济系统为命运共同体。

（二）赫尔曼·戴利的生态经济学思想

赫尔曼·戴利（Herman E. Daly）是马里兰大学（University of Maryland）公共事务学院的教授，同时作为《生态经济学》（*Ecological Economics*）杂志的创始人之一，对生态经济学的内涵的界定与发展做出了卓越的贡献。戴利在 1973 年提出了“稳态经济”（Steady－State Economy）的思想，他认为“稳态经济的特点就是社会中的人口和物质财富都保持在稳定状态，通过选择一个低增长率水平，保持经济中的某些需求”。此后，戴利在其著作《生态经济学：原理和应用》一书中，提出了熵耗散（Entropic Dissipation）的概念，即“根据热力学第一定律和第二定律，物质成分从低熵有用性向高熵废弃物单向流动过程中会耗散在环境之中”[①]，低熵物质即人类生活的必需品，是人类自己无法创造的，只能依靠大自然的供给。也就是说，如果无法实现熵的转变，人类所赖以生存的自然环境就无法服务于人类、维持人类的生活。

传统的经济学是以研究资源的稀缺性与有效配置为目的的，而生态经济学所要研究的是如何界定资源的稀缺性，即什么是稀缺资源，在此基础上，运用什么样的机制对资源进行有效配置。戴利曾提出目标—手段图

---

① ［美］赫尔曼·戴利，乔舒亚·法利．生态经济学：原理和应用（第二版）［M］．金志农，陈美球，蔡海生，译．北京：中国人民大学出版社，2014：13－28.

谱，将传统经济学的研究范围转为生态经济问题的研究，通过合理有效的政策手段实现人类社会的根本目标——地球生态系统的可持续发展。

（三）罗伯特·康斯坦萨提出的生态经济学定义

著名生态经济学家罗伯特·康斯坦萨（Robert Constanza），同时也是国际生态经济学学会和《生态经济学》（*Ecological Economics*）杂志的创始人之一，在杂志创刊时曾提出当今人类社会的经济发展带来了许多亟待解决的问题，如全球变暖、海平面上升、森林消失、土地退化、物种多样性减少，而传统的生态学、经济学以及其他学科无法解决生态系统与经济系统的这些矛盾，现有学科不能对这两个系统的关系予以很好的研究，生态经济学便应运而生。康斯坦萨①②提出，人类进行社会活动的经济系统是构成整个地球生态系统的一个部分，因此必须保持经济系统与生态系统中物质和能量的协调发展。生态经济学既包括利用经济学与哲学中的研究方法所建立的生态经济学大方法论体系，以此研究生态系统与经济系统之间的联系，又包括利用这些方法和发展新的方法论研究生态经济的效率与收益，从而把握经济活动所产生的生态变迁与规律，试图以此来解决人类社会的经济发展与生态系统之间的冲突。

（四）国外其他学者对生态经济学的看法

Barbier（1994）③，Faber（1996）④ 等曾对生态经济学的内涵给出了自己的见解，他们认为生态经济学是一种新的分析方法的综合，而不是一门新学科。生态经济学的发展是为了解决其他单一学科无法解决的经济活动—环境之间相互作用所产生的紧迫问题，如化石燃料的大量使用以及二

---

① Costanza R. What Is Ecological Economics[J]. *Ecological Economics*, 1989, 1(1): 1-7.

② Costanza R., King J. The First Decade of Ecological Economics[J]. *Ecological Economics*, 1999, 28(1): 1-9.

③ Barbier E. B. Paradise Lost? *The Ecological Economics of Biodiversity* [M]. London: Earthscan, 1994, 78-152.

④ Faber M, Manstetten R. Proops J. *Ecological Economics: Concepts and Methods* [M]. Cheltenham: Edward Elgar, 1996: 165-208.

氧化碳的大量排放所造成的环境问题，这些问题需要新的科学思想与方法论体系加以解决，因此，生态经济学就以这些亟待解决的问题为研究对象与研究内容。

Asafu - Adjaye（2000）① 认为生态经济学不同于自然资源经济学，更不是环境经济学。自然资源经济学研究的是资源的开发与利用、实现自然资源的帕累托最优。环境经济学以西方经济学中的效用理论、外部性、机会成本等为思想理论，研究在市场机制下如何达到控制污染的最优水平以实现社会收益最大化。而生态经济学研究的是如何实现生态系统中人口增长、经济活动与生态环境等的协调发展，还涉及社会伦理、哲学问题，是一门交叉性科学。

总之，生态经济学研究生态经济中存在的各种问题，目的是探索生态系统与经济系统之间的相互关系、实现生态系统和经济系统的协调发展。生态经济学的研究领域涉及自然资本的价值估算、生态足迹分析、可持续农业、工业生态、生态系统服务价值等方面（Constanza & King，1999）。

二、生态经济学的特点

生态经济学旨在解决人类社会的经济发展与地球生态系统的可持续发展之间的相互关系，目前所研究的各个方面还不够成熟，但其理论来源于各种经验和丰富的实践，同时引入和借鉴了其他相关学科的理论思想与方法论，包括微观经济学中的资源配置理论、宏观经济学中的帕累托最优理论以及财富的代际分配理论、福利经济学中的消费与福利理论、生态学中的物质循环和能量流动理论、环境经济学中的外部性经济方法。因此，生态经济学作为一门由理论来指导实践的应用科学，具有其特有的性质。

① Asafu - Adjaye. *Environmental Economics for Non - economists* [M]. Singapore: World Scientific Publishing Co Pte Ltd, 2000: 121 - 123.

（一）综合性

生态经济学是由自然科学和社会科学相互渗透形成的一门新型交叉学科，需要借鉴并融合其他相关学科的思想理论与方法论体系，从而更好地服务于生态经济的研究。在理论研究方面，需要生态学、经济学、农学、伦理学等学科的理论研究；在方法论研究方面，需要综合经济学中的边际分析法、热力学中的物质循环与能量流动分析法、哲学中的自然辩证法以及物理学、化学、生态学等科学中的相关方法。因此，生态经济学由于其形成和应用的特殊性，成为一门综合性很强的新型交叉学科。

（二）整体性

生态经济系统是由生态系统和经济系统构成的统一有机整体，这个系统中的每一个要素都有其特殊作用，在整个系统中都是不可分割的，这些要素通过相互影响、相互制约，实现物质循环与能量流动。自然生态系统为人类社会提供物质与能量来源，人类经济活动所产生的废物与能量又回到生态系统中，从而构成一个物质能量循环系统，若其中一个环节发生变化，就会引起一系列连锁反应，对整个系统会产生巨大的影响。因此，生态经济学的整体性特点表现在：该科学要求从整体上对生态经济问题进行研究，反对将生态问题与经济发展孤立开来、片面地只研究生态问题或者经济增长，认为这与生态经济学的创建与发展是相违背的。

（三）实用性

生态经济学的产生来源于现实的经济发展所导致的一系列问题与需求，尤其自人类社会开始工业革命、实现了工业化的迅猛发展后，经济活动所带来的环境恶化、全球变暖、海平面上升、森林消失、土壤退化等环境问题亟待解决，人类开始对其经济发展方式进行反省，而原有的单一科学理论研究无法有效解决这些复杂的问题，因此，生态经济学应运而生。生态经济学研究人类社会如何实现可持续发展、解决生态环境与经济发展之间的冲突，具有重大的理论与实际意义，它的产生既担负着为人类社会的经济发展与自然环境的保护以及实现可持续发展提供理论指导的作用，更为全世界各国制定生态经济的发展政策提供了指导思想与科学依据，为全球发展工农业、解决生态环境问题提供了实用而有效的方法。

第二节 生态经济学产生的历史背景

自工业革命开始以后，人类社会的经济便以迅雷不及掩耳之势发展起来，全球经济增速快速上升。但也正是人类一味地追求经济发展而忽视了经济活动所造成的各种环境问题：资源的过度使用、森林的大面积砍伐、碳排放量的逐年累积、越来越多的动植物濒临灭绝、海平面上升对发展中小岛屿国家居民的生存构成严重威胁……人类赖以生存的生态系统已经遭到了严重破坏，也制约着经济的可持续性发展。然而，人类的知识往往具有滞后性，在意识到经济活动对自然环境的损害后，发现现有知识体系不能很好地对经济与生态系统的关系进行研究，无法从根本上解决这些问题，人类需要发展新的知识与科学来解决新的经济—环境问题，生态经济学就是在这样的背景下产生并逐步发展起来的。

一、气候变化

自 1960 年以来，随着化石燃料的大量使用，全球二氧化碳排放量逐年持续上升，从目前碳排放趋势来看，未来全球二氧化碳排量仍有明显上升趋势。20 世纪六七十年代，工业革命起步之初，全球碳排放量还不足以对生态环境造成严重影响，但 1970 年以后，全球碳排放量高速上升，远远超出了生态系统可容纳的碳排放量。1960 年，全球一年的碳排放量为 900 万吨，但到 2000 年时，全球碳排放量已达 2400 万吨，几乎是工业革命前碳排放量的 3 倍，此后碳排放量逐年上升（见图 2 – 1）。

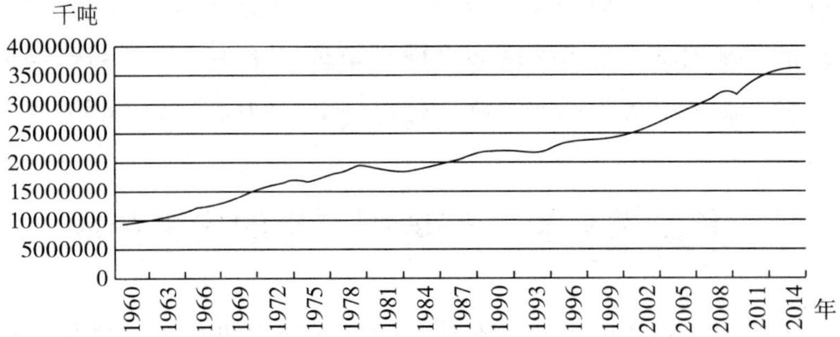

图 2-1　1960—2014 年全球二氧化碳排放量

资料来源：世界银行。

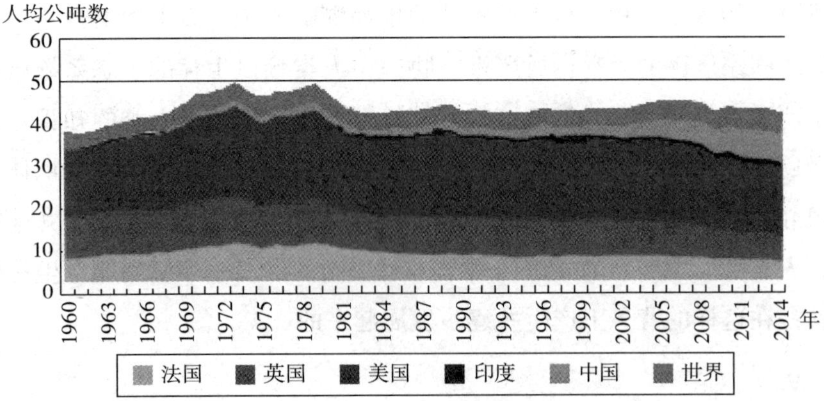

图 2-2　1960—2014 年各国人均二氧化碳排放量

资料来源：世界银行。

工业化石燃料的大量燃烧以及森林的过度砍伐是碳排放量逐年提高的主要原因。20 世纪 70 年代后，英、日、法、美、德等发达国家都大力发展工业，通过工业革命实现经济的快速增长，同时也成为二氧化碳排放大国。20 世纪末期，中国、印度等发展中国家通过对外开放、科技发展，致力于建设成为工业现代化国家。追根溯源，在不同的历史发展阶段，各国为实现经济发展虽产生了不同程度的碳排放量，但其累积量都导致了全球碳排放量的迅速增加。由图 2-2 可知，近些年，美、英、法等国人均碳排放量虽有所下降，但仍远远超过了世界人均碳排放量水平，中国人均碳排放量在 20 世纪还未达到世界水平，但进入 21 世纪后，中国人均碳排放量逐渐超过了全球平均水平，成为全球碳排放大国。

1960 年以后，全球二氧化碳排放量几乎以线性速度上升，进入 21 世纪则以更快的速度增加。20 世纪 60 年代以来全世界碳排放量迅速增加是全球气候变化的主要原因，其中表现最明显的是全球性的温室效应。碳排放的逐年累积引发了一系列的极端气候现象，2014 年发生的海洋变暖和酸化导致的珊瑚白化事件引起广泛关注；2016 年太平洋地区出现了 5 级气旋和一次极不寻常的印度洋风暴。同年，飓风在肆虐完巴哈马和加勒比海地区后转移到了另一个小岛屿国家——海地，并造成数百人死亡，损失至少 19 亿美元。

此外，气候变化还会引发一系列的连锁反应，包括温室效应导致的冰川融化、海平面上升、农产品产量下降，这些都对人类社会的可持续发展产生了重大影响。全世界的高山冰川都在开始融化，甚至是加速融化，部分咸水层逐渐侵入沿海淡水蓄水层，这严重影响着沿海小岛屿国家的生存和发展。这些国家四面靠海，海洋是当地居民赖以生存的基础，且大多经济发展落后、生态环境脆弱，海平面上升损害最大的就是这类国家。气候的变化警醒着人类，只有改变经济增长的方式，才能实现可持续发展，而这正是生态经济学所要讨论的问题。

二、森林消失和生物多样性减少

自 1990 年对全球森林面积进行测度以来，全球森林面积就以线性速度急速减少，20 多年来全球森林面积减少了 100 万平方千米。森林消失主要有两个原因：一方面是由于人类对林产品的需求日益增加；另一方面则是由于人口增加对耕地需求增加，导致越来越多的林地转化为农用耕地。森林消失在发展落后的国家表现得更加明显，如在非洲、加勒比和太平洋地区，一些国家的木材公司只追求短时间内的经济利益最大化，没有长远的经济规划，对森林进行盲目而无节制的大面积砍伐，在遗留下一片片的荒地后，目标又开始转向其他森林；在非洲撒哈拉地区，大部分国家还未实现工业化，经济发展缓慢，居民普遍通过砍伐森林来满足对耕地和薪柴的需求，导致森林大面积遭到人为破坏。森林的大面积消失对人类社会的经济发展和自然环境都产生了严重的影响。在经济效应方面表现为，以生产或出口林产品为国民收入的国家，随着森林的消失，农林产出下降，就业和收入会急剧减少；环境效应方面表现为洪水泛滥，空气中水分循环失衡，许多生物丧失其栖息地、生物多样性减少。

表 2－1　森林砍伐和受胁物种数量

	森林面积/平方千米		哺乳动物	鸟类	鱼类	植物物种
	1990	2016	2018	2018	2018	2018
世界	41283	39991	3434	4584	8233	15735
低收入国家	171440	3734	683	715	1244	3113
中低收入国家	6274	5820	1125	1264	2014	4074
中高收入国家	20053	19878	1015	1550	2307	6960
高收入国家	10317	10435	599	1144	2475	2963

注：受胁物种是指国际自然保护联盟划分为濒危、易危、稀有、未定、脱离危险和欠了解物种的数量。

资料来源：世界银行《世界发展指标》。

地球上的各种生物以及自然环境构成的生态系统是人类赖以生存的基础，然而随着人类经济活动的大规模扩展，生物也在快速大规模消失。由于人口增长，人类开发自然环境的技术能力增强，索取自然资源的欲望越来越高，生物栖息地遭到破坏是物种锐减的主要原因，尤其表现在热带雨林上。由表 2－1 可得，相比 1990 年，2016 年全世界森林砍伐面积虽有下降，但森林仍然在大面积消失，在 2016 年达到了 39991 平方千米。其中，低收入国家对森林的保护意识越来越强，相比 1990 年，2016 年的森林砍伐面积明显快速下降；中低收入、中高收入国家的森林消失面积稍有下降，但降幅较小；而高收入国家随着经济的快速发展，森林砍伐面积不降反升，对森林的破坏性正在逐步加强。森林虽仅占陆地面积的 6%，其所拥有的生物物种却超过了地球所有物种的一半，但森林正在以比其他大型生物群落更快的速度被毁坏。

目前，由于化石燃料的大量使用、碳排放逐年累积、气候变化、工业废物的排放、森林过度砍伐引起生物栖息地的巨大变化，导致全球范围内的哺乳动物、鸟类、鱼类、植物正处于受威胁和濒临灭绝的状态。根据世界银行公布的数据，受威胁、濒危的动植物都在逐年增加。由表 2 – 1 可知，2018 年全世界范围内植物物种受威胁最为严重，其受威胁数量几乎是哺乳动物的 5 倍；在已知的 9946 种鸟类中，受威胁的鸟类占比大约为 50%，最主要的原因是栖息地变化造成的鸟类濒危；全球受威胁的哺乳动物已达到 3434 种，占全世界哺乳动物的 24%；除植物物种外，鱼类受到的威胁最严重，目前接近 1/3 的淡水鱼和咸水鱼都受到严重威胁，极有可能彻底从地球上消失。虽然还没有人能够准确计算出地球上确切有多少动物和植物，但物种丰富性的急剧减少却是毋庸置疑的。

物种的消失对地球生态系统的影响是不可预料的，如果物种多样性继续以目前这个速度减少，会导致地球生态系统产生不可挽回的变化。人类与其他生物在整个生态系统中是命运共同体，物种锐减意味着人类赖以生存的基础正在消失，那么人类的生存必将受到威胁。因此，动植物多样性减少是人类不可忽视的现实问题，而生态经济学的出现为人类指出了一条可持续发展道路，即对地球的生态系统作出尽可能的协调，尽早实现人类与其他物种的和谐共处。

三、土壤侵蚀

自从人类文明开始，土地就已经开始退化，土地退化对于人类来说是个一直存在但仍未解决的问题。只不过在古人类文明中，土地退化是顺其自然发展的，而随着全世界开始发展工业化，土地退化更多地受到人为因素的影响。人类几乎 90% 的食物都是依靠土地生产，而目前地球上土地恶化加剧，据估计至少已有 35% 的土地开始恶化，这严重威胁着人类的生存。

人口急剧增加与耕地大面积退化对于非洲人民来说是一个长期存在且尖锐的矛盾，非洲许多国家的过度开垦、表土流失导致谷物收获总面积逐年下降，如索马里的谷物收获总面积由 1961 年的 52 万公顷下降到 2011 年的 26 万公顷；其他地区如尼日利亚、津巴布韦和卢旺达等经济发展相对落

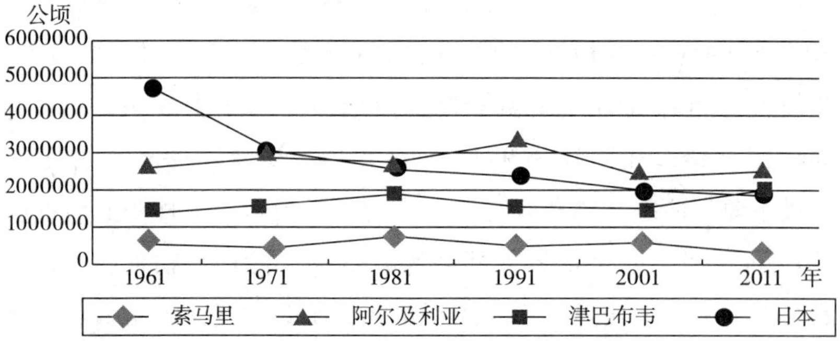

图 2-3　1961—2011 年部分国家年谷物耕地

资料来源：世界银行。

后的国家正在经历着严重的土壤流失，导致谷物耕地面积逐渐减少、粮食产量下降（见图 2-3）。据俄亥俄州立大学著名农业经济学家拉腾·拉尔评估，土壤侵蚀和其他形式的土地退化使非洲的粮食产量减少 800 万吨，大约占其粮食总产量的 8%。撒哈拉北部的阿尔及利亚也面临耕地沙漠化的威胁，为了阻止撒哈拉沙漠掩盖人们赖以生存的耕地，40% 的粮食依赖于进口的阿尔及利亚决定把 20% 生产粮食的土地改种树木，以此来保护剩下的 80% 的耕地。日本作为一个典型的小岛屿国家，四面环海，谷物收获总面积正在逐年下降，相比 1961 年，2011 年的谷物耕地面积减少超过了一半，土地侵蚀严重影响着许多日本这样的小岛国的人们的生存和发展。

世界银行通过对马拉维、墨西哥等国进行研究，发现土壤侵蚀造成的农业损失已经达到这些国家 GDP 的 0.5% ~1.5%。尽管世界银行指出土壤侵蚀会导致农业生产力逐渐下降，但是许多国家并没有为减少土壤侵蚀采取有效措施，以致为此付出了惨痛的代价。人类的社会经济活动超过了地球的可承载力，生态环境的破坏致使土壤退化加速，人类可耕地面积减少，粮食价格也随之上升，越来越多的发展中国家人口处于营养不良的状态，加大了收入不平等的差距，进一步加重了土壤恶化以及人类的饥饿和贫困。

四、能源紧缺

在当代世界的经济发展中，化石燃料依然是工业化进一步发展不可缺少的重要支柱，尤其大部分发展中国家仍然完全依赖化石能源来实现工业化改革，因此，缺失化石燃料能源基础的世界经济将不可避免地受到一定影响。然而地球上的煤炭、石油等矿物资源是有限的资源，若依然按照当前速度开采挖掘，终有一天，人类经济发展不可或缺的资源会被消耗殆尽，那时人类社会的经济发展将面临难以解决的困境。

自工业革命以来，人类社会就开始大量使用化石燃料，随着时间的推移，煤炭、石油、天然气等依次成为推动工业发展的主要燃料资源。20 世纪后期，石油开采迅速推动了全球的经济发展，却也给地球生态环境与自然资源带来了不可挽救的损害，资源耗竭、空气污染、煤炭石油开采地区塌陷严重。考虑到煤、石油的大量使用对环境和空气污染严重，人类开始以清洁度更高的天然气为主要燃料资源，以减少对生态环境的损害。根据世界银行统计数据，自 1971 年以后全球能源使用量与日俱增，2014 年全球能源使用量相比 1971 年增加了 50%，全球能源使用量在未来有继续上升的趋势。

表 2-2 全世界能源使用量和增长率

	能源使用量/千吨石油当量		化石燃料能耗占总量的百分比/%		可燃性再生资源占能源总量的百分比/%		可替代能源和核能占能源使用总量的百分比/%		能源使用增长率/%
	1990 年	2014 年	1990 年	2014 年	1990 年	2014 年	1990 年	2014 年	1990—2014 年
世界	8569.7	13307.0	80.8	80.9	9.0	7.5	8.0	8.1	2.1
东亚及太平洋	1837.9	4685.2	77.0	86.4	15.9	4.2	5.4	5.1	4.3
欧洲和中亚	3164.1	2800.1	86.7	78.4	2.0	3.9	10.1	15.1	0.0
拉丁美洲和加勒比	469.3	875.5	70.8	73.3	16.2	13.0	6.7	7.1	2.7

续表

	能源使用量/千吨石油当量		化石燃料能耗占总量的百分比/%		可燃性再生资源占能源总量的百分比/%		可替代能源和核能占能源使用总量的百分比/%		能源使用增长率/%
	1990 年	2014 年	1990 年	2014 年	1990 年	2014 年	1990 年	2014 年	1990—2014 年
中东和北非	302.6	922.9	98.0	97.4	1.0	0.5	0.7	0.6	4.7
北美洲	2127.3	2497.1	85.2	82.0	1.8	3.7	10.5	12.6	0.6
南亚	376.1	981.5	52.1	71.5	44.2	23.7	2.1	2.7	4.0

资料来源：世界银行《世界发展指标》。

随着环境保护意识的提高，世界各国为了减少对化石能源的依赖性，对太阳能、风能、核能等可再生能源的使用开始增加。然而在当前的能源使用量中，全球化石燃料能耗占总量的百分比仍然高居不下，在2014年这一比例达到了80.8%，而可再生资源和可替代能源分别占能源总量的7.5%和8.1%（见表2-2）。中东和北非的化石燃料能耗占总量百分比高达97.4%，其他大部分地区这一比例基本在70%~80%，可见化石燃料能耗在总的能源使用量中仍然占相当大的比例。地球上的资源存贮是有限且不可再生的，因此，人类必须认真考虑未来社会的发展问题，科学利用现有资源，尤其是对能量的利用。人类社会要想实现可持续发展，能源紧缺问题必须得到有效的解决，否则它将严重影响人类的生存和发展。

上述这些生态环境问题是全世界范围内的问题，不是某个国家特有的问题，具有普遍性，需要人类共同努力去解决，生态经济学正是在这样的历史背景下产生的，它的出现让全世界看到了曙光。

第三节　西方生态经济学的起源与发展历程

一、西方生态经济学的兴起阶段（1859—1969年）

生态经济学在早期的思想准备中，由生物学家和生态学家进行了大量的探索研究，并做出了主要的理论贡献，在生态经济学基本形成以后，主流经济学家才开始关注生态经济学的思想并做出了进一步的贡献，推动着生态经济学的发展。

生态经济学的兴起与生态学存在千丝万缕的关系，其萌芽就是来自生态学与生物学。达尔文在 1859 年的《关于物种的起源》一书中给出了一般进化论的范式，为现代生物学的发展奠定了基石。德国生物学家海克尔（Ernst Heinrich Haeckel）于 1870 年首次提出“生态学”的定义。此后，英国生态学家坦斯利（Arthur George Tansley，1935）[①] 在《植物概念与术语的使用与滥用》一书中提出“生态系统”（Ecosystem）这一术语，他强调有机体与它们的自然环境不可分割，有机体与它们所在的环境形成了一个复杂的物理系统（从物理学的意义来说），这个复杂系统被称为生态系统。

传统的生态学以生物和环境为研究主体，但到 20 世纪中期，人口大规模增加和工业化程度加深，所带来的全球性环境问题也日益严重。而传统的生态学并不能解决这些人类经济活动所带来的资源环境恶化问题，因此，生态学不再仅仅以生物和环境为研究对象，研究领域开始以人类为客体，向人类社会的经济活动与生态环境的关系扩展。现实生态环境问题的亟待解决，促使生态经济学的产生成为必然趋势。其中最具代表性的是美国生物学家卡森（Rachel Carson，1962）[②]，在其著作《寂静的春天》中描绘了化学农药的过度使用对于土壤、动植物以及人类自身的危害，揭示了自然生态环境被破坏的严峻性。这本书对于生态经济学的兴起具有里程碑式的作用，此后越来越多的学者与专家开始关注生态环境问题，与此相关的论文和著作也相继问世。

在早期的生物学家和生态学家作出了充分的思想理论准备后，经济学家开始关注生态经济问题。20 世纪 60 年代，美国经济学家鲍尔丁提出了“生态经济学”的概念，并首次提出“生态经济协调论”。鲍尔丁于 1966

---

① Tansley A. G. The Use and Abuse of Vegetational Concepts and Terms. [J]. *Ecology*,2007,31(5):284 - 307.

② [美]莱切尔·卡森. 寂静的春天[M]. 上海:上海译文出版社,2008:107 - 361.

年提出了“宇宙飞船经济理论”，他把地球比作太空中的一艘飞船，地球上的生态系统是封闭循环的，因此，人类要正确认识自己在整个系统中的位置以及产生的影响。为了让飞船维持在一个可永久运行的状态，人类必须尽可能少地消耗系统中的物质和能量。鲍尔丁的《未来宇宙飞船经济学》可以说是现代生态经济学的开山之作，其“宇宙飞船”思想是生态经济学进一步发展的基石。

二、西方生态经济学的发展阶段（1970—1987 年）

进入 20 世纪 70 年代，部分学者开始对传统经济学中的快速经济增长理论进行批判。1972 年，以梅多斯①为代表的麻省理工学院研究小组发表了一份名为《增长的极限》（*Limits to Growth*）的报告，该报告指出：人类社会的经济活动所产生的污染物和废弃物已经超过了地球可承载的能力，日益耗竭的自然资源成为影响人类经济增长的主要原因，在整个地球生态系统中，人口的指数型增长、不可再生资源的过度开采、土壤侵蚀的速度、粮食短缺等问题使得地球生态系统不可避免地面临崩溃，人类的生态足迹已经达到了地球的边界状态，人类必须要有所行动，作出改变，共同推动一场可持续革命的发展。这篇报告为人类盲目的经济发展敲响了警钟。

1971 年，以英国生态学家戈德·史密斯（Edward Goldsmith）② 为首的专家学者们发表了著作《生存的蓝图》，强调工业化发展所带来的环境恶化问题，揭示了生态环境问题的严重性，并提出了积极的解决生态经济问题的建议。随后，罗马俱乐部的研究报告《人类处于转折点》（1974）、日本学者坂本藤良撰写的《生态经济学》专集（1976）、美国著名经济学家西蒙（Julian Lincoln Simon）发表的《最后的资源》、美国学者杰里米·里夫等出版的《熵——一种新的世界观》（1981）等生态经济学论著相继问世，这些著作大多是针对人类所造成的生态环境问题进行批判，警示人们

① ［美］丹尼斯·梅多斯，德内拉·梅多斯，乔根·兰德斯．增长的极限［M］．北京：机械工业出版社，2013：42－87.

② Edward Goldsmith. A Blueprint for Survival［J］. *Ecologist*，1972，2（1）：135－139.

解决生态环境问题迫在眉睫，地球上的资源耗竭，而人类只有一个地球，因此，改变经济发展方式、树立可持续发展观是人类社会永久发展的必然方向。这一系列与生态经济学相关的著作出版后，生态经济学相关问题引起了全世界专家学者的广泛关注。

来自不同专业背景的学者们针对人类经济发展和生态环境之间的关系以及存在的矛盾作出了各种论述与预测，就现有经济理论思想和现实生态问题展开辩论，如经济增长与环境污染、资源稀缺性与生态环境保护、生态环境保护与相关政策法规等问题。各学派各持己见，总体来说，基本上可以分为三个派别：悲观派、乐观派、中间派（马涛，2007）[①]。

（1）悲观派以“罗马俱乐部”为主要代表，这一学派对当前经济发展与生态环境持悲观的态度，他们认为人类经济活动所带来的环境恶化和生态不平衡等一系列问题在21世纪将会更加严重，未来人类将会不可避免地受到大自然的惩罚。由于经济发展所导致的全球能源紧缺、生态环境恶化等问题越来越严峻，生态系统已经遭到破坏是人类必须面对的事实。“罗马俱乐部”为推动生态经济学的发展做出了卓越的贡献，他们曾提出“反增长”“零速增长”的号召，在全球范围内产生重要影响。

（2）乐观派以美国学者康恩（Herman Kahn）为代表，其代表作为《即将到来的繁荣》，这一学派所持观点与悲观派完全相反。他们提出当前的经济环境问题只是暂时的，在未来，随着人类社会的科技不断进步，当前的生态经济问题必然可以迎刃而解，如能源短缺问题，在未来，科学技术不断发展，太阳能、风能、潮汐能等可再生且清洁能源得到广泛普及，空气污染也会逐渐改善，这一学派认为未来人类凭着自身的知识与智慧一定能够克服资源环境问题。

（3）中间派的主要代表人物是美国社会学家托夫勒（Alvin Toffler），其代表作是《未来的震荡》，这一学派的主要观点介于悲观与乐观派之间，

---

① 马涛．中国对外贸易中的生态要素流分析——从生态经济学视角看贸易与环境问题[M]．上海：复旦大学出版社，2007：25－48.

态度更加中庸，他们认为经济增长与生态环境保护可以实现协调发展，提倡人类通过法律法规、环境政策、行政等手段对生态环境进行干预，实现经济增长与生态环境的和谐发展。

20 世纪 80 年代后期，人们关注的焦点开始聚集在生态系统对人类社会发展的制约上，学者们针对生态可承载力问题提出了可持续发展思想。1987 年，世界环境与发展委员会明确给出了“可持续发展”的定义，强调“可持续发展对于当代人类以及后代永久发展的重要性”①。当前的生态环境问题仅仅依靠技术进步很难解决，人类必须运用行政手段、法律法规解决经济发展与生态环境之间的冲突。

三、西方生态经济学的价值理论深化阶段（1988 年至今）

1988 年国际生态经济学会成立以及“*Ecological Economics*”杂志创刊，标志着西方生态经济学进入了新征程，为研究生态经济学的学者们提供了思想交流的广阔平台。到 20 世纪 90 年代，生态经济学的研究领域也更加广泛，研究内容更深化，主要研究方向为生态经济学的价值估算。

其中最具代表性的人物——“*Ecological Economics*”杂志的创始人之一、美国著名生态经济学家罗伯特·康斯坦萨（Robert Constanza，1997）等②发表了《全球生态系统服务与自然资本的价值》一文，该文直到今天仍然是生态经济学服务价值研究的基础。学者们通过对生态系统的功能进行划分，构建了 17 个生态系统服务公益类型（包括大气调节、干扰调价、水分调节、土壤形成等），然后根据这 17 个生态系统服务公益类型建立为生态系统服务价值指标，并对全球海洋系统和陆地系统进行价值估算，同时将海洋系统和陆地系统进一步划分，设计了一个包括 16 个主要生态系统类型的体系。

康斯坦萨对全球生态系统服务的价值存量进行了估算，尽管他的评估

① 资料来源于 WCED 的研究报告《我们共同的未来》(1987 年)。

② Costanza R. , D'Arge R. , de Groot R. , et al. The Value of the World's Ecosystem Eervices and Natural Capital[J]. *Nature*, 1997, 387(1): 253 –260.

方法和计算结果受到了部分经济学家的质疑，但他的研究一直在继续，此后，计算了 2011 年全球生态系统服务价值存量，并与 1997 年进行对比，揭示了 1997—2011 年全球生态系统服务价值的变化。目前，国际生态经济学会以及全世界范围的学者大多致力于生态足迹、可持续发展指标、生态系统价值的评估、生态系统管理风险评估、能源、环境成本核算、工业生态学、循环经济等方面的研究。

第四节　新中国成立 70 年来中国生态经济学发展的历史演进

一、中国生态经济思想的起源

中国的生态经济思想蕴含在中国五千年悠久历史所沉淀出的传统文化中，从中国现有的历史文献记载来看，中国生态经济的思想可以追溯到西周甚至更久远的时期。“天人合一”“取之有节、用之有时”“仁爱万物”“使民以时”等古代传统哲学思想都蕴含着保护生态环境、合理利用自然资源的生态经济思想，学习和借鉴这些朴素却富有智慧的传统思想对于中国生态经济的建设具有重要的指导意义。

《周易》被认为是儒家文化的精髓，其作为六经之首，所提出的独特的生态经济思想为当代中国生态经济思想的形成与发展提供了重要的理论启发。《周易》中所提出的“天人合一”，强调人与自然本为一体，人类与自然中的万物构成了一个循环往复的生态体系，万物皆相生相息，和谐共处是生态系统永久循环之本。道家老子所提出的“祸莫大于不知足，咎莫大于欲得。故知足之足，常足矣”，说明人类无止境的欲望、对大自然无限制的获取，终有一天会给人类的生存和发展带来灾难，人类应当尊重自然、控制欲望，违背客观自然规律只会将人类自己推向深渊。道家的生态思想反对以牺牲有限的资源追求无穷无尽的利益，但这不是指人类就应该故步自封、彻底放弃对资源的利用，而是倡导顺应自然的发展规律，以“知足”的态度面对大自然所给予的一切，在经济活动中掌握“度”。

佛家文化自古对中国人民的生活及思想发展有着极其重要的影响，其提出的“因果报应”“善有善报，恶有恶报”同样适用于人与自然的关系中，破坏人类赖以生存的生态环境必将遭受大自然的报复。佛家追求“众生平等”“积德行善”，这些传统中国文化中所蕴含的生态经济思想，对于当代中国生态经济建设具有重要的启迪意义。

二、新中国成立后中国生态建设思想发展的理论基础（1949—1979年）

新中国成立后，毛泽东作为党的第一代领导核心，结合新中国的实际发展情况，在新的国情中开展了一列生态经济建设。毛泽东的生态经济思想主要体现在“林业思想、水利思想、流域治理思想、农业思想、勤俭节约思想以及自然观”① 等方面，为中国生态经济建设指明了方向，也为中国生态经济学的产生提供了理论指导。

毛泽东曾提出“人类同时是自然界和社会的奴隶，又是它们的主人”，这句话体现出了毛泽东的辩证的科学自然观，即认为人与自然是相互依存、对立统一的，强调人类与万物皆是平等的。也就是说，人类与自然之间的作用是相互影响的，人类虽然有能力对大自然进行改造，但同时也受到大自然的约束，所以应当客观认识人类与大自然的关系。在新中国的水利建设中，毛泽东所体现出的以人为本、强调生态和谐的理论思想与当代社会所倡导的可持续发展思想是相辅相成的。

20世纪五六十年代，新中国成立初期，毛泽东已经开始注重中国的绿化建设，提出“绿化祖国”的倡导，通过动员全国人民植树造林，大力推进林业发展，促进我国生态环境建设，为我国林业工程的发展做出了卓越的贡献，对于新中国生态经济的发展具有重大而深远的意义。在中国社会主义建设初期，毛泽东提出了“勤俭节约、反对浪费”的号召，这对于中国人民度过物质缺乏的那段艰难历史时期具有重要意义。如今，随着科技

---

① 王家玉．国内关于毛泽东生态建设思想的研究综述[J]．高校社科动态，2018(1)：35－36.

发展，对资源的开采能力越来越高，我们更加需要注重“节约”，珍惜大自然所赠予人类的一草一木。

新中国成立后，随着中国社会主义的建设，党和国家领导人越来越重视中国生态经济的建设。新时代背景下，中国生态经济建设思想的发展，与习近平总书记所倡导的“绿水青山就是金山银山”是一脉相承的。虽然从新中国成立后到改革开放初，中国还未形成独立的生态经济思想体系，但党和国家历代领导人从未停止对生态文明的探索，为我国今后生态经济的建设提供了重要的现实指导意义，并为我国形成中国特色生态经济思想奠定了丰富的理论基础。

三、中国生态经济学的产生阶段（1980—1990 年）

中国在 20 世纪 70 年代进行改革开放后，工业化迅猛发展。在这个阶段，生态经济问题逐步显现，探讨中国生态环境和经济发展问题迫在眉睫。同时，西方生态经济思想开始逐步传入中国，受到西方生态经济思想的巨大冲击，中国学者以马克思主义为指导思想，提出了“生态经济平衡理论”和“生态经济协调发展规律”（沈满洪，2008）①。

1980 年，我国马克思主义经济学家许涤新在一次全国性会议上首次提出要研究并且重视我国的生态经济问题。同年，许涤新发起并召开了中国首次生态经济座谈会，会后由一批学者广泛参与并出版了《论生态平衡》，标志着我国生态经济学的创建就此拉开序幕。

1981 年 5 月，我国第一次生态经济学研究会在云南省昆明召开，同年 11 月在昆明正式成立生态经济研究会。1984 年 2 月，国务院万里副总理作了重要讲话，他强调“生态经济学是一门新兴的学科，目前我国这方面的力量还很薄弱，我们应该积极扶持，让它更快发展起来”②。“中国生态经济学会组织起全国这方面的力量，从生资料来源：态经济方面研究考虑国

① 沈满洪．生态经济学[M]．北京：中国环境科学出版社，2008：3－15.

② 万里副总理在“全国生态经济科学讨论会暨中国生态经济学会成立大会”上的讲话。

家的建设问题，为建设社会主义现代化国家出力”（腾藤，2000）。中国生态经济学学会（CEES）的成立为我国生态经济学的建立提供了组织保障，促进了我国生态经济学的进一步发展。

1987 年，中国的《生态经济》杂志正式创刊，这为生态经济的研究者们提供了一个思想交流的平台与阵地。同年，许涤新等出版了《生态经济学》著作，标志着我国生态经济学初具规模。随后，众多学者在这一阶段对生态经济学展开了研究，以生态经济协调发展为主题，撰写了一系列生态经济学专著，为中国生态经济学的发展以及学科的建立做出了重要贡献。这一阶段，中国经济学家的研究领域主要是将马克思主义与中国生态经济问题结合起来，对中国生态经济学的研究对象、研究范畴、研究方法等进行探讨，发展出具有中国特色主义的生态经济学。

四、中国生态经济学的发展与完善阶段（1991 年至今）

20 世纪 90 年代，中国对外开放成果显著，社会主义市场经济更加完善，工业化发展迅猛推进，经济增长迅速提高，同时也暴露出各种生态环境问题。中国的专家学者们运用各种理论和方法解决经济增长与生态环境之间的冲突与矛盾。来自政治经济学与西方经济学背景的学者们试图将传统经济学的相关思想渗透、融合到生态经济学中，在研究理论上向可持续发展领域拓展，探讨中国的生态经济问题，探索具有中国特色的可持续生态经济学理论。

20 世纪 90 年代以来，中国生态经济理论发展最显著的特点就是向可持续发展（Sustainable Development）领域扩展。1994 年，我国明确提出“走可持续发展之路，是中国在未来和下一世纪发展的自身需要和必然选择”①。在这一背景下，中国经济学家以及生态经济学担负起了这一历史重任。同年，刘国光理事长在中国生态经济学学会召开的“全国资源、环境与经济发展学术讨论会”的报告中提出“要从生态经济向可持续发展转

① 资料来源:《中国 21 世纪议程——中国 21 世纪人口、环境与发展白皮书》(1994)。

变，将生态、经济、社会统一起来研究，拓展研究面”。

由于传统的经济发展观衍生出了一系列的环境问题，人类的经济发展与生态环境的矛盾愈演愈烈，可持续发展观的提出为人类解决生态环境问题指明了方向，并为解决人口、资源、环境、经济之间的冲突提供了科学依据。其中最具代表性的是生态经济学家刘思华提出的可持续发展经济的主要法则，该法则成为我国进行可持续发展研究的奠基石。此后洪银兴[①]主编的《可持续发展经济学》（2000），给出了可持续发展的定义及内涵，整理了经济学有关可持续发展的研究领域，进一步丰富了中国可持续发展研究领域。

我国近20年在生态经济学的理论和应用研究方面取得了一些显著的成果，主要焦点集中在生态经济结构和功能、生态系统服务价值测算和价值损益变化、生态经济再生产、生态经济模型、农业生态学、工业生态学等。

五、中国生态经济学发展中的不足之处

中国生态经济学经过30多年的发展，虽然取得了一定的成果，做出了一定的历史贡献，但总体来看，中国生态经济学还有很多问题尚待解决，与国际生态经济学的发展仍有很大的差距。

（一）学科体系不完整，学科之间边界模糊

中国的生态经济学目前还在发展阶段，尚未形成系统的理论基础与完备的研究方法，研究内容与研究范畴也颇受争议，因此，相对于传统的生态学或者经济学来说，还未形成完整的学科体系。同时，生态经济学是一门新型交叉性学科，使得该学科与相关学科之间缺乏明确边界，如生态经济学与环境经济学等学科之间的关系到底是相互独立的还是相互交叉的？交叉程度有多深？至今尚无定论。

---

① 洪银兴．可持续发展经济学[M]．北京：商务印书馆，2000：18－138.

（二）缺乏高水平研究团队

虽然中国生态经济学已发展三十余载，但研究人员普遍缺乏现代西方经济学训练，研究人员的研究成果依然不够理想。中国生态经济学的研究队伍大致可以分为三类：其一是来自政治经济学背景的研究学者从事于生态经济学的研究；其二是来自西方经济学背景的学者主要从事于资源与环境经济学；其三是来自自然科学背景的学者主要从事于可持续发展经济学。我国研究生态经济学的学者大多来自传统经济学专业，学科知识比较单一。而生态经济学由于具有交叉学科的特殊性，对研究队伍的专业知识要求更高。

（三）研究深度和广度难以与国际生态经济学接轨

目前，我国生态经济研究领域重点聚焦在农业生态领域，对工业生态领域的研究比较缺乏。同时，在研究方法的完善、新的理论思想的建立、研究领域的扩展、生态经济发展规划政策等方面缺乏创新成果，研究深度与广度与国际水平仍然存在较大差距。在研究方法上，我国学者主要是学习和借鉴国外学者所使用的生态经济学研究方法，并且国内大多数著作主要以定性研究等描述性研究为主。

第二篇

绿色发展方式的政治经济学阐释

第三章 我国城市群产业转型升级的困境与路径选择

第一节 背 景

截至2016年年底，中国的城市化率水平已达到57.4%，我国城市化水平正向着国际化水平迈进，而作为城市化与工业化发展到高级阶段的形式——城市群，已经成为承载我国经济社会发展和产业升级的重要载体。目前，城市群在中国日益受到关注，被认为是国家参与全球竞争与国际分工的全新地域单元，是加快推进城市化进程和城乡统筹的主体空间形态。据联合国的预测，到2050年全球城市人口比例将超过75%。并且，未来全球规模最大的前40的城市群，将以极少的土地面积集中18%的人口，并且会参与世界范围内66%左右的经济活动和约85%的科技创新与研发活动。根据《世界城市状况报告》，全球的大型城市正在集聚形成更大规模的“大型都市圈”和“超级城市群”。因此，在新的全球化背景下，城市群的影响力日渐凸显，城市群正在成为国家参与国际分工与国际竞争的重要组织，城市群的发展对国家的国际竞争力与影响力和在世界产业链中所处的地位有着深刻联系。中国城市群是我国未来经济发展最具活力与潜力的区域，是中国城市未来发展的重要方向，在我国的经济发展战略中起着重要的战略支撑作用，充当着经济增长的极点和核心节点，决定着中国经济发展的态势和格局。然而，随着城市群内部结构与外部空间的拓展、产业的进一步发展，无序化发展、生态环境问题、产业结构问题已成为制约城市群进一步发展的主要因素。因此，研究城市群具有重要意义。

同时，在中国经济新常态的背景下，经济增长速度由高速转向中高速，发展方式由规模速度型粗放增长向质量效率集约型增长转变，经济增长动力由要素驱动转向创新驱动。这就要求我国的产业结构也由中低端向中高端转换。我国工业基础较薄弱、服务业发展相对滞后，农业虽然起步较早，但是一直处于低水平低质量的发展阶段，相较于世界范围内集约高效绿色的现代化农业而言，中国的农业仍然存在低效问题。近年来，随着耕地资源被占用和减少、农村劳动力的减少，农业发展日益受限。工业方面，我国是制造大国，却不是制造强国。工业年度利润超5000亿元，但是产品缺乏高附加值，科技创新能力不足，我国技术自给率仅有60%左右。在服务业方面，全球服务业增加值占GDP比重达到60%以上，主要发达国家达到70%以上。但是，2016年，中国服务业占国内生产总值的比重为51.6%，低于平均水平，存在巨大的发展空间。城市群是工业化、城市化的高级形式，在我国产业转型的关键期，研究如何推进城市群的健康有序发展、促进城市群产业结构的优化是十分必要的。

第二节　中国城市群及产业相关理论梳理

孙兵（2007）强调城市群中各组成部分之间空间分工布局的重要性，城市群中无论是各个城市内部还是整个区域，要实现区域协调可持续发展，必须首先完善区域各城市的分工布局与主体功能定位①。林毅夫、刘培林（2003）强调了比较优势的重要性，指出区域内各地区要发挥其比较优势才能更好地实现区域整体经济增长②。李春梅等（2015）指出产业转移是实现区域协调健康可持续发展的有效举措，可以推动区域内部的分

① 孙兵. 区域协调组织与区域治理[M]. 上海:上海人民出版社,2007:56－57.

② 林毅夫,刘培林. 中国的经济发展战略与地区收入差距[J]. 经济研究,2003(3):19－25,89.

工，实现区域内产业结构的调整升级，进而全面推动区域的经济发展[①]。关于京津冀区域的产业协同发展研究，李国平（2004）在《首都圈结构：分工与营建战略》中，以首都圈为研究对象，着眼于区域内部经济联系、产业结构、空间结构和职能分工，以狭域、中域和广域为三个维度，全面分析了在首都圈的范围内，经济、社会、生态及空间现状与未来可能的走势[②]。李国平（2008）综合目前的国内背景和京津冀区域科技发展现状，提出了有助于京津冀重大产业创新的战略格局[③]。孙久文（2004）认为首都圈区域可通过内部产业结构调整、地域间旅游产业合作、奥运会服务产业等方式实现区域间各个方面的协调发展，主要包括产业、资源、环境、市场、人力、文化、娱乐等各个方面[④]。刘作丽、贺灿飞（2007）以京津冀城市群的工业结构为研究对象，以我国第一次经济普查数据为数据来源，深入研究了京津冀城市群的工业结构趋同趋势，得出京津冀城市群中各城市的工业结构存在相似趋同现象，但相似程度随产业的细分而显著下降[⑤]。张贵等（2014）以京津冀城市群为研究重点，聚焦产业集聚和整合，指出了京津冀各市协调可持续发展的方向[⑥]。朱江丽、李子联（2015）以长三角城市群为研究对象，从产业、人口、空间的维度构建长三角城市群综合发展水平指标体系，通过构建三者之间的耦合协调度函数，得出长三角城市群的产业、人口、空间之间协调发展情况并计算各市的耦合协调度[⑦]。刘少和、梁明珠（2015）以环大珠三角城市群为研究对象，通过调查研究广东各市在建、待建的各个山海旅游产业园区，发现环大珠三角城

---

① 李春梅，李亚兵．产业结构优化与区际产业转移：理论与模型[J]．兰州学刊，2015（11）：197－203.

② 李国平．首都圈结构：分工与营建战略[M]．北京：中国城市出版社，2004：120－275.

③ 李国平．京津冀区域科技发展战略研究[M]．北京：中国经济出版社，2008：233－257.

④ 孙久文．首都经济圈区域经济关系与合作途径[J]．领导之友，2004（3）：25－27.

⑤ 刘作丽，贺灿飞．京津冀地区工业结构趋同现象及成因探讨[J]．地理与地理信息科学，2007（5）：62－66，76.

⑥ 张贵，王树强，刘沙．基于产业对接与转移的京津冀协同发展研究[J]．经济与管理，2014（4）：14－20.

⑦ 朱江丽，李子联．长三角城市群产业—人口—空间耦合协调发展研究[J]．中国人口·资源与环境，2015（2）：75－82.

市群形成了文化创意型、浏览观光型、度假休息型、购物制造型等围绕旅游业为中心的经济发展方式，重点指出地方政府在推动本地旅游业发展过程中对于提升本地旅游产业集聚度的影响，进而对提升整个区域综合发展水平的影响①。万庆、曾菊新（2013）以武汉城市群为研究对象构建区域产业结构分析框架，聚焦产业发展过程中空间因子产生的作用，为研究武汉城市群的空间相互作用建立相关模型及各个城市之间的空间偏离份额模型，定量研究武汉城市群的产业、经济发展趋势②。方创琳（2017）在研究关于京津冀城市群协同发展的命题上，主要聚焦理论创新，把握城市群发展的客观规律，提出在保持协同理论的核心地位的基础上，加入突变论、博弈论、协同理论及耗散结构理论作为对京津冀城市群进行科学研究的理论基础③。李小建、杨慧敏（2017）以中原城市群为研究重点，从各地级市的人口、产业、空间三个维度出发，构建中原城市群综合发展指标体系，研究分析中原城市群2000—2014年立足于人口、产业、空间的协调发展情况及未来发展趋势④。

第三节 新中国成立70年来中国城市群发展演进

我国的城市建设起步于新中国成立后的原有基础，即城市人口较少、城市规模不大、城市发展落后以及城市之间发展差距较大的现实。为了在新中国成立后发挥城市对区域发展的带头作用，尽快摆脱一穷二白的国家经济社会发展面貌，我国在计划经济体制下实施区域优先发展战略，在中西部大中城市布局了一批国家重点工业项目，由此为中西部大中城市奠定

---

① 刘少和，梁明珠．环大珠三角城市群游憩带旅游产业集聚发展路径模式——以广东山海旅游产业园区建设为例[J]．经济地理，2015(6)：190－197.

② 万庆，曾菊新．基于空间相互作用视角的城市群产业结构优化——以武汉城市群为例[J]．经济地理，2013(7)：102－108.

③ 方创琳．京津冀城市群协同发展的理论基础与规律性分析[J]．地理科学进展，2017(1)：15－24.

④ 李小建，杨慧敏．中原城市群产城协调发展分析[J]．区域经济评论，2017(4)：47－54.

了坚实的工业基础，大大地加快了这些城市的发展步伐。但新中国成立后至改革开放时期的城市化整体发展水平缓慢，1952—1978 年，城市化率仅从 12.5% 提高到 17.9%。区域平衡发展战略的实施虽然加快了中西部地区经济的腾飞，但我国整个国民经济依然处于发展较为缓慢的状态，具有工业布局相对优越条件的东部地区也因此处于发展的抑制状态，区域经济中国城市群演进研究发展的公平与效率问题需要思考和权衡。

因此，为了使国民经济尽快发展起来，我国改变了原先均衡发展的区域战略，实施非均衡区域发展战略，先是设立了深圳、厦门两个经济特区，然后将沿海各城市作为对外开放城市，随后沿海对外开放区域扩大到各城市，我国基本上形成了以一批带动辐射能力强的城市为核心的区域增长极，城市发展实力得到极大切实增强。伴随着西部大开发战略的提出及推进，突出西部地区大中城市对整个西部地区经济的带动力是当时现实的选择，西部的成都、重庆、西安、贵阳、昆明等一批大中城市发展起来。在党的十六届三中全会上，我国提出了科学发展观及其代表“五个统筹”，其中“城乡统筹”作为“五个统筹”被提出来，形成以工促农、以城带乡的城乡经济社会一体化发展的长效机制被日益高度强调，我国城市发展也进入了担负新使命的新阶段。从 1980 年开始，国家城市化战略从限制城市发展，转变为严格控制大城市规模、合理发展中小城市、积极发展小城镇。在工业化带动下，城镇数量迅速增加。但这一时期的城市化发展是不均衡的，主要表现在中小城市和小城镇数量迅速增加，而大城市数量偏少且发展滞后。1978—2010 年，我国城市数量从 193 个增加到 657 个，其中，地级以上城市由 1978 年的 111 个增加到 2010 年的 268 个，年均增加 5 个，这些增加的城市多集中在我国长三角、珠三角和京津冀等城市群中。

回顾这些发展历史，不难看出，我国城市群发展受政府行政命令以及政策调整的影响较大，在每一轮新政策的影响下，我国城市群的发展也适时调整着发展方向与重点。

一、中国城市群发展概述

2006年国家“十一五”规划纲要首次提出“把城市群作为推进城镇化的主题形态”的理念。2014年中央经济工作会议中指出“要优化布局，根据资源环境承载力构建科学合理的城镇化宏观布局，把城市群作为主体形态”；同年发布的《国家新型城镇化规划（2014—2020年）》明确提出要“调整优化城市产业布局和结构，促进城市经济转型升级，改善营商环境，增强经济活力，扩大就业容量，把城市打造成为创业乐园和创新摇篮”，并提出了“‘两横三纵’的城市化战略格局”。十余年间，城市群的作用日渐凸显，城市群的地位与功能也在逐渐明确。其中，我国的京津冀、长三角、珠三角三大城市群代表着我国城市化发展的前沿，这三大城市群GDP总额超过了17万亿元，约占到全国GDP总量的36%。东部地区发展较好的城市群有山东半岛城市群，中部地区发展水平较高的有长江中游城市群和中原城市群，西部有以成都—重庆为中心的成渝城市群。上述7个城市群的面积超过128万平方千米，约占我国国土面积的13.3%；人口将近6.3亿人，占到我国总人口的46.6%；GDP总额超过13万亿元，约占全国总量的66%。根据预测，未来5~10年，我国城市群将覆盖全国现有的815个城市中的606个，人口和经济规模将占到城市总量的82%和92%。[①] 由此可见，城市群的发展对于我国的区域及城市发展起着十分重要的作用。

根据国家发展改革委的统计数据，截至2016年，我国目前已经具备一定规模的城市群（涵盖以“经济区”命名的“准城市群”）已经达到30个左右。其中规模排名前10位的十大城市群（珠三角、长三角、京津冀、长江中游、成渝、山东半岛、海峡西岸、中原、关中、辽中南）在不到我国1/10的国土上，养活了全国1/3以上的人口，创造了我国50%以上的GDP。我国城市群发展现状可总结如下。

---

① 刘士林，刘新静．城市群：未来城镇化的主平台[N]．光明日报，2014-06-03(11).

首先，我国大部分省份已经发展出自身的城市群，东部地区城市群发展最为成熟。2016 年 3 月 5 日，李克强总理在政府工作报告中提出了“19 +2”（19 个城市群和 2 个城市圈）框架，同时将它们分为四类：一是“加快”发展的“3”个（京津冀、长三角和珠三角）；二是“优化”发展的“2”个（山东半岛和海峡两岸）；三是要“培育”和“壮大”的“6”个（哈长、辽中南、中原地区、长江中游、成渝地区、关中平原）；四是要“规划引导”的“8”个（北部湾、晋中、呼包鄂榆、黔中、滇中、兰州—西宁、宁夏沿黄、天山北坡）。此外，拉萨、喀什由于周边像样的城市太少，无法满足城市群组团发展的要求，因此提出建设以一个城市为中心的“城市圈”。总体来看，“19 +2”框架不仅明确了“十三五”时期我国新型城镇化的战略框架，还初步描绘出我国第一个百年目标期内城市群和城镇化的基本风貌。

就空间分布而言，东部地区有 5 个，中部有 3 个，西部有 11 个，东北有 2 个，这基本覆盖了我国大部分省级行政区。城市群数量的多寡，不仅直接体现了我国四大区域城市化水平的差异，而且客观反映了我国城市建设质量和区域一体化的进程。从布局上可以看出，西部地区由于地广人稀、城市联系疏松，跨省份的区域合作较为缺乏，城市发展基本处于“单打独斗”状态，由此导致城市群数量较多，而发展水平相对落后。东部地区的城市群以长三角城市群、珠三角城市群和京津冀城市群为代表，城市群发展在国内最为成熟，区域合作水平也遥遥领先。

其次，十大城市群已成为发展的中流砥柱，城市群内各城市分工日趋明显。目前，我国学界比较公认的十大城市群，共涉及 129 个地级市，占地级市总量的 45. 42%；土地面积达到 152. 53 万平方千米，占国土面积的 15. 89%；2010 年常住人口 6. 73 亿人，占全国总人口的 50. 19%；地区生产总值实现 29. 20 万亿元，占全国总量的 73. 03%，是我国经济社会发展中当之无愧的中流砥柱。从土地面积和人口规模来看，长江中游城市群涉及湖北、湖南、江西、安徽四省，是我国最大的城市群。从常住人口与土地面积的比值看来，珠三角城市群、长三角城市群和中原城市群在我国城市群中人口密度最高，其中，珠三角城市群居首位，以5.47万平方千米的土地承载了5616万人口，每平方千米土地承载人口超过千人。长三角城市群次之，每平方千米土地承载人口接近1000人。而海峡西岸城市群、辽中南城市群、关中平原城市群和长江中游城市群的人口密度较低，属地广人稀的城市群类型。从地区生产总值来看，长三角城市群、京津冀城市群和长江中游城市群在我国城市群中位居前三。但从地均生产总值和人均生产总值来看，珠三角城市群、长三角城市群和山东半岛城市群则位居前三名，其中，珠三角城市群和长三角城市群遥遥领先，每平方千米地均生产总值均超过6000万元，是排名最末的关中平原城市群的10倍以上。同时，这两大城市群人均生产总值均超过6万元，约是排名最后的成渝城市群的3倍。京津冀城市群虽然总量较大，但受其经济结构等因素的影响，产出效率低于珠三角城市群、长三角城市群、山东半岛城市群和辽中南城市群。从产业结构来看，京津冀城市群和珠三角城市群的第三产业的比重都超过了第二产业，其中，京津冀城市群第三产业的比重超过了50%，表明服务业已成为该城市群经济最重要的增长点。但从总体来看，工业仍是当前我国城市群的主导产业。绝大多数城市群第二产业的比重都在50%以上，中原城市群甚至达到了60%。从各大城市群的首位城市来看，有6个城市的第三产业比重超过了50%，7个城市第三产业比重超过第二产业。由此可见，服务业正成为各城市群首位城市的主导产业，而制造业则逐步转移至周边城市，城市分工日趋明显，城市群产业结构的调整不断取得进步。从各城市群的城乡差距角度看，2010年，城镇居民可支配收入与农民纯收入之间的差距基本在2倍左右，远低于全国3.68倍的水平。在10大城市群中，辽中南城市群的城乡收入差距最低，为1.97倍，而关中城市群最大，达到了3.52倍。从全国范围看，城市群城乡居民收入差距相对较低，揭示出城市群发展模式在实现城乡一体化、促进城乡统筹发展方面发挥了重要的推进和辐射作用。这在客观上也说明，中央城镇化工作会议提出“把城市群作为主体形态”，而不是一些学者和战略研究报告强调的“以小城镇为主体”，是十分科学和符合我国城市化的实际情况的。

最后，珠三角、长三角和京津冀三大城市群向世界级城市群迈进。珠三角城市群、长三角城市群和京津冀城市群是我国最早开始建设，也是目前国内发展水平最高的三大城市群，随着我国经济的快速发展和中国融入世界步伐的加快，这三大城市群将进一步发挥其对全国经济发展的重要引领和支撑作用，在更高层次参与国际竞争与合作，加快向世界级城市群迈进的步伐。三大城市群代表了我国都市化进程的总体水平和发展趋势，真实再现了我国城市群建设中的问题、经验与教训，在国家明确提出“把城市群作为主体形态”的新形势下，其发展情况是最值得深切关注和全面研究总结的。

二、珠三角城市群发展概述

珠江三角洲是我国城市化水平最高以及经济发展最活跃的区域，随着珠三角城市群的进一步扩展、升级，珠三角与港澳在区域经济合作过程中，逐步升级为粤港澳大湾区城市群。形成了“9 + 2”：香港、澳门和珠三角 9 市（广州、深圳、珠海、佛山、江门、东莞、中山、惠州、肇庆）。这一核心区域 2016 年经济总量超过 9.11 万亿元人民币（约 1.37 万亿美元），其中珠三角 9 市合计近 6.8 万亿元人民币。珠三角与港澳已经形成唇齿相依的密切关系，粤港澳大湾区 30 多年来的经济迅速发展自然形成了相对合理的分工，城市特色明显。随着港珠澳大桥、广深港高速铁路、莲塘口岸相继落成，由香港出发，大概 1.5 小时以内的车程便可抵达近七成的大湾区城市，2.5 小时内则几乎可抵达所有大湾区城市。粤港澳大湾区的人口达 6600 多万人，消费市场达 2 万亿元人民币，区内拥有完整的产业体系，包括金融业、专业服务、商业贸易、港口及航运、高新科技、旅游业、工业和农业等。

2016 年 12 月，国家发展改革委提出 2017 年启动珠三角湾区等跨省域城市群规划编制，将香港、澳门和珠三角 9 市作为一个整体来规划，建立和保持湾区城市群之间合理的协作分工关系。就目标内容来讲，是要“努力将粤港澳大湾区建设成为更具活力的经济区、宜居宜业宜游的优质生活圈和内地与港澳深度合作的示范区，携手打造国际一流湾区和世界级城市群”。珠江三角洲将迎来更大的发展机遇，也将面临巨大的挑战。

三、长三角城市群发展概述

长三角城市群在上海市、江苏省、浙江省、安徽省范围内，由以上海为核心、联系紧密的多个城市组成，主要分布于国家“两横三纵”城市化格局的优化开发和重点开发区域。规划范围包括：上海市，江苏省的南京、无锡、常州、苏州、南通、盐城、扬州、镇江、泰州，浙江省的杭州、宁波、嘉兴、湖州、绍兴、金华、舟山、台州，安徽省的合肥、芜湖、马鞍山、铜陵、安庆、滁州、池州、宣城等26市，其中500万人以上的特大规模城市9个，非农产值比率约为97%，城市化水平为72.4%。长三角城市群面积21.17万平方千米，2014年地区生产总值12.67万亿元，总人口1.5亿人，分别约占全国的2.2%、18.5%、11.0%。长三角地区是我国经济发展、工业化、城市化和全球化水平最高的地区，在全国经济体系中具有重要的战略地位和带动作用，是“一带一路”倡议与长江经济带战略的交汇点，在我国对外开放与现代化发展的战略布局中起着重要作用。

长三角城市群产业结构较为完善，产业集群优势明显，资源配置效率高。科研创新能力较强，拥有普通高等院校300多所，国家工程研究中心和工程实验室等创新平台近300家，劳动力素质较高，年研发经费支出和有效发明专利数均约占全国的30%。国际化程度高，中国（上海）自由贸易试验区等对外开放平台建设不断取得突破，国际贸易、航运、金融等功能日臻完善，货物进出口总额和实际利用外资总额分别占全国的32%和55%。作为长江经济带三个核心城市群（成渝城市群、长江中游城市群、长江三角洲城市群）的领跑者，决定着长江经济带整个发展趋势，在我国城市化发展中有重要的示范作用。

四、京津冀城市群发展概述

京津冀城市群包括北京、天津、石家庄、唐山、秦皇岛、保定、张家口、承德、沧州、廊坊等27个城市（其中2个直辖市、8个地级市和17个县级市）和1067个建制镇，分别占全国城市、建制镇总数的4.16%、5.23%；土地面积18.34万平方千米，占全国国土面积的1.91%。京津冀城市群是我国经济最具活力、开放程度最高、创新能力最强、吸纳人口最多的城市群之一。

1980年以来，京津冀城市群在全国的战略地位稳步提升。具体表现为：京津冀城市群总人口占全国总人口的比重由1980年的2.73%上升到2016年的6.56%，GDP占全国的比重由8.25%提升为8.86%，实际利用外资占全国的比重由0.8%提升到11.82%，社会消费品零售总额占全国的比重由6.5%提升到8.79%，城镇化水平由44.97%提升到60.57%。这体现出京津冀城市群在全国的战略地位稳步提升，经济外向度不断增大，经济结构不断向着高级化和国际化方向演进。2016年，京津冀城市群以其占全国1.91%的土地，承载了全国6.56%的人口、7.19%的城镇人口和7.57%的固定资产投资，吸引了占全国11.82%左右的外资，产出占全国8.86%的GDP，4.23%的第一产业增加值、8.12%的第二产业增加值和10.87%的第三产业增加值，8.79%的社会消费品零售总额，12.85%的地方财政收入，对国家经济发展贡献仅次于长江三角洲城市群和长江中游城市群，在国家经济发展和京津冀协同发展中占据重要的战略地位。

第四节　中国城市群产业发展现状

一、概　述

近年来，我国产业转型升级取得了积极进展，正处在向中高端水平迈进的重要阶段。我国三大城市群产业结构虽然已经向世界领先水平靠拢，但是我国新生的城市群还处于产业发展的初级阶段或成长阶段，与世界先进水平还有很大差距，产业发展总体质量效益仍不够高，长期积累的结构性矛盾逐步显现，转型升级的任务依然严峻复杂，构建产业新体系任重道远。

（一）整体的产业结构仍需进一步调整

2016年，我国三次产业对GDP的贡献分别为4.4%、37.4%、58.2%，在经济发达的珠三角、长三角地区，第三产业的贡献率没有超过70%。虽然我国经济总量在世界上排名第二，但与别的国家相比，我国的三次产业结构仍然存在很大的差距，并表现出结构趋同、效益下降等问题。已经处于工业化后期的法国、日本等国的产业结构是“三、二、一”的结构类型，我国则是“二、三、一”的结构。通过前文中的比较可见，我国三次产业结构存在不平衡和不合理，主要表现为第二产业在GDP中的比重过高，甚至都超过了一些工业发达的国家，第三产业的比重又过低。以第三产业为例，我国第三产业的总体发展水平偏低，像美国、法国这些发达国家的第三产业占据GDP的比重超过了70%，而且都是以商务、金融、信息技术服务业等知识、技术密集型的服务业为主。而我国的第三产业比重一直都维持在35%左右，甚至还没有达到第三产业发展的世界平均水平。

（二）第一产业整体结构较好，但仍然缺乏竞争力和投资力度

第一产业内部种植业的单一结构已经不复存在，其比重有所降低，2010年种植业占农业总产值比重接近49%，相对而言，比重还是偏大。伴随着畜牧业、林业的良好发展，第一产业的品种正朝着多元化发展，但科技条件等的匮乏导致农业劳动生产率低下，阻碍了农业的发展，2010年人均的农业产值仅为3267元，低于全国的平均水平，其中重要原因就是农业的投资力度不足。竞争力偏弱还有另一个重要因素，那就是具有特色的生态农业仍占据不到优势，再加上农产品的区域分布缺乏合理性，就直接遏制了农业的发展。我国农业中初级产品的比重过小，相反，加工品的比重

过大。目前我国农产品加工行业占农业整体的比重仅为0.43∶11，远远低于发达国家的比值。总之我国第一产业的内部结构与国外相比是存在较大差距的。

（三）第二产业结构整体素质偏低，优化升级较为缓慢

近年来，我国第二产业的总量迅速提高，但是结构的升级还是比较缓慢的，缺乏创新的能力，产业内部结构存在诸多不合理，如制造业等一些传统产业总量比较大，而研发方面的投入却较少，导致高科技类型的产业对工业的拉动力很小。主要原因在于我国第二产业竞争力相对比较强的行业，多是借助自然资源的优势和劳动力廉价来发展的。比如，有色金属矿采选业等属于采掘、原料工业，而纺织业则需要较大的劳动力。再如，金属冶炼及压延加工业和交通运输设备制造业这些加工重组型的工业却在逐渐丧失竞争力。随着我国开始开展可持续和集约利用资源，第二产业将大大失去竞争力。并且随着我国进一步参与国际分工，融入全球产业链中，我国劳动力密集型、资源型的工业将面临严峻的挑战。虽然我国工业近年来发展较为迅速，工业发展水平与发达国家的差距正在逐步缩小，但和主要发达国家比起来，我国工业内部的加工深度也很落后，我国工业的附加值偏低，尤其表现在加工度精细和生产率高的机械类工业上，处于产业链的低端环节。

（四）现代服务业发展较为落后，城市化水平偏低

我国城市化发展的不足已经成为第三产业不合理的重要表现形式，第三产业中生活型服务业长期占据了主导地位，导致了生产型服务业发展的落后，金融保险业、房地产业和信息咨询服务业等都在严重退步。我国生产型服务业所占的比重相对较低，而且是以餐饮、交通运输和居民生活等传统性的服务业为主，而知识科研、金融保险和信息技术服务业等现代服务业的发展却严重滞后。再从我国第三产业内部分析，第三产业中比重较大的行业包括邮政业、批发和零售业、住宿和餐饮业等，它们都是一些传统的服务业；其次有教育文艺广播电视业、科学研究和综合技术服务业；

其他行业的比重都很小。而金融保险业的比重下降过快是不符合第三产业内部结构的升级规律的；生产型的现代服务业占比过小，这与第二产业总体发展水平落后是分不开的。

（五）我国区域间的产业结构存在不平衡

由于各区域间条件差异的影响，区域经济的发展出现了不平衡的现象，从而导致了区域产业结构发展的不协调。东部与中西部无论是在经济发展水平还是产业结构上都有一定的差距。东部的产业结构与中西部区域比较而言更为完善，但还是存在劳动力过剩的问题，导致产业的结构效益不如中西部；东、中、西部区域内同时存在第一产业的资源配置效率过低的现象。长期以来，西部区域因为恶劣的自然条件再加上缺乏竞争力，经济的增长速度远落后于东部区域，这说明了它们之间的差距在逐渐扩大。主要表现在中西部的产业发展模式的基础依旧是产业间的分工和国内市场的主导。而且区域间的主导产业间的差别是很明显的，所以区域间产业发展模式的差距是区域间产业发展所有差异的源头。从主导产业来说，东部区域重点发展的对象是高科技产业以及服务业。相反，中西部重点发展的目标则是能源、原材料和农副产品加工业。区域间产业发展的不平衡会给我国经济带来不良的影响，会使中西部的发展受到限制，给产业的协调发展带来阻碍。

二、我国三大城市群产业结构的偏离—份额法分析

偏离—份额分析法（Shift - Share Analysis）起初由美国经济学家Daniel和Creamer相继提出，后经Dunn① 等总结并逐步完善，成为研究区域经济增长有效的统计方法之一。当研究某一地区或者某一省份时，常选国家为标准区域；当研究某一城市时，常选其所在的省份为标准区域。但是，应用较为广泛的传统模型有一个很大的缺陷，就是假定区域间互不影响。

---

① Dunn JES. A Statistical and Analytical Technique for Regional Analysis[J]. *Papers of the Regional Science Association*, 1960, 6(1): 97 - 112.

然而，实际上区域之间不是独立的，而是相互影响的，并且区域间的影响可能比国家对其影响更大，故而在研究区域产业结构时，有必要深入研究空间结构对其产生的影响。在这一领域，S. Nazara等①首先提出了偏离—份额空间拓展模型，空间模型提出后，国外学者运用这一模型做了大量的理论、实证研究。我国在这一方面的研究较国外相对滞后，史春云②首次将空间模型引入国内，之后，吴继英③介绍了如何构建空间权重矩阵，并以江苏为例进行了相应的研究。游士兵等④将空间模型应用于我国中部六省，并与传统模型进行比较。陈燕武等⑤运用空间模型研究了海西经济区产业结构与经济增长的关系。陈群元等⑥运用偏离—份额模型对长株潭“3 +5”城市群产业结构效益与竞争力进行了研究，提出了该城市群调整和优化产业结构的建议。这一分析方法以被分析区域所在大区域经济发展为参考对象，将区域本身在某一时刻的经济总量分为三个分量：份额偏离分量、结构偏离分量和竞争力偏离分量。以此来分析说明经济发展和衰退的原因，评价区域产业发展的优劣和自身竞争力的强弱来找出该区域最具有竞争优势的产业部门，从而确定区域内未来经济发展的方向和产业结构调整的合理趋势。这一方法注重实效，具有时间上的连续性。其基本模型如下：

设 G 为标准区域的生产总值，G_i 表示标准区域 i 产业的增加总产值，g_{ij} 表示 j 区域 i 产业的增加总产值，t_0 表示初始期，t_1 表示期末期。$\Delta g_{ij} = g_{ij}(t_1) - g_{ij}(t_0)$ 表示 j 区域 i 产业末期相对于初期的生产总值的变化量，偏

① Nazara S. , Hewings G. J. D. Spatial Structure and Taxonomy of Decomposition in Shift – Share Analysis [J]. *Growthand Change*, 2004, 35(4): 476 – 490.

② 史春云，涨捷，高薇．国外偏离—份额分析及其拓展模型研究述评[J]．经济问题探索，2007(3): 133 – 136.

③ 吴继英．偏离—份额分析法空间模型及其应用[J]．统计研究，2009(4): 73 – 79.

④ 游士兵，杨涛，黄炳南．基于空间偏离—份额法的区域产业结构研究[J]．统计与决策，2010(17): 117 – 120.

⑤ 陈燕武，楼燕妮．海西经济区产业结构与经济增长关系研究——基于偏离—份额分析空间模型[J]．华侨大学学报（哲学社会科学版），2010(4): 44 – 51.

⑥ 陈群元，宋玉祥．长株潭“3 +5”城市群产业结构效益与竞争力研究[J]．地域研究与开发，2009(2): 66 – 70.

离—份额的经典模型中，一般可表示为：

$$\Delta g_{ij} = D \times g_{ij}(t_0) + (D_i - D) \times g_{ij}(t_0) + (d_{ij} - D_i) \times g_{ij}(t_0) \tag{3-1}$$

式（3－1）中，$D = \dfrac{G(t_1) - G(t_0)}{G(t_0)}$，其表示生产总值末期相对于初期的变动率；$D_i = \dfrac{G_i(t_1) - G_i(t_0)}{G_i(t_0)}$，表示 i 产业生产总值末期相对于初期的变动率；$d_{ij} = \dfrac{g_{ij}(t_1) - g_{ij}(t_0)}{g_{ij}(t_0)}$，表示 j 区域 i 产业生产总值末期相对于初期的变动率。

上述公式右侧由三部分组成，分别是份额偏离分量、结构偏离分量和竞争偏离分量；等号左边是实际增长量与右边份额分量的差，称为总偏离，等于结构偏离分量与竞争偏离分量之和。将公式（3－1）两边同时除以 $g_{ij}(t_0)$，即得以增长率形式表示的传统偏离—份额模型：

$$d_{ij} = D + (D_i - D) + (d_{ij} - D_i) \tag{3-2}$$

等式（3－1）左边为总增长量（G），右边三项依次为份额分量（N）、结构分量（P）和竞争分量（D）。定义相对增长率 L：

$$L = \frac{g_{t1}/g_{t0}}{G_{t1}/G_{t0}} = \left[\frac{\sum_{i=1}^{n}(K_{ijt0}G_{t1})/(K_{ijt0}G_{it0})}{\sum_{i=1}^{n}G_{it1}/\sum_{i=1}^{n}G_{it0}}\right] \times \left[\frac{\sum_{i=1}^{n}(K_{it1}G_{t1})}{\sum_{i=1}^{n}(K_{it0}G_{t1})}\right] = W \times u$$

其中，W 和 u 分别表示区域的产业结构指数和产业竞争指数。

从上面推理得出的公式可知，如果区域 i 的总的经济增量 G_i 越大，区域相对增长率指数 L 大于 1，则区域 i 增长快于全国或者所在大区水平；若结构偏离分量 P_i 越大，且区域结构效果指数 W 大于 1，这说明区域 i 的所有产业中新兴的、增长快的产业部门比重大，区域总体产业结构比较好，产业结构对于经济增长的贡献大；如果竞争力偏离分量 D_i 较大，区域竞争效果指数 u 大于 1，则说明区域 i 内各产业部门总的增长势头大，具有很强的竞争力。

三、偏离—份额法的实证研究

表 3－1　我国三大城市群偏态—份额法分析

时段	地区	总增长/G	份额偏离分量/N	结构偏离分量/P	竞争偏离分量/D	相对增长率/L	结构指数/W	竞争指数/u
2006—2011 年	珠三角	33243.45	23868.86	13582.82	－4208.23	0.93	0.51	1.83
	长三角	65640.78	41766.54	23720.98	153.26	0.98	0.46	2.15
	京津冀	46390.26	30068.00	17431.00	－1108.73	0.99	0.47	2.12
2011—2016 年	珠三角	70914.90	25026.53	42251.89	3636.48	0.99	0.60	1.65
	长三角	63931.36	43192.89	24444.23	－3705.76	0.97	0.66	1.48
	京津冀	42188.62	32801.61	18700.22	－9313.21	0.91	0.71	1.28

本书将 2006—2011 年、2011—2016 年两个时段作为研究的区间段，根据我国三大城市群的地区生产总值以及三次产业增加值等数据，以我国整体作为标准区，将数据带入上述模型中，经过计算整理得到表 3－1（数据来自城市群所涉及各市相关年份的统计年鉴及统计公报）。

从表 3－1 中可以看出，若用总增长量（G）减去份额偏离增量（N），就可以得到总偏离量。我国三大城市群两时段的总偏离均大于零，这就表示这三个城市群的增长速度高于全国的平均增长速度。两个时段中，三大城市群的结构偏离分量均是正数，说明了三大城市群的产业结构相较于全国水平具有明显优势。但是 2006—2011 年，珠三角和京津冀城市群的竞争偏离分量均小于零，这表明，二者在这一段时间内区位优势不明显。2011—2016 年，长三角和京津冀城市群的竞争偏离分量为负，这一时间段内区位优势有所转变，但是京津冀的区位优势依旧较弱。2006—2011 年，长三角的竞争偏离分量大于零；2011—2016 年，珠三角的竞争偏离分量大于零，说明了 2006—2011 年这个时间段内，长三角的产业结构在全国的竞争优势明显，但是其结果优势不是很大，只有 153.26 亿元。2011—2016 年，珠三角的产业结构在全国的竞争优势非常明显。

表 3 - 2　三次产业对三大城市群的偏离分析

		2006—2011 年			2011—2016 年		
		珠三角	长三角	京津冀	珠三角	长三角	京津冀
份额偏离分量/ N	第一产业	600.70	2024.04	1862.59	313.27	1328.00	1150.34
	第二产业	9896.00	22121.51	12599.13	5705.87	14339.72	8146.64
	第三产业	13372.17	17620.99	15606.28	19007.39	27525.17	23504.63
结构偏离分量/ P	第一产业	533.94	1799.10	1655.59	2426.00	1194.65	1034.83
	第二产业	5151.01	11514.58	6558.04	25742.25	7655.90	4349.44
	第三产业	7897.86	10407.30	9217.37	14083.64	15593.69	13315.95
竞争偏离分量/ D	第一产业	-297.46	-202.90	-397.18	-19.67	-318.31	-536.38
	第二产业	-2105.20	-99.00	-115.80	6396.90	-2018.63	-3168.86
	第三产业	-1805.57	455.16	-595.76	-2740.76	-1368.82	-5607.96

把三次产业偏离份额细化到产业内部，可分析三次产业对于城市群经济的影响。如表 3 - 2 所示，2006—2011 年，珠三角和京津冀城市群的结构偏离分量和份额偏离分量第三产业均是最大的，说明珠三角和京津冀的第三产业是促进其经济增长的主要驱动产业。而在长三角城市群中，结构偏离分量第二产业最大，说明这一时段长三角第二产业的优化调整促进了该地区的经济发展。从竞争偏离分量来看，只有长三角的第三产业出现了正数，其他城市群的各个产业均为负值，说明了三个城市群的产业增长速度慢于我国整体水平。

2011—2016 年，结构偏离分量上，珠三角的最大值是第二产业，说明此时间段第二产业的结构调整促成其经济增长超过了全国的平均增速。长三角结构偏离分量的最大值由第二产业转化为第三产业，说明这时段长三角的第三产业结构得到发展。但是在竞争偏离分量上，三个城市群大多为负值，说明了在区位优势上，三大城市群的产业发展仍旧存在欠缺。

第五节　中国城市群产业转型升级的困境

产业转型升级的目标就是要构建产业新体系。从产业转型升级的内在机制来看，技术进步和制度创新推动产业由低级向高级演化，经过一定的量变过程，形成技术水平高、管理水平高、效益水平高的产业新体系。从我国产业发展的实际来看，创新不足、市场机制不健全、政府干预等因素，是制约我国产业转型升级的重要因素。

一、产业技术创新机制不完善

产业转型升级缺乏内生动力、科技创新能力不足是产业转型升级的最大桎梏。目前，我国关键核心技术受制于人的局面仍然没有得到根本改变，产业分工尚处于技术含量和附加值较低的“制造—加工—组装”环节。特别是第二产业中，制造业的自主创新能力较差，产品质量提升能力较弱，精益制造体系尚未构建，与需求侧消费结构升级的重大变化态势相脱节，造成了需求侧结构的优化升级效应无法传导到对供给侧结构优化升级的促进方面，导致中国经济新结构形成的滞后和经济新动力形成的机制性障碍。中国当前经济发展过程中的亮点是，消费需求结构正发生由低端需求向中高端需求升级的显著变化态势，这为中国传统产业特别是制造业立足产品质量提升、产品设计多样化等高质量投资活动创造了极为重要的本土市场需求发展机会。然而，中国制造业在产品质量、产品设计以及品牌构建维护等方面所体现的基本精益制造能力，却严重滞后于中国消费者需求结构的变化。这种产需脱节现象造成的后果是：中国国内消费者将迅速增长的巨大规模的高端需求转移和外溢到对发达国家产品的需求方面，从而切断了中国情景下消费者需求结构对产业结构转型升级形成拉动作用的内在传导机制，对维持中国经济今后中高速增长的关键新结构和新动力的形成产生了显著的阻碍效应。造成这一问题的深层次原因有以下几点：

一是缺乏保护企业和科技人员创造利润的规则机制。现行科研人员绩效考核机制重数量轻质量，对创新专利和知识产权保护存在意识淡薄、法律不健全等问题，导致企业不愿承担研发创新带来的风险，宁愿通过模仿和低水平重复建设求生存。

二是鼓励企业加强创新的政策措施落实不到位。目前，企业申报国家高新技术企业认定的门槛较高，多数企业无法享受相关优惠政策。而受惠面更广的企业研发费用加计扣除政策，由于宣传力度不足、申报程序烦琐，实际效果不佳。政府对于科技型中小企业创新的支持体系不健全，缺乏支撑创新的区域性、行业性公共服务平台。

三是支持基础共性技术的研发投入较少。据统计，我国基础研究比例不足5%，仅仅是主要发达国家的1/4，企业创新活动的资金、人力更多投向应用技术和商业化领域，产业共性技术研发薄弱。

四是产学研合作创新的有效机制尚未形成。科研成果与产业化有效衔接还存在“最后一公里”的问题，科研院所、高等学校与企业的创新目的严重分化，形成的科研成果不能直接应用于企业生产，无法转化成现实生产力，成果转化率相对较低。

二、实体经济发展疲软

实体经济是产业持续健康发展的基础，是抢占新一轮产业竞争制高点的必然选择。如果脱离实体经济发展的虚拟经济无序膨胀，将挤占实体经济的发展空间，抬高经营成本，带来产业空心化和资产泡沫化。同时，第二产业和第三产业的发展出现了脱离现象，突出表现为以制造业为主的实体经济部门的转型升级和自主创新能力的提升与金融体系出现了脱节和不兼容现象。

当前，行业间利润率失衡严重影响实体经济特别是工业发展。首先，工业盈利水平偏低影响企业投资方向。2002 年以来，特别是近几年，工业平均利润率一直大幅低于房地产业、金融业等服务业，整体行业平均利润率在6% ~7%波动，而房地产销售利润率在10%左右，银行业平均资本利润率在15%左右，分别是工业的 2 ~3 倍。融资难融资贵、土地价格高等因素导致实体经济企业生产经营成本不断上升，进一步压缩了盈利空间，也降低了民间资本投资实体产业、推动转型升级的信心和能力，产业发展存在“脱实向虚”的趋势。其次，工业品价格下降加剧企业效益下滑。国际金融危机之后，我国产业结构变化非常明显。2013 年，服务业比重达到 45.7%，第一次超过第二产业（44.0%）；2015 年服务业比重超过 50%，达到 50.2%，成为占比最大的产业。但房价过快上涨、货币超发，推动综合运营成本高企，实体经济乏力，资产价格抬升过快，形成“脱实向虚”，进一步抵消了经济结构调整的实效。一方面，大量资金进入房地产、金融等虚拟经济领域；另一方面，以制造业为代表的实体经济成本升高、利润下降、杠杆率提升，遇到很大困难。这种“脱实向虚”问题表明，实体经济供给与金融供给之间、实体经济供给与房地产供给之间存在严重的结构性失衡。经济结构“脱实向虚”趋势、虚拟经济自我循环与实体经济脱离问题，直接影响了经济的健康增长和可持续发展。

三、产业发展具有较强的政府干预情况

开放、公平的产业准入标准是激发产业竞争活力的基础。目前，一些国有资本垄断程度较高的行业仍存在一定的所有制歧视，民间资本进入还存在较多的政策壁垒。同时，一些汽车、石化、钢铁、装备等非垄断行业，在项目建设之前需要从资金、节能、环保、安全等方面进行事前核准或备案，而对项目进展中和完成后产生的效益和影响则关注较少。政府围绕“提高市场集中度”的政策目标，在行业规划、投资审批、项目资金等方面更多向大型国有企业倾斜，限制了中小企业对在位大企业的企业市场地位竞争，这既不同程度地减少了大型企业的创新动力，也削弱了中小企业的竞争活力。同时，现行税制和政绩考核制度导致地方政府存在干预企业项目投资方向的动机，政府对企业投资干预过多，甚至出现违规审批情况，普遍青睐“两高一资”等 GDP 和税收收入贡献较高行业的投资，而对投入多、风险大、对短期政绩贡献不明显的产业转型升级重视程度不够，甚至抱有消极、观望、拖延态度，增加了市场交易成本，扭曲了企业

决策行为，影响了企业主动转型升级的积极性。

并且，当前以政府财政资金补贴为主的产业结构调整政策模式，严重滞后于产业结构转型升级和自主创新能力提升的现实需求，造成“创新假象”的盛行。当前，从中央到地方各级政府积极运用的以政府财政资金补贴为主的产业扶持激励政策，非但没能有效激励微观企业自主创新能力的提升和产业结构的优化升级，相反，违背市场公平竞争基本逻辑以及手段落后且腐败利益固化的各种类型产业扶持激励政策，却通过“寻租”腐败渠道以及各种资源配置扭曲效应，对微观企业自主创新能力的提升以及产业结构的优化升级产生了一定程度的阻碍作用乃至抑制效应①。为了积极响应和落实中央部署的产业结构转型升级和国家创新驱动发展战略，各级地方政府运用政府财政资金，以无偿补贴、奖励、土地优惠、税收返还等形式的优惠政策，来激励微观企业自主创新能力的提升以及产业结构的优化升级②。然而，在对市场公平竞争机制对创新激励的决定性作用认识不足以及相应的监管机制缺位的情形下③，这种简单地运用政府财政资金来补贴和激励企业创新研发活动和产业结构优化升级的干预行为，没有将有限的财政资金精确地运用到促进产业结构的优化升级、推动行业或企业层面创新能力提升的创新技术平台、弥补关键创新技术能力提升的短板等方面。相反，却在很大程度上造成了对市场资源配置效应的扭曲，成为阻碍产业结构优化升级的政策因素，甚至出现了掌握政府各种补贴奖励政策权力的官员和企业之间的合谋行为，导致当前以政府创新补贴奖励为主要类型的产业政策的失效，造成“创新假象”④。

---

① 安同良，周绍东，皮建才．R&D 补贴对中国企业自主创新的激励效应[J]．经济研究，2009(11)：87－98，120.

② 陆国庆．中国战略性新兴产业政府创新补贴的绩效研究[J]．经济研究，2014(7).

③ 张杰，翟福昕．竞争如何影响创新：中国情景的新检验[J]．中国工业经济，2014(11)：44－45.

④ 张杰，杨连星，新夫．中国创新补贴政策的绩效评估：理论与证据[J]．经济研究，2015(10)：4－17，33.

四、产业退出机制不健全

落后的产能挤占有限资源和难以有效退出市场产能结构性过剩是当前我国产业转型升级必须着力解决的重要问题。这既有我国经济周期波动和市场内在规律的影响，又与产能退出的体制机制不健全密切相关。当前我国产业退出机制仍不健全，市场供需不能随价格变化而有效调整，落后企业或产能难以及时退出市场，挤占了有限的人力、资本、土地、环境容量等资源空间，削弱了优势企业转型升级的动力。

一是产业退出的法律法规保障相对缺乏。目前关于企业退出市场没有形成系统性法律法规，企业退出缺少有效的法律保障和约束。

二是市场退出机制不健全。推动过剩产能退出，需要更多地运用市场机制和经济手段。当前，按照能耗、物耗、环保、技术装备水平等实施的差别电价、差别水价等政策执行力度不足，碳排放权等市场交易平台作用不明显，导致资源要素成本未完全体现在企业的生产成本中，难以对企业主动退出产能过剩行业形成有效倒逼机制。

三是缺乏企业有效退出的援助体系。大部分钢铁、煤炭、纺织等产能过剩行业同时也是劳动力密集行业，企业退出过程中将造成大量的职工下岗，而目前对于失业职工再培训、再就业的社会保障能力相对不足，转移安置职工的渠道较少，成为影响企业正常退出的重要因素。

第六节　中国城市群产业转型升级的可行路径

针对当前我国城市群产业发展面临的主要问题和“瓶颈”制约，需要着眼于产业转型升级的战略目标和现实可操作性，通过构建产业新体系推动发展动能、产业层次、方式目标、资源配置全方位优化升级，实现投资有回报、产品有市场、企业有利润、员工有收入、政府有税收、环境有改善的发展。

一、完善创新发展机制

要实现产业结构的优化升级，必须把增强技术实力作为构建产业新体系的战略支点，走创新驱动的产业发展道路。

首先，强化企业在创新中的主体地位和主导作用。围绕产业转型升级和构建产业新体系的重点领域，引导重点企业围绕产业链上下游关系建立产业创新战略联盟。打造高层次技术创新公共服务平台，鼓励科技型中小企业创新发展，引导中小微企业走“专精特新”发展道路。加大企业研发费用加计扣除等普惠性政策支持力度，推动设备更新和新技术的广泛应用。其次，构建规模宏大的人才队伍。将人才作为构建产业新体系的根本保障，以“高精尖缺”为导向，加快培养一批世界水平的企业家、管理人才、研发创新人才和高水平创新团队，在着力引进优秀创新人才的同时，更加注重在生产一线中培养青年人才。打造更加宽松的科研环境，改革科研评价和奖励制度，落实科研人员股权、期权、分红激励和绩效激励政策，实现科研成果转化收益共享。再次，要加快关键核心技术和基础共性技术攻关。加快建设一批具有国际先进水平的科研基地和国家重点实验室，加大对关键核心技术和基础共性技术研发的支持力度。在关键核心技术领域，发挥产业技术创新战略联盟的作用，采取委托研发、联合攻关等方式，形成一批自主知识产权，为产业转型升级提供强力支撑。最后，推动政府职能从研发管理向创新服务转变。创新的根本力量在市场、在社会、在广大科技人员和企业家身上，政府不能通过制定具体的技术规划甚至以直接安排项目的方式指导企业的创新行为。要加快政府职能转变，制定实施有利于科技创新和“大众创业、万众创新”的政策措施，严格市场监管，加强知识产权保护，营造公平、公正、宽松的市场竞争环境，确保企业的主体作用和市场机制的灵活高效。

二、营造有利于实体经济发展的环境

夯实产业转型升级的基础要进一步实行有利于实体经济发展的政策措施，加大财税、金融支持力度，深入推进“互联网+制造业”融合发展，推动实体经济持续健康发展，夯实筑牢产业转型升级的基础。

首先，要完善激励实体经济发展的财税政策。全面落实支持实体经济特别是制造业发展的财政税收政策，发挥财政资金杠杆作用，引导社会资本参与科技研发、技术改造、两化融合、绿色发展等制造业发展关键领域。落实国家税收优惠政策，加大宣传力度，让符合税收减免政策规定的企业应享尽享，减轻工业企业税费负担，增强企业坚守实体经济的信心。加快推动财政资金的金融化改革，从“项目拨付”改革为“基金投资”，解决“点对点”“项目到项目”的方式及没有杠杆效应且容易出现“寻租”行为的问题。其次，健全支持实体经济发展的现代金融体系。建立政府与金融机构的沟通协调机制，搭建政银企合作对接平台，引导金融机构采用银团贷款、债权融资等方式为实体经济提供信贷支持。支持符合转型升级方向的企业在境内外上市，发行企业债券、短期融资券和中期票据等进行直接融资。放宽民间投资领域，大力发展私募市场，探索新型商业模式，引导风险投资、创业投资等支持实体企业创新发展，逐步实现银行业务与风险投资的深度融合。支持科技型中小企业贷款专营机构的试点与发展，为科技贷款提供风险补偿、信用担保等。再次，完善制造业和信息化深度融合的体制机制。深入推进“互联网+”，运用物联网、云计算、大数据等现代信息技术，推进信息技术与各产业深度融合。最后，加快提升对外开放水平。开展国际产能合作，推动传统优势行业“走出去”，带动大型成套装备、产业标准以及上下游服务等输出。大力引进国外先进制造企业，通过公平的市场竞争倒逼国内企业转型升级；支持发展服务贸易，推动外贸向优质优价、优进优出转变。同时还要解决劳动力、土地和资源环境等生产要素“瓶颈”制约。提高各生产要素的使用效率，调动各生产要素的活力。

三、解决好政府和市场之间的关系

要用好政府和市场“两只手”，推动“有效市场”与“有为政府”协同联动，促进各类资源在更大范围内自由流动。充分发挥市场在资源配置的主体作用。

首先要明确产业政策的导向性。按照主体功能区定位，结合产业发展基础，厘清发展重点及转型升级路径，明确本地“鼓励什么、限制什么”和“往哪儿转、怎么转”，并根据市场、技术等因素，作出实时的调整，相应变革政府的支持方式和管理方式。其次要创新产业扶持服务方式方法。采取奖励、补助、贴息、股权投资等方式，充分运用产业引导基金、区域发展资金、科技投资风险补偿资金等，加大扶持引导，放大资金使用效益。再次是要优化政府方对于企业的服务。简政放权，进一步取消下放行政审批事项，推行负面清单管理，探索建立多评合一、统一评审的新模式，提高审批服务效率。最后要创新考核和舆论引导机制。强化考核导向和激励约束，充分发挥考核的指导性作用。在科学发展考核中，合理设置各项指标及权重，更加强化产业结构、产品质量、居民收入等体现发展质量的指标，地方财政收入、税收占比、GDP 含金量、企业投资效益等体现发展效益的指标，科技创新能力、高新技术产业、高端装备制造业等体现发展后劲潜力的指标，以及资源消耗、环境损害等体现生态效益的指标。分类型选树一批先进典型，在主流媒体开辟品牌推介专栏，宣传各地和企业推动产业转型升级、构建产业新体系的做法经验，营造良好的舆论氛围。

四、坚持绿色可持续发展体系建设

在产业的升级调整中，必须强化节能环保，倒逼形成科技含量高、能源资源消耗低、环境污染少、绿色低碳、安全可靠的生产方式。

首先完善产业环境准入机制。制定更加严格的环保标准，实施评级评价制度，倒逼行业转型升级。将生态环境保护关口前移，严格按照产业政策、环境容量、项目污染治理措施、空间布局等强化环评前置审批，提高环境准入门槛，控制环境污染源头。以污染物排放绩效为准入条件，引导产业合理布局。其次完善市场激励约束机制。健全资源有偿使用和阶梯价格制度，积极推进资源环境价格改革。完善促进资源节约和循环利用制度体系，加快建立生态环境恢复的补偿体系，完善生态环境产权交易市场，在重点行业和重点地区开展碳排放权交易试点。最后完善环境监管机制。加快启动省以下环保监管机构垂直管理体制改革，强化项目建设期间和事后效果的环保评估及监管，完善工业能源和环保监测、统计体系，建立健全工业装备健康能效监测和评估体系。探索建立企业环保自律机制。

第四章 供给侧改革背景下我国制造业绿色转型的困境与路径选择

第一节 背 景

制造业作为国民经济的支柱产业、经济增长的主导部门、增加就业的主要渠道和国际竞争力的集中体现，直接影响着我国经济增长的速度、质量和效益。当前，我国制造业所面临的环境正在发生着翻天覆地的变化，以习近平同志为核心的党中央着眼于我国经济发展的全局，提出要大力推进供给侧结构性改革，这是为适应和引领经济发展新常态所做出的重大战略部署，也是保持我国经济中高速发展、推进产业结构向中高端迈进的新抓手和着力点。在经济发展新常态下，推进制造业供给侧结构性改革，优化投资和供给结构，对于培育发展新动能、推进制造业转型升级、确保经济中高速增长和产业迈向中高端具有重要的现实意义，更可为我国全面建成小康社会夯实有力的经济基础。

为了使我国制造业在全球竞争中处于更加有利的态势，2015 年国务院正式印发了《中国制造 2025》。这是从国家战略层面描绘了建设制造强国战略的宏伟蓝图，对于顺应新常态、对于当前的供给侧结构性改革都具有重要的现实意义。《中国制造 2025》围绕创新驱动、质量为先、绿色发展、结构优化、人才为本等基本方针，提出了加快制造业转型升级和提质增效的紧迫任务，明确了要提高制造业的核心竞争力和可持续发展能力。众所周知，我国虽是制造业大国，但仍非制造业强国。目前，我国制造业依然没有摆脱高投入、高消耗、高排放的粗放式发展模式。21世纪是可持续经济发展的世纪，而绿色经济成为21世纪持续经济发展的主导形态。党的十八大报告中指出，“着力推进绿色发展、循环发展、低碳发展”，党的十八届五中全会又进一步把“绿色发展”作为五大发展理念之一。因此，我国在《中国制造2025》中提出要从源头开始根治工业污染问题，解决发展与资源环境的矛盾，实现绿色制造、绿色发展。

近年来，中国制造业的发展迈入了新阶段。其产业规模不断扩张，贡献稳步增强，门类逐渐齐全，结构趋于多元化，并且涌现出一批竞争优势突出的产业。但是，与国外先进水平相比，我国制造业多数处于粗放式发展阶段，资源综合利用效率不高，制造工艺和装备水平较低，且污染严重。因此，我国绿色制造发展能力较弱，产业升级内源驱动力不强，这就要求我们聚焦绿色制造，实现制造业的可持续发展。在新常态下如何通过绿色发展助推我国制造业转型升级和追赶超越发展，是一项紧迫而又艰巨的任务。在此背景下，能否尽快提升我国制造业部门的核心能力和国际竞争力，直接决定着我们是否能够成功实现经济转型和进入高收入国家的战略目标。本书将论证借鉴制造业行业处于全球引领地位的德国，并结合我国实际进行融合、创新和应用，对最终推动我国制造业转型升级具有重要意义。

第二节　我国制造业绿色转型的相关研究

当前中国经济发展处于增长速度趋于缓慢的“新常态”，国内市场竞争日益激烈，加之自主研发能力薄弱、核心技术缺乏、劳动力成本上涨等原因，导致国内制造业的出口利润空间减少。另外，国际金融危机发生后，发达国家制造业回流，重新重视制造业在经济中的发展，实施再工业化战略，重塑制造业竞争新优势；欧美国家“双反”调查加强，中国制造业的生存空间遭到挤压；发展中国家的低成本优势愈加明显，中国制造业面临发达国家先进技术和其他发展中国家低成本竞争的双重挤压。中国制造业要在制造业这场竞赛中胜出，必须加快创新步伐，实现“提质增效”。李克强总理在政府工作报告中提出，“制定‘互联网＋’行动计划，推动移动互联网、云计算、大数据、物联网等与现代制造业结合，促进电子商务、工业互联网和互联网金融健康发展，引导互联网企业拓展国际市场”。由此可见，互联网革命将对新一代信息技术与制造业的深度融合产生极大的推动作用，并对中国制造业生产方式、商业模式、价值链和管理方式等产生深刻的影响。不仅如此，工信部在解读《促进大数据发展纲要》中重点提到，大数据引领信息技术发展进入一个全新的时代，为企业提供了前所未有的发展空间和潜力，对制造业研发设计、生产制造、经营管理、销售服务等全产业链产生了重要影响，因此，要有效利用大数据推动信息化和工业化的深度融合。

目前，中国制造业还存在大而不强的问题，中国应加快步伐向制造强国转化。苗圩①（2016）认为，建设制造强国，是主动应对新一轮科技革命和产业变革的重大战略选择，是面对经济发展新常态实现提质增效的客观要求，是实现“两个一百年”奋斗目标和中华民族伟大复兴中国梦的战略支撑。提出建设制造强国的重点任务是加快发展服务型制造和生产性服务业，加强制造业质量品牌能力建设。童有好②（2015）认为，制造业服务化是实现创新发展的一种先进制造模式，是制造业的创新，是以制造为基础、以服务为导向，使制造业由提供“产品”向提供“产品＋服务”转变。从国际制造业发展来看，服务化已成为引领制造业产业升级和提升竞争力的重要途径。贾莹③（2016）在经济增长理论、交易成本理论、分工理论和创新理论的基础上，阐述了生产性服务业对制造业创新发展的内在作用机制，分析了生产性服务业对制造业的影响，结果发现，资本积累、服务外包和生产性服务业结合可以共同创新服务形态，推动制造业创新。

---

① 苗圩．加快建设制造强国[J]．中国经贸导刊,2016(1):10－12.

② 童有好．“互联网＋制造业服务化”融合发展研究[J]．经济纵横,2015(20):62－67.

③ 贾莹．生产性服务业对制造业转型升级的作用机制研究[J]．技术与创新管理,2016(1):76－81.

王建成[①]（2016）指出，国内制造业存在于全球分工链条的下游，中国不仅缺少自主创新与培育国内市场的进取心，而且没有长远的品牌战略，在企业级市场或消费市场缺少深度耕耘。迟福林[②]（2015）认为，中国打造国际品牌不缺市场，不缺乏各种资源，缺的是制度环境，打造中国制造的全球品牌，面临着诸多的结构性体制性矛盾。

马雪娇[③]（2016）认为，自贸区的集中建立，“负面清单”模式的运用，能够为制造业的发展营造良好的氛围，有利于形成更高水平的市场竞争环境，推动中国制造业的创新发展。史宇鹏[④]（2013）在构建理论模型的基础上，利用中国规模以上制造业企业数据，就知识产权保护状况对企业创新投入的影响进行了研究，结果表明，对知识产权的保护不应仅局限于对事后侵权行为的惩罚，还应包括对潜在侵权行为的事前防范，这样才能更加有效地激励企业进行创新研发。胡斌武[⑤]（2016）指出，在《中国制造 2025》五项基本方针中，创新驱动、质量为先、绿色发展以及结构优化都是围绕着人才而展开的。创新驱动的实质在于人，质量保障的主体在于人，绿色发展的基础在于人，结构优化的推进同样在于人，因此要加强人才培育。黄益平[⑥]（2015）认为，下一步经济发展的核心是创新和升级，以及中小企业在创新中发挥更大的作用。

从已有的研究成果来看，大多数学者已对中国制造业创新发展的现状以及面临的问题进行了阐述，而对供给侧结构性改革背景下的制造业绿色转型发展战略研究相对较少。本书从中国制造业绿色转型路径的特质研究入手，分析我国的制造业绿色转型发展路径，并提出相关的政策建议。

---

① 王建成．突围：中国制造业品牌的现状与出路[J]．中国工业评论，2016(4)：34－41.

② 迟福林．在转型升级中打造中国制造全球品牌[N]．经济参考报，2015－07－16(8).

③ 马雪娇．“负面清单”模式成为我国制造业再造的新契机[J]．中国商论，2016(17)：132－134.

④ 史宇鹏．知识产权保护、异质性企业与创新：来自中国制造业的证据[J]．金融研究，2013(8)：136－149.

⑤ 胡斌武．“中国制造 2025”背景下职业教育技术技能型人才培养的现状与新要求[J]．经营与管理，2016(5)：38－41.

⑥ 黄益平．经济增长更多依靠创新与产业升级[N]．经济参考报，2015－07－17(8).

“绿色经济”一词是英国环境经济学家皮尔斯在其著作《绿色经济蓝图》（1989）中首次提出的。2008 年联合国环境署开始在全球倡议“绿色经济”和“绿色新政”，美国和欧盟等发达国家积极响应，提出了“低碳经济”和“生态优先”的绿色发展理念。欧美国家纷纷转换经济发展方式，以加大财政支持力度的方式来鼓励和扶持本国制造业企业的绿色转型和低碳发展，发展战略性新兴产业，寻求新的产业和经济增长点。与此同时，一些研究机构和学者开始了对绿色制造的研究。例如，加拿大的 Jeswiet 教授研究了绿色制造中的可持续设计、潜在失效模式与后果分析、清洁能源、全球气候变暖等。美国麻省理工学院环境友好制造小组以产品在整个生命周期内的环境能源问题为研究对象，研究了制造过程的环境分析、产品回收及再制造等。澳大利亚的皇家墨尔本技术设计研究院研究了绿色制造的可持续材料、可持续建筑环境、可持续产品及包装、生命周期评价等。

国内的学者对绿色制造及制造业绿色转型的研究主要从六个方面展开：①绿色制造的必要性和发展趋势。绿色低碳发展是建设生态文明的任务，也是改变产业发展方式、产业转型升级的根本途径，是世界经济发展的趋势[①]。②关于绿色制造的概念和内容的界定。绿色制造综合考虑环境影响、产品制造和工艺实践，主要包括绿色设计、绿色生产、绿色包装、绿色回收和处理等[②]；它综合考虑环境影响和资源消耗，其目标是使产品在从设计、制造、包装、运输、使用到报废处理的整个生命周期中，对环境负面影响最小，资源利用率最高，协调优化企业经济效益和社会效益[③]。③绿色制造技术。主要集中对齿轮加工等机电产品加工过程的碳排放特性、资源耗费、废料处置进行分析，尝试利用绿色制造的相关技术解决切削液的回收利用、切削噪声消除等切削加工污染的问题[④]。④绿色制造理

---

① 冯飞. 绿色发展指引中国制造[J]. 节能与环保,2015(12):27－29.

② 张翔,赵群. 低碳经济引领下的我国制造业绿色化发展综述[J]. 机械制造,2013(10):1－6.

③ 刘飞,曹华军,何乃军. 绿色制造的研究现状与发展趋势[J]. 中国机械工程,2000(1):114－119.

④ 袁珊珊,钟佩思,刘梅,张丹丹. 机电产品的绿色制造技术研究[J]. 机械设计与制造,2012(4):256－258.

论。绿色制造的理论体系包括绿色制造的资源属性、建模理论、运行特性、可持续发展战略，以及绿色制造的系统特性和集成特性等，涉及绿色制造的目标系统、功能系统、过程系统、信息结构、操作模式等[①]。⑤产业绿色转型面临的核心问题及对策。我国产业绿色转型面临地方政府官员晋升评价机制不合理，要素价格形成机制改革不彻底，技术创新、转移和应用存在障碍，环境补偿机制不健全，社会监督体系不完善等问题[②]。中国的产业绿色转型面临体制性壁垒、技术性壁垒和阶段性壁垒，应依靠科技推动传统产业的绿色转型；开发和利用新能源，促进低碳生产；建设生态工业园区，实现清洁生产；采取经济措施鼓励绿色改造；促进绿色就业培训，适应工业绿色转型[③]。绿色制造的实施不仅面临法律、监管体系和服务体系不完善、产业布局不协调等主观条件的障碍，还面临经济下行的压力[④]。⑥绿色制造评价体系研究。绿色经济主要包括绿色生产、绿色消费和生态健康三部分，区域绿色制造水平包括产品设计生态化、生产过程清洁化、能源资源高效利用水平、回收再生资源化、产业融合一体化等五个方面[⑤]。

从总体上看，关于绿色制造的研究仍然处于相对不成熟的阶段，内涵界定、研究内容、实施手段和措施、评价体系等方面亟待完善。现有研究还存在以下不足：①多集中于对绿色制造的技术层面。绿色制造是一个系统工程，需要社会、企业、政府的协同，对产学研合作，企业与公共研究机构、政府、社会间协同关系的研究却显得较为薄弱。②主要停留在概念界定、理论演绎的层面，较少研究企业绿色转型实践中协同创新的形成机理及演化过程，尤其欠缺绿色制造“是什么”的问题，没有解决“应该如何做”的问题。缺乏关于绿色制造理论的应用研究。③关于绿色制造的理论研究还

---

① 冯飞．绿色发展指引中国制造[J]．节能与环保,2015(12):27－29.

② 中国社会科学院工业经济研究所课题组．中国工业绿色转型研究[J]．中国工业经济,2011(4):5－14.

③ 蓝庆新,韩晶．中国工业绿色转型战略研究[J]．经济体制改革,2012(1):24－28.

④ 付保宗．我国推行绿色制造面临的形势与对策[J]．宏观经济管理,2015(11):34－36.

⑤ 李博洋．中国区域绿色制造评价体系研究[J]．工业经济论坛,2015(2):23－30.

处于一个不断发展的阶段，学者们从不同研究视角来探索和尝试，以完善该领域的理论，但尚未整理出一个系统完善的理论分析框架。

第三节　新中国成立70年来我国制造业的发展现状及存在的问题

一、从宏观视角分析新中国成立以来我国制造业的发展

新中国成立70年来，我国创造了人类历史上前所未有的发展奇迹。经济发展取得了重大成就：2018年，我国国内生产总值为900309亿元，经济总量首次站上90万亿元的历史新台阶，稳居世界第二位。人民生活实现重大飞跃：从解决温饱到实现总体小康，正在迈向全面小康。新中国成立初期，我国还处于世界经济的边缘地区，与欧美发达国家相比，在制造业上几乎毫无竞争力。新中国成立之初，最重大和关键的战略决策就是建立了从钢铁、煤炭到石油、原子能，从汽车、火车到飞机、火箭，从机械、纺织到电子、电器，从农药、化肥到制药、农机等几项重化工与轻化工业的完备体系，从而使人才、技术、经验获得了积累和扩散的可能性。

从20世纪50年代开始，我国的工业化正式进入起步阶段，中国在获得苏联的援助后，优先发展重工业，开始以农业集体化的高积累，全力支持国家工业化。通过平均每年接近30%的高积累，强力转移发展重心，形成国家工业化的原始资本。也正是由于农业的强力支持，1950—1977年我国工业的发展速度达到11.2%。虽然重工业、轻工业和农业的结构严重失调，积累与消费之间形成了巨大的落差，但经过20年的艰苦奋斗，到70年代初，我国已经初步完成了国家工业化的原始资本积累。

改革开放40多年来，中国制造完成了脱胎换骨的转型升级。1980年，中国制造业增加值占全球比重仅为1.5%，而2017年这一比重上升至25%。中国制造已连续9年保持世界规模第一，形成了全球最完整的制造业体系。但我们也应正视，中国制造长期并仍处于产业链和价值链的中低端。正如工信部部长苗圩所言，制造业正重新成为全球竞争的焦点。而随着国情、世情

的新变化，中国制造业已经站到了“由大变强”新的历史起点上，要巩固和发展既有优势，加速实现转型升级，加快迈向全球价值链中高端，打造国际竞争新优势。也正是前30年奠定的坚实的体系基础才为后40年“世界工厂”的发展奠定了坚实的基础。同时，完备的产业体系、对外开放与全球化相结合的大环境也给中国的发展带来了机遇。我国以惨淡的边缘区地位来迎接各种艰难的政治与经济挑战，最终以更好的姿态日益接近核心区，这种从无到有、完全自主的体系进化所创造的经济繁荣，在世界经济史上堪称独树一帜。

第一，总体规模持续增长，迅速完成追赶超越并保持全球第一制造大国的地位。改革开放以来，中国制造业总体规模呈迅速赶超模式。1991年中国制造业增加值为1420亿美元，仅为德国的32.5%、日本的15.7%、美国的14.5%。到1997年，中国制造业已经增长到3984亿美元，为德国的94.3%。随后，中国制造业增加值在1999年超过德国，在2006年超过日本，在2010年超过美国，成为世界上制造业规模最大的国家。到2015年，中国制造业总体规模达31600亿美元，比美国高45.5%，世界第一制造大国的地位更加稳固。

第二，新常态以来，中国制造业进入中高速增长区间。20世纪90年代以来，制造业GDP的比重处于较高水平。1990年，中国制造业占GDP比重约为35%，到1993年达到37.4%的巅峰，随后制造业占GDP的比重持续下降，到2002年下降至31.4%，比1990年下降了约4个百分点。2003—2007年，随着中国进入新一轮快速增长阶段，制造业比重有小幅提升，到2007年达到32.9%的水平。然而，到2015年已经持续下降到28.3%的水平。如图4-1所示，从增长的速度来看，2012年以后制造业增速放缓的趋势明显。2012年以前，中国制造业一直保持着较高的增长速度，即使是在1997年亚洲金融危机后经济增速较低的1998—2001年，制造业增长速度也处于8.6%以上，2009年因受国际金融危机冲击，也只降到了11%的水平。1990—2011年，制造业年均增速高达13.8%，但2012年以后持续下降，到2015年和2016年已经下降到了6%的水平，实现了从高速增长向中高速增长的转变。

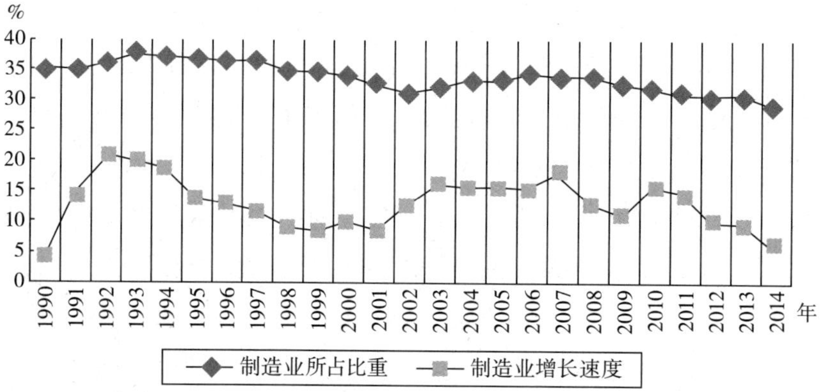

图 4－1　1990—2014 年中国制造业占 GDP 比重及制造业增长速度

第三，制造业内部出现了技术升级的特征。2012 年以后呈现出明显的高技术制造业比重上升、中技术制造业比重下降的现象，低技术制造业比重基本保持不变。由于传统重化工产业出现明显的产能过剩现象，2012 年以后中技术制造业（包括文教、工美、体育和娱乐用品制造业，石油加工、炼焦和核燃料加工业，化学原料和化学制品制造业，橡胶和塑料制品业，非金属矿物制品业，黑色金属冶炼和压延加工业，有色金属冶炼及压延加工业，金属制品业，其他制造业，废弃资源综合利用业）出现比重下降的情况，从 2012 年的 41.3% 下降到 2016 年 1—11 月的 38.2%，共下降了 3.1 个百分点，平均每年下降 0.8 个百分点。与此对应，高技术制造业（包括医药制造业，化学纤维制造业，通用设备制造业，专业设备制造业，汽车制造业，铁路、船舶、航空航天和其他运输设备制造业，电气机械和器材制造业，计算机、通信和其他电子设备制造业，仪器仪表制造业）的比重从 36.0% 提高到 38.2%，共提升了 2.2 个百分点，如图 4－2 所示。

第四，中国制造业出口占世界的份额仍保持在较高水平。随着中国制造的规模不断增长，中国制造业出口规模也不断增大。1978 年，中国对外出口额仅 98 亿美元，占同年 GDP 的 6.6%，占世界出口总额的比重仅为 0.7%。到 2000 年时，中国出口额增长到 2492 亿美元，占同年国内 GDP 的 20.8%，占世界出口总额的 3.9%。到 2004 年，中国对外出口总额达

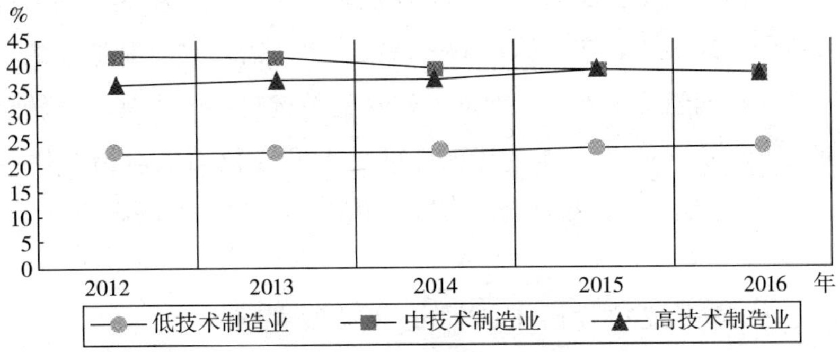

图 4－2 新常态以来中国制造业内部结构的变化

5933 亿美元，首次超过日本（当年为 5657 亿美元），成为仅次于德国和美国的第三大出口国。到 2007 年，中国出口额超过 1 万亿美元，进一步超过美国（当年为 11482 亿美元），成为世界第二大出口国。到 2009 年，中国首次成为世界第一大出口国，当年中国出口额为 12016 亿美元，占国内 GDP 的 24.1%，占世界出口总额的 9.6%。

虽然自 2012 年以后中国制造业的增长速度显著下降，但出口占世界的份额仍在稳步提升。近年来，中国制造业面临着人工成本上升、低成本竞争优势不断下降的挑战，全球贸易也进入低速增长甚至负增长的时期，但中国的全球贸易份额并没有下降。2012 年，中国出口占全球总额的比重为 11.4%，到 2015 年中国出口总额达到 22819 亿美元，占世界出口总额的 14.8%，占比提高 3.4 个百分点，如表 4－1 所示。

表 4－1 近年来中国商品进出口总额及占全球的总份额 单位：亿美元

年份	2011	2012	2013	2014	2015
出口额	18984	20488	22090	23423	22819
占世界的份额	10.6%	11.4%	11.9%	12.7%	14.8%
进口总额	17434	18182	19500	19580	16817
占世界的份额	9.7%	10.1%	10.6%	10.6%	10.9%

经过分析我国制造业发展现状不难看出，经过改革开放 40 多年的发展，我国总体已经进入工业化后期，正呈现出发展速度从高速增长向中高速增长转变、发展方式从规模速度型粗放增长向质量效率型集约增长转

变、经济结构从增量扩能为主向调整存量做优增量并存转变、动力源从传统增长点向新兴增长点转变的新常态特征，迫切需要进行制造业的优化升级。同时，我国经济正处于新旧动能转换的关键时期，也是产业转型升级的阵痛期。新动能的壮大和传统动能的更新升级仍面临着诸多体制性障碍，必须通过深化供给侧结构性改革，扫除“路障”，开辟新径。

二、从微观视角分析中国制造业发展现状

（一）中国制造业发展的区域研究

目前中国的大中小城市超过 600 个，为了在众多城市中遴选出样本城市，我们选用“制造业中心城市”的概念。所谓“制造业中心城市”，是指在城市体系中居于核心地位，在区域制造业发展中发挥主导作用的城市。在本书中，我们把制造业中心城市定位于副省级城市和制造业发达的“较大的市”（直辖市不包括在内）。最终我们选取 17 个样本城市，分别是哈尔滨、长春、沈阳、大连、济南、青岛、南京、杭州、宁波、厦门、武汉、广州、深圳、西安、成都、无锡及苏州。

基于城市制造业的综合发展内涵，对城市制造业综合发展能力的评价主要从经济制造、能源集约、环境保护、发展潜力和产业水平五个方面进行。其中，经济制造指标体系通过制造业的发展规模、经济效益反映城市制造业产出对城市经济的贡献和效率水平；能源集约指标体系反映城市制造业的能源利用水平和效率；环境保护指标体系反映城市制造业的环境友好能力；发展潜力指标体系通过制造业创新的资金投入和人员投入等科技创新指标体系反映城市制造业的可持续发展能力；产业水平指标体系通过制造业产业结构高度和清洁化高度指标反映城市制造业的产业结构优化升级能力。

第一，制造业产值规模。制造业总产值反映了一定时期内区域制造业生产的总规模和总水平。2016 年 17 个样本城市中，制造业产值超过平均水平（11872 亿元）的城市共有 7 个，依次为苏州、深圳、广州、青岛、

无锡、宁波和南京。其中，苏州和深圳的制造业的产值规模均超过 2 万亿元；尤其是苏州的制造业产值近 3 万亿元，其制造业规模远超过其他样本城市，是名副其实的制造业大市（见表 4-2）。

表 4-2　2016 年 17 个城市制造业产值排名

名次	城市	制造业工业总产值/亿元	制造业总产值占工业总产值比重/%
1	苏州	29696.24	98.17
2	深圳	24307.67	95.17
3	广州	16881.41	90.35
4	青岛	16489.79	98.08
5	无锡	14298.40	98.27
6	宁波	12916.12	93.13
7	南京	12604.63	97.67
8	杭州	11471.71	92.40
9	武汉	11175.81	90.31
10	成都	10573.13	94.10
11	沈阳	8930.74	96.66
12	长春	8076.96	93.96
13	大连	6781.04	96.89
14	济南	5004.11	93.71
15	厦门	4769.68	94.85
16	西安	4572.61	92.85
17	哈尔滨	3283.08	85.81

资料来源：各城市 2017 年统计年鉴。

制造业总产值占工业总产值的比重则反映了城市制造业在其工业中的地位，从中可以看出制造业发展对城市工业发展的贡献大小。值得注意的是在所有样本城市中，除哈尔滨外，其余 16 个城市制造业总产值占工业总产值的比重均超过 90%；尤其是无锡、苏州和青岛 3 个城市的这一比重均超过 98%，充分显示了这些城市中制造业在工业中的绝对主体地位。

第二，能源消耗量分析。我国是一个能源消耗大国，由于能源种类较多，且各类能源的转化效率存在差异，因此将各城市的制造业能源消耗量统一折算为标准煤后进行衡量。由表 4-3 可知，2016 年制造业综合能源消耗最高的城市依次是苏州、南京、青岛，而制造业综合能源消耗最低的城市则分别是西安和厦门。其中，苏州的制造业综合能源消耗超过3000万吨标准煤；而西安的制造业综合能源消耗不到200万吨标准煤，厦门的制造业综合能源消耗也仅约200万吨标准煤，分别仅为苏州的5.4%和5.9%。

表4－3　2016年17个城市制造业综合能源消耗总量

排名	城市	制造业综合能源消耗/万吨标准煤	排名	城市	制造业综合能源消耗/万吨标准煤
1	苏州	3703.02	10	大连	1158.78
2	南京	2923.28	11	长春	923.79
3	青岛	2584.18	12	广州	917.73
4	武汉	2351.23	13	沈阳	565.29
5	杭州	2291.13	14	济南	450.98
6	无锡	2285.35	15	哈尔滨	326.26
7	宁波	1738.25	16	厦门	201.52
8	深圳	1651.18	17	西安	171.57
9	成都	1265.53			

资料来源：各城市2017年统计年鉴。

综上所述，以南京、武汉等城市为代表，其制造业的特点是能耗总量大、强度高，显示出这些城市制造业产业结构的高能源依赖以及粗放式的发展方式；而以西安、厦门等城市为代表，其制造业的特点是能耗总量小、强度低。值得注意的是苏州和深圳，作为制造业发展的两大强市，制造业的能源集约却呈现显著的不同。其中，深圳在制造业规模发展的同时，实现了低能源消耗总量、高能源使用效率，为其他城市制造业发展提供了表率作用；而苏州，其制造业的能源消耗总量以及能源使用效率状况均不理想。

第三，制造业工业废水排放量反映了城市制造业对水环境的污染程度，而废气排放中的二氧化硫排放到大气中会最终氧化形成酸雨，对生态环境和人类健康形成巨大危害。2016年各城市的工业废水、工业二氧化硫排放量如表4－4所示。其中，苏州是17个城市中工业废水排放量最大的城市，同时也是工业二氧化硫排放量最大的城市，其制造业发展的环境污染问题不容忽视；与其制造业规模相当的深圳，虽然工业废水排放量较大

（第七位），但工业二氧化硫排放量却最小，显示出较高的环境友好能力。

表4－4 2016年各城市工业废水、二氧化硫排放量

城市	废水排放量/万吨	排名	二氧化硫排放量/吨	排名
苏州	60506	1	150010	1
大连	34565	2	95796	5
杭州	33807	3	63814	10
南京	23206	4	101021	3
无锡	21993	5	76092	6
厦门	21398	6	17028	16
深圳	19077	7	4132	17
广州	18608	8	47846	13
宁波	16098	9	101980	2
武汉	15453	10	75035	7
成都	11454	11	37224	15
青岛	10565	12	64029	9
沈阳	7990	13	97839	4
济南	7415	14	70327	8
西安	5204	15	38691	14
哈尔滨	4809	16	49346	12
长春	3769	17	52369	11

资料来源：《中国环境统计年鉴2017》，统计口径为规模以上企业。

第四，制造业R&D经费内部支出指标直接反映了制造业技术创新经费投入状况，也间接反映了一个城市制造业的增长潜力和科研实力。由于缺乏各城市制造业口径的R&D经费内部支出统计，这里以规模以上工业的统计数据替代，鉴于大部分城市的制造业占工业的比重超过90%，这样的处理是合理的。由表4－5可知，2016年制造业R&D经费内部支出最高的城市依次是深圳、苏州、成都；其中，深圳的制造业R&D经费内部支出超过600亿元，远超过其他城市，甚至是排名第二的苏州的近2倍。而哈尔滨、沈阳、长春依次是2016年制造业R&D经费内部支出最低的城市，其中，哈尔滨和沈阳的制造业R&D经费内部支出低于60亿元，不到深圳的1/10。

表 4-5　2016 年各城市制造业 R&D 经费内部支出　　单位：亿元

排名	城市	制造业 R&D 经费内部支出	排名	城市	制造业 R&D 经费内部支出
1	深圳	632.89	10	南京	134.71
2	苏州	336.83	11	济南	95.13
3	成都	257.57	12	西安	92.48
4	无锡	227.95	13	厦门	88.00
5	青岛	217.24	14	长春	63.76
6	广州	209.80	15	沈阳	59.19
7	杭州	188.06	16	哈尔滨	54.60
8	宁波	177.74	17	大连	—
9	武汉	138.62			

资料来源：各城市 2017 年统计年鉴，统计口径为规模以上工业企业。其中，大连缺乏数据；成都数据来自《四川省统计年鉴 2017》，统计口径为全市口径。

另外，制造业 R&D 人员数反映了制造业技术创新的人员投入状况。由表 4-6 可知，2016 年制造业 R&D 人员数最多的城市依次为深圳、苏州和宁波；其中，深圳的制造业 R&D 人员数近 30 万人，是排名第二的苏州制造业 R&D 人员数的 2.1 倍。而制造业 R&D 人员数最少的城市依次是哈尔滨、沈阳和长春，均为东北地区城市，且制造业 R&D 人员数均不足深圳的 10%，东北地区城市制造业的发展潜力堪忧。

表 4-6　2016 年各城市制造业 R&D 人员数　　单位：人

排名	城市	制造业 R&D 人员数	排名	城市	制造业 R&D 人员数
1	深圳	293416	10	武汉	38040
2	苏州	138976	11	成都	36969
3	宁波	91287	12	厦门	36336
4	杭州	80100	13	西安	35609
5	广州	79930	14	长春	23711
6	无锡	74112	15	沈阳	22652
7	南京	58591	16	哈尔滨	20752
8	青岛	52025	17	大连	—
9	济南	43785			

资料来源：2017 年各城市统计年鉴，统计口径为规模以上工业企业。其中，大连缺乏数据，成都数据来自《四川省统计年鉴 2017》，统计口径为全市口径。

整体上，16 个样本城市中（大连无数据），制造业发展潜力最强的城市是深圳，其制造业 R&D 经费内部支出和 R&D 人员数均排名首位，且优势非常显著；相比之下，苏州的 R&D 经费内部支出和 R&D 人员数虽然均排在前列，但其制造业 R&D 投入强度不足。而东北地区城市沈阳、哈尔滨、长春，其制造业 R&D 经费内部支出和 R&D 人员数均排名末位，制造业发展潜力不足。

经过 30 多年的高速增长，我国的制造业取得了巨大的成绩，从总量上看，制造业总量跃居世界第一位。但是，随着中国经济由长期两位数增长进入个位数增长的“新常态”，制造业产业结构的优化升级成为适应经济新常态化发展的一个重要特点。其中，制造业产业结构的优化升级体现在两个重要的方面，即制造业产业结构的高度化和清洁化。

关于制造业产业结构高度，本部分在 OECD 关于制造业分类的基础上，合并高端制造业和中高端制造业，将制造业分为高端技术产业、中端技术产业和低端技术产业三类。以高端技术产业产值占制造业总产值的比重来衡量区域制造业的产业结构高度，结果如表 4－7 所示。

表 4－7　2016 年各城市制造业产业结构高度

排名	城市	制造业产业结构高度	排名	城市	制造业产业结构高度
1	深圳	0.8158	10	无锡	0.5946
2	西安	0.7219	11	沈阳	0.5854
3	长春	0.7162	12	大连	0.5775
4	苏州	0.6904	13	济南	0.5587
5	南京	0.6778	14	宁波	0.5533
6	广州	0.6726	15	杭州	0.5403
7	厦门	0.6556	16	青岛	0.4874
8	成都	0.6287	17	哈尔滨	0.3310
9	武汉	0.5992			

由表 4－7 可知，2016 年共有 8 个城市制造业的产业结构高度超过平均水平 0.6121，包括深圳、西安、长春、苏州、南京、广州、厦门和成都，其中深圳制造业的产业结构高度优势明显。而制造业产业结构高度低

于平均水平的城市包括武汉、无锡、沈阳、大连、济南、宁波、杭州、青岛和哈尔滨，这些城市的制造业产业结构有待进一步优化升级；尤其是排名末位的哈尔滨，其制造业产业结构高度只有平均高度的1/2。

制造业包括31个行业，门类众多，其中的高污染、高排放的产业，即污染密集型产业会对生态环境以及人类生活造成较大危害。因此，制造业产业结构的清洁度也是制造业可持续发展、环境友好和生态文明的重要内容。关于污染密集型产业的界定，本部分采纳国务院颁布的《第一次全国污染源普查方案》中对污染密集型产业的划分，包括造纸及纸制品业，农副食品加工业，化学原料及化学制品制造业，纺织业，黑色金属冶炼和压延加工业，食品制造业，皮革、毛皮、羽毛及其制品和制鞋业，石油加工、炼焦和核燃料制造业，非金属矿物制品业，有色金属冶炼和压延加工业共10个行业。以除污染密集型产业外的剩余21个行业的产值比重来衡量区域制造业的产业结构的清洁化高度，结果如表4－8所示。

由表4－8可见，2016年制造业清洁化高度较高的城市是深圳、厦门、西安、成都、武汉、长春、苏州、沈阳和青岛，其制造业的清洁化高度均高于平均水平。其中，深圳和厦门制造业的清洁化高度优势明显；尤其是深圳，其制造业产业结构清洁化高度超过0.9。相较之下，广州、杭州、南京、济南、无锡、宁波、大连和哈尔滨较低，尤其是哈尔滨和大连劣势明显。

表4－8　2016年各城市制造业清洁化高度

排名	城市	制造业清洁化高度	排名	城市	制造业清洁化高度
1	深圳	0.9343	10	广州	0.6945
2	厦门	0.8393	11	杭州	0.6651
3	西安	0.7783	12	南京	0.6645
4	成都	0.7620	13	济南	0.6449
5	武汉	0.7586	14	无锡	0.6437
6	长春	0.7577	15	宁波	0.6214
7	苏州	0.7347	16	大连	0.5437
8	沈阳	0.7247	17	哈尔滨	0.4596
9	青岛	0.7050			

综合考虑各城市制造业产业结构高度和清洁化高度，各城市中制造业产业结构整体较优的城市包括深圳、苏州、厦门、广州、西安和长春，而哈尔滨、大连、宁波、济南、无锡和杭州的制造业产业结构则亟待优化。南京的制造业产业结构高度虽然较优，但制造业的污染密集度却过大；而武汉、沈阳和青岛的制造业清洁化高度虽然较优，但制造业的产业结构高度却有待提高。

（二）中国制造业发展：产业研究

本部分根据新型制造业的发展要求，基于中国制造业行业分类，分别从制造业的经济创造、科技创新、环境保护和能源节约等四个方面分析中国制造业产业发展的状况。

经济创造能力是行业健康发展的基础保障，只有提升制造业的经济创造能力，才能增强企业的市场竞争力，才能充分利用有限的资源创造更多的社会财富、满足人民日益增长的物质文化需要，所以衡量制造业的最重要指标就是经济创造能力。为了确定制造业产业在经济创造力方面的发展程度，本部分将从经济发展方面的产业规模、利润总额、产值增幅等方面对制造业经济创造能力进行分析研究，相关数据来自各年各类统计年鉴。

第一，总体规模分析。制造业增加值反映了制造业的总体规模，近年来制造业增加值持续增加，从 2004 年的 51748.5 亿元增加到 2015 年的 209313.72 亿元，年均增加 13.54%，远高于历年 GDP 的增长速度。从每年的增速来看，2007 年制造业增加值增长最快，达到 22.82%；2011 年以后增长率有所下降，2012 年开始降至 10% 以下，2016 年仅为 7%，为近年来的最低值。从制造业增加值占 GDP 的比重来看，常年维持在 30% 以上，最高是 2006 年的 33.6%，近年来也是逐渐下滑，2016 年占比为 30.53%。

首先对制造业行业分类进行说明。根据《国家统计局关于执行新国民经济行业分类国家标准的通知》，将中国制造业分为表 4－9 所示的 31 个大类。

表 4－9　中国制造业行业分类

行业代码	行业名称	行业代码	行业名称
C	制造业	C28	化学纤维制造业
C13	农副食品加工业	C29	橡胶和塑料制品业
C14	食品制造业	C30	非金属矿物制品业
C15	酒、饮料和精制茶制造业	C31	黑色金属冶炼和压延加工业
C16	烟草制品业	C32	有色金属冶炼和压延加工业
C17	纺织业	C33	金属制品业
C18	纺织服装、服饰业	C34	通用设备制造业
C19	皮革、毛皮、羽毛及其制品和制鞋业	C35	专用设备制造业
C20	木材加工和木、竹、棕、草制品业	C36	汽车制造业
C21	家具制造业	C37	铁路、船舶、航空航天和其他运输设备制造业
C22	造纸及纸制品业	C38	电气机械和器材制造业
C23	印刷和记录媒介复制业	C39	计算机、通信和其他电子设备制造业
C24	文教、工美、体育和娱乐用品制造业	C40	仪器仪表制造业
C25	石油加工、炼焦和核燃料加工业	C41	其他制造业
C26	化学原料和化学制品制造业	C42	废弃资源综合利用业
C27	医药制造业	C43	金属制品、机械和设备修理业

资料来源：《国民经济行业分类》。

制造业主营业务收入如表 4－10 所示，从表 4－10 中可以看出，规模以上制造业主营业务收入排名前 10 的行业分别是计算机、通信和其他电子设备制造业，化学原料和化学制品制造业，汽车制造业，电气机械和器材制造业，农副食品加工业，通用设备制造业和纺织业等。这 10 个行业的主营业务收入占整个制造业主营业务收入的 64.59%。占比不到 1% 的有 8 个行业，分别为烟草制品业，仪器仪表制造业，家具制造业，印刷和记录媒介复制业，化学纤维制造业，废弃资源综合利用业，其他制造业，金属制品、机械和设备修理业等，合计占比仅4.85%，由此可见，制造业各行业间主营业务收入差距较大。

在工业化过程中，制造业增长通常要依次经历以非耐用消费品工业、中间投入品工业和资本品及耐用品工业的增长为主导的时期。为此，我们需要了解产值增幅最快的行业有哪些，具备什么样的特征。表4－10给出了分行业规模以上制造业主营业务收入增幅排名情况。

表4－10　2015—2016年中国分行业制造业主营业务收入

行　业	2015年收入/亿元	2016年收入/亿元	占比/%	增长率/%
农副食品加工业	63665.12	65378.24	6.59	2.69
食品制造业	20399.89	21957.58	2.21	7.64
酒、饮料和精制茶制造业	16369.97	17373.35	1.75	6.13
烟草制品业	8962.65	9640.79	0.94	4.22
纺织业	38294.75	39986.96	4.03	4.42
纺织服装、服饰业	21054.40	22232.83	2.24	5.60
皮革、毛皮、羽毛及其制品和制鞋业	13896.08	14659.82	1.48	5.50
木材加工和木、竹、棕、草制品业	13246.85	13907.42	1.40	4.99
家具制造业	7273.41	7880.67	0.79	8.35
造纸及纸制品业	13535.18	13942.34	1.40	3.01
印刷和记录媒介复制业	6765.30	7401.81	0.75	9.41
文教、工美、体育和娱乐用品制造业	14939.35	15879.78	1.60	6.29
石油加工、炼焦和核燃料加工业	41094.41	34604.49	3.49	－15.79
化学原料和化学制品制造业	83104.14	83564.54	8.42	0.55
医药制造业	23350.33	25729.53	2.59	10.19
化学纤维制造业	7158.81	7206.21	0.73	0.66
橡胶和塑料制品业	29919.12	31015.89	3.12	3.67
非金属矿物制品业	57436.7	58877.11	5.93	2.51
黑色金属冶炼和压延加工业	74332.77	63001.33	6.35	－15.24
有色金属冶炼和压延加工业	51312.09	51367.23	5.17	0.11
金属制品业	36396.44	37257.26	3.75	2.37
通用设备制造业	47016.78	47039.64	4.74	0.05

续表

行　业	2015年收入/亿元	2016年收入/亿元	占比/%	增长率/%
专用设备制造业	34826.39	35873.75	3.61	3.01
汽车制造业	67818.48	71069.40	7.16	4.79
铁路、船舶、航空航天和其他运输设备制造业	18158.64	19087.69	1.92	5.12
电气机械和器材制造业	66977.77	69183.18	6.97	3.29
计算机、通信和其他电子设备制造业	85486.3	91606.58	9.23	7.16
仪器仪表制造业	8347.58	8741.75	0.88	4.72

从排名来看，增幅最快的前10个行业分别是医药制造业，印刷和记录媒介复制业，家具制造业，食品制造业，计算机、通信和其他电子设备制造业，文教、工美、体育和娱乐用品制造业，酒、饮料和精制茶制造业，纺织服装、服饰业，皮革、毛皮、羽毛及其制品和制鞋业，铁路、船舶、航空航天和其他运输设备制造业，这10个行业的平均增幅为7.14%。

增幅最慢的行业分别是化学纤维制造业、化学原料和化学制品制造业、有色金属冶炼和压延加工业、通用设备制造业等4个行业，增幅均小于1%；而黑色金属冶炼和压延加工业及石油加工、炼焦和核燃料加工业两个行业主营业务收入与上年相比出现了下降，下降幅度均高于15%。由此可见，高科技产业和部分轻工业增加较快，而传统的高污染产业增幅较小，甚至出现下降。这些变化都与中国制造业的转型升级有关。

第二，创新能力分析。创新能力是“新型制造业”中一个非常重要的维度，创新能提升制造业的质量和效率，推动制造业的转型升级，从而能够获得更强的竞争力。本节主要从投入和产出角度分析制造业科技创新的状况。制造业各个行业的R&D活动情况，间接地反映一个行业的增长潜力和竞争能力。2016年制造业各行业R&D经费内部支出，直接反映了制造业行业科技经费投入现状。各行业R&D经费内部支出如表4-11所示。

表 4 - 11　2015—2016 年制造业分行 R&D 经费内部支出

行　业	2015 年支出/亿元	2016 年支出/亿元	占比/%	增长率/%
农副食品加工业	1959217	2160047	20. 25	10. 25
食品制造业	1126691	1354294	10. 41	20. 20
酒、饮料和精制茶制造业	988016	899970	0. 94	-8. 91
烟草制品业	209204	207901	0. 22	-0. 62
纺织业	1776979	2076652	2. 16	16. 86
纺织服装、服饰业	741592	900821	0. 94	21. 47
皮革、毛皮、羽毛及其制品和制鞋业	400944	510505	0. 53	27. 33
木材加工和木、竹、棕、草制品业	327157	428165	0. 45	30. 87
家具制造业	270705	330128	0. 34	21. 95
造纸及纸制品业	964247	1076050	1. 12	11. 59
印刷和记录媒介复制业	342369	368982	0. 38	7. 77
文教、工美、体育和娱乐用品制造业	655441	737070	0. 77	12. 45
石油加工、炼焦和核燃料加工业	1065743	1008432	1. 05	-5. 38
化学原料和化学制品制造业	7465350	7944564	8. 27	6. 42
医药制造业	3903161	4414576	4. 60	13. 10
化学纤维制造业	750081	784951	0. 82	4. 65
橡胶和塑料制品业	2279020	2426011	2. 53	6. 45
非金属矿物制品业	2464630	2776206	2. 89	12. 64
黑色金属冶炼和压延加工业	6420463	5612273	5. 85	-12. 59
有色金属冶炼和压延加工业	3305506	3715484	3. 87	12. 40
金属制品业	2512352	2826593	2. 94	12. 51
通用设备制造业	6206000	6326467	6. 59	1. 96
专用设备制造业	5408743	5671357	5. 91	4. 86
汽车制造业	7871709	9041561	9. 42	14. 86
铁路、船舶、航空航天和其他运输设备制造业	4261468	4358980	4. 54	2. 29
电气机械和器材制造业	9228515	10127297	10. 55	9. 74
计算机、通信和其他电子设备制造业	13925133	16116757	16. 79	15. 74
仪器仪表制造业	1690342	1809272	1. 88	7. 04

资料来源：《中国科技统计年鉴》。

从 R&D 经费的投入结构来看，中国制造业科技创新产业的投入在行业间呈现出不平衡的局面。2016 年制造业的科技创新产业投入分布主要集中在计算机、通信和其他电子设备制造业（16.79%），电气机械和器材制造业（10.55%），汽车制造业（9.42%），化学原料和化学制品制造业（8.27%），通用设备制造业（6.59%），专用设备制造业（5.91%），黑色金属冶炼及压延加工业（5.85%）等几个主要行业，占比均超过了 5%，这 7 个行业的研发经费内部支出额占了制造业总额的 63.38%。

同时也有很多行业的研发经费投入相对不足，部分轻工业如酒、饮料和精制茶制造业，纺织服装、服饰业，化学纤维制造业，文教、工美、体育和娱乐用品制造业，皮革、毛皮、羽毛及其制品和制鞋业，烟草制品业等 11 个行业占比均在 1% 以下。

从变化来看，与 2015 年相比，部分行业投入出现了下滑，黑色金属冶炼和压延加工业下降了 12.59%，石油加工、炼焦和核燃料加工业下降了 5.38%，这两个行业是重化工产业，是高污染高耗能产业，因此更应该加大研发投入，推广使用节能减排技术，为保护环境做出贡献（这也可能与其主营业务收入下降有关）。酒、饮料和精制茶制造业，烟草制品业等两个行业也出现了下降。

从产业的角度来看，近年来制造业增加值增速变缓，表明制造业同样进入新常态，正处于一个相对缓慢但稳步增长的阶段。分行业看，大部分行业主营业务收入和利润持续增长，在重化工业构成中仍然占有较大比重；在科技创新方面，投入和产出都在增加，表明创新能力在进一步增强；在环境污染和能源消耗方面，重化工业在消耗和排放方面占有较大比重，但得益于重视环保、技术进步等因素的影响，能源效率提升，单位产值的投入和排放正在降低，表明制造业正走向可持续发展的道路。

行业新型化各维度也存在不均衡的现象，如计算机、通信和其他电子设备制造业等行业虽然新型化水平较高，但经济创造能力稍差；有的行业经济创造能力较强，但能源节约能力和环境保护能力相对较弱；部分重化工业能源节约能力和环境保护能力发展严重滞后，拖累行业新型化水平的发展，同时对制造业整体的发展也产生不良影响；而轻工业等行业一般规模较小，经济创造能力和科技创新能力较弱。要推动行业新型化发展，就要采取措施提升各行业的创新发展能力，从而使得制造业能够实现绿色发展、可持续发展。

三、中国制造业发展所面临的供给侧问题

第一，传统规模扩张型增长模式难以为继。2012 年以来，中国制造业出现了大范围的产能过剩现象，不仅传统行业产能过剩，一些战略性新兴行业也出现产能过剩。传统产业中钢铁、水泥、有色金属、平板玻璃、石化、家电等都存在产能过剩，部分行业甚至出现了长期性和绝对的产能过剩。例如，2012 年，我国钢铁产能已达到 10 亿吨左右，产量 7.2 亿吨，约占全球产量的 46%，产能利用率为 72%。2013 年，粗钢产量 7.8 亿吨，产能约 10.8 亿吨，产能利用率为 72% 左右。2014 年，我国粗钢产能约为 11.6 亿吨，产量为 8.2 亿吨，粗钢产能利用率为 70.7%。2015 年，我国粗钢产量 8.04 亿吨，产能约为 12 亿吨，产能利用率为 67%。大范围产能过剩的背后是不少耐用品达到了增长的极限，导致这些行业的需求很快出现了峰值或者平台期。大范围的产能过剩现象，也意味着传统规模扩张型增长模式难以持续，必须转向以创新驱动为主要特征的新型增长路径上。但任何一种制度都有巨大的惯性，特别是这种规模扩张型的道路在过去 40 年的时间里取得了巨大的成功，不仅政府官员熟悉了这样的经济管理模式，企业也熟悉了这样的增长方式。因此，如何转变这种增长模式，成为现阶段中国制造业进一步发展面临的第一个挑战。

第二，我国制造业企业自主创新能力不足，仍处于产业链底端环节，且面临后发国家的低成本竞争和发达国家“再制造业化”的双重挑战。随着全球经济结构深度调整，我国制造业面临“前后夹击”的双重挑战，即在低端产品方面，面临来自东南亚等低成本国家的竞争，而在高端制造业方面，面临来自发达国家“再制造业化”的挑战。自主创新能力弱多年来一直是中国制造业行业的软肋，充裕的劳动力和较低的工资水平是中国制

造业低成本的重要源泉。但中国劳动人口已经开始并持续下降，按照人口模型估计，“十三五”期间我国15～59岁的劳动年龄人口将从2015年的9.33亿人下降到2020年的9.23亿人。平均每年减少约200万人，占劳动年龄人口的0.2%。而按照联合国经济与社会部人口司2013年的预测，“十三五”期间中国15～59岁劳动年龄人口将由2015年的9.38亿人下降到2020年的9.29亿人，平均每年减少175万人，占劳动年龄人口的0.18%。劳动年龄人口的减少加上经济发展水平的提高，带来劳动力工资水平的显著上升，再加上环保等各种成本的上涨，中国在传统劳动密集型产品上正面临越来越大的来自东南亚国家的竞争压力，已经有不少企业开始向东南亚等成本更低的国家转移。而在高端产业方面，中国正面临来自发达国家的竞争。发达国家纷纷提出的“再工业化”发展战略，在更高技术水平和产业层次上进行工业化。一方面加大对传统制造业中高附加值生产环节的支持力度，重新吸引以高端技术制造和高知识含量生产服务为主要特征的产业回归和重新集聚；另一方面加大对节能环保、新能源、信息、生物技术、新能源汽车、新材料、航空航天、海洋等新兴产业的研发和产业化支持力度，占领未来产业全球竞争战略的制高点。

第三，中国制造业已经成长了一批龙头企业，但仍缺乏具有较强综合能力的产业综合体。近年来，中国一大批制造业企业迅速崛起，已经拥有众多单项能力很强的龙头企业，例如，华为已经超越爱立信、新诺基亚等成为全球电信设备的最大供应商；沈阳机床实现了2000多台i5智能装备的联网，且每年实现1倍以上的增长，成为全球智能机床领域的重要企业；海尔大型家用电器2016年品牌零售量占全球市场的10.3%，稳居全球第一；在互联网应用领域，阿里巴巴2016年电商交易额超过3万亿元，超过沃尔玛成为全球最大的零售巨头。然而，与德国、美国等发达国家相比，中国部分龙头企业尽管在某方面的能力较为突出，但缺乏同时兼具各种能力的顶尖企业或者商业综合体，导致在全产业链、全环节上推进工业4.0的能力仍然欠缺。近年来，发达国家特别强调将关联性创业主体（高校、研究所，包括中小企业在内的创始企业、大企业和孵化器等）集聚起来，培育有竞争力的行业上下游链条以及建立可持续的生态体系。例如，硅谷已经成为美国最大的微电子和信息通信产业集群；千余家初创型企业、德累斯顿工业大学和弗劳恩霍夫协会等在创新链条上关联，成为欧洲具有创新竞争力的园区。

第四，推进中国制造业绿色转型的整体能力仍然有限，但需求空间已经出现。在越来越激烈的竞争形势下，加上国内产业转型面临的诸多挑战，中国制造业近年来的平均盈利能力显著下滑，在一定程度上制约了企业推进制造业绿色转型的能力。2012 年以来，中国规模以上工业增长速度大幅下降。2015 年工业增加值全年增长 6.1%，2016 年为 6.0%，比 2000—2012 年 14.1% 的平均增长速度下降了一半以上。从企业效益来看，2012 年以后有大幅下滑，2001—2012 年的高速增长期间，工业企业的销售成本利润平均在 9% 左右，有时超过 10%，但 2012 年以后快速下降到 6% 以下的水平。分行业看，部分产能严重过剩行业的总效益下降情况更加明显。钢铁等重化工行业，由于产能过剩程度高等原因，已经较长时间处于增长低迷和效益低下的局面。效益水平过低制约了这些企业通过推进制造业绿色转型和智能制造进行升级的能力。在推进智能制造初期，企业需要大量投入，但很多效益只有达到一定的发展规模和综合配套以后才能体现出来，短期内不一定能很快见到经济回报，需要企业具有很强的资金实力和抗风险能力，这对处于经济转型期的中国制造业提出了严峻的挑战。但是，中国既是一个生产大国，又是一个消费大国，特别是近年来居民消费呈现快速升级的态势，消费者对高品质产品，对个性化、定制化产品的需求快速涌现。与其他国家相比，中国巨大的人口规模存在显著的聚合效应，也就是说，即使人群中对某种产品的需求比例很小，但巨大的人口基数，特别是互联网的发展可以使这种分散的需求得以集聚，形成对少数创新企业的现实需求。而这种个性化、定制化产品的需求，在传统大规模生产模式下很难被满足，而制造业的绿色转型升级的一个重要推动因素就是用智能生产方式满足个性化需求，因此，中国独特的规模优势和消费升级阶段从客观上提供了制造业绿色转型升级的需求支撑。

第五，中国制造业分工细、协作强，但广大中小企业的信息化能力普遍不足。发展绿色化的制造业、推进智能制造并不仅仅是少数龙头企业的任务，往往还需要全产业链企业的共同升级和协作，才能发挥协同效应。在发达国家，企业之间尽管也有大小差别，但整体水平都较高，很多小企业虽然规模小，信息化、智能化水平却不低，向绿色化的制造业转型升级能力很强，很容易接入大企业创立的工业互联网或智能制造的平台中。中国制造业企业之间发展水平参差不齐，尤其是多数小企业发展水平低，缺乏推进制造业绿色转型的愿望和能力。根据《世界经理人》的“2015 中国制造业信息化管理现状调研”，中国制造业近九成的企业信息化水平还处于初级、中级水平，43% 的企业信息化覆盖的业务部门比较窄，各 IT 系统或处于割裂状态，或集成程度不高。而中国机械工业联合会的调查则说明中国智能制造尚处于引进智能设备阶段。2015 年，有 23% 的企业表示其智能设备生产已经进入广泛应用阶段，已经使用智能设备的企业占比由 2013 年的 51% 上升到 2015 年的 59% 。受访企业对智能制造的布局以引进开发智能化加工设备（47% ）为主，建立智慧生产系统的企业仅占 20% ，进一步延伸至价值链整合及商业模式优化的企业则更少。

第六，中国对实现制造业绿色转型高度重视，但仍缺乏整体性的体系支撑。近年来，中国对促进创新驱动、制造业转型升级高度重视，提出了《中国制造 2025》以及“1 + X”的规划体系，出台了一系列促进企业技术创新和转型升级的政策体系，并从资金支持、人才培养、环境优化等多个方面提出了支持措施。但无论是《中国制造 2025》还是制造业绿色转型升级，都是一个庞大而复杂、需要开放合作的生态系统，它依赖于实时的信息和网络，需要生产设备制造商、制造类企业、研究机构、政府等各方面的共同投入和紧密合作。在这些方面，中国仍有许多需要完善的地方。发达国家普遍形成了有利于制造业升级的系统性支撑环境，无论是大企业还是中小企业，都可以方便地从社会获得各方面的支持。而与发达国家相比，中国制造业企业长期重生产、轻设计，致使产品设计环节严重落后，缺乏系统性的体系支撑，对整个制造过程形成了明显的制约。其具体表现为：在需求管理上，“挣快钱”思想盛行，普遍通过逆向工程完成产品设计，缺乏“正向设计”思维和“设计品牌”意识，没有从系统的需求分析出发，因而也很少形成包括概念设计、方案设计、方案选择、工艺设计等在内的整体设计方案。在设计方法上，除航空航天等少数尖端领域，中国制造业企业在以数字建模和模拟仿真为核心的数字化设计能力上，与国外同类企业相比有较大差距。在试制周期上，中国制造企业通常是通过试生产的方式来验证生产工艺，部分复杂零件工艺稳定周期很长，上市周期较长。在产品的可制造性上，中国大部分制造企业依然采用以文字描述为主的二维工艺卡片进行工艺设计，在进行工艺设计时难以直观了解现有机器设备的情况，工艺设计结果难以进行仿真分析，只有在实际加工时才能进行工艺合理性验证。在制度保障上，知识产权保护制度缺失，设计方案易被抄袭、模仿，进行创新设计的企业无法获得相应回报，导致设计创新动力不足。

从工业运行角度来看，面对当前速度下行的压力，要实现工业经济增长的筑底成功，实现健康、可持续的增长，关键是实现增长动能的转换。随着人口红利快速消失、企业制造成本不断上升、资本边际回报逐步下降，中国经济增长的主要源泉必然是提高生产要素质量和创新生产要素资源配置机制，这才是在供给侧结构性改革基础上研究制造业绿色转型路径的应有之义。制造业发展模式正在从要素驱动型到投资驱动型、消费驱动型，进而向创新驱动型与数据驱动型增长模式转变。在这个过程中，数字化、智能化和互联化正在由传统的增长外生变量和技术手段，演变为内生的经济增长变量和生产要素。如何让数据产生价值，已成为中国制造业迈上绿色化水平的关键所在。

四、中国制造业发展所面临的需求侧问题

中国经济进入新常态后，尽管存在区域之间发展水平的较大差异，但整体的工业化水平已经步入了中后期阶段，绝大多数发达地区已进入工业化后期，甚至北京、上海等极少数地区已经开始了向后工业化社会的过

渡。我国低成本的劳动力，在过去的工业化进程中发挥了重要作用。与此同时，支撑我国工业化的生产要素条件也正发生着显著的变化。因此，我国制造业发展从需求侧方面来看也面临着相应的问题。

第一，由劳动力充分供给而导致的低成本劳动力竞争优势已被逐步削减，在技术上，我国过去与国际技术前沿的差距很大，可以相对容易地通过技术引进或者创新解决产业发展中的技术问题，而随着我国制造业的不断发展，工业化进入更高水平，整体技术水平与国际技术前沿的差距越来越小，我们就不得不更多地通过自己的创新解决产业发展中的技术问题，特别是关键技术。所以，生产要素条件的变化使得我们长期以来通过相对简单的资源整合、要素配置、规模扩张以实现发展的产业供给模式变得越来越不容易。

第二，产能过剩导致经济产出下降。回顾新中国成立以来我国工业化的发展进程，从短缺经济到消费品行业的大规模发展，再到 2000 年以后重工业的加速发展，以至于钢铁、水泥等重化工和原材料工业部门的产能过剩问题变成当前经济发展中一个难解的问题，背后的基本逻辑就是供给结构的调整严重滞后于需求的变化。很多行业的需求峰值已经或即将到来，而由于多方面原因供给的调整并不反映市场规律。从现实影响来看，因为产能过剩，这些行业的固定资产投资也会越来越少，势必会导致投资下降或者仅保持低速度的增长从而影响经济产出的增长。消费和出口也有一些相似或不同的原因。所以，产业结构的深度变革和调整，既是中国经济进入新常态的重要原因，又是经济进入新常态的主要表现。

第三，中国制造业行业平均利润的下降也导致发展更加艰难，企业负债率上升，要解决这一问题就必须处理好政府部门与实体经济以及金融发展之间的关系。过去几年，我国金融行业净资产收益率在 20% 以上，制造业部门收益率在 10% 以下，甚至不少行业全行业微利或亏损。深圳、上海 16 家上市银行的利润高于 2000 多家非金融上市公司的利润总额，这是完全不合理的。作为宏观政策的制定者，政府一定要考虑到让实体经济、实体经济部门有更好的发展环境。这就需要进一步推动金融领域的改革，切实改善实体经济的融资环境，降低实体经济的融资成本；要营造一个公平的竞争环境和创新环境，包括进一步放宽市场准入，强化市场监管，保护知识产权、让企业有动力去创新，创造正向激励的机制、让企业有愿望去创新，通过适当的财税金融政策激励，让企业有能力去创新。

第四节　促进我国制造业绿色转型的可行路径

当前，我国制造业绿色转型必须遵循工业化发展客观规律，紧抓新一轮科技革命和产业变革与我国加快转变经济发展方式形成的历史性交汇机遇，坚持“在发展中谋转型、在转型中求升级”的思路，强化顶层设计，确立中国特色新型工业化道路作为中国特色社会主义道路重要组成部分的基本定位，推动制造业结构的动态优化升级和发展方式的阶梯式转型。以全面深化改革和扩大开放为根本动力，以推进制造业数字化、网络化、智能化、绿色化为主攻方向，以重大装备自主可供为着力点，强化基础制造能力，全面推进制造业转型升级，加快形成以技术、标准、质量、品牌和服务为核心的竞争新优势，按期完成基本实现工业化的战略目标，为建设世界先进制造业强国打下坚实基础。在加快制造业转型升级过程中，必须坚持以下几点：一是把结构调整作为首要任务。着力调整产业结构、技术结构、企业组织结构和布局结构，推动制造业向产业链高端环节攀升，建设以高新技术产业为引领、先进制造业为主体、生产性服务业为支撑的现代产业体系。二是把技术创新作为核心动力。着力增强原始创新、集成创新和引进消化吸收再创新能力，突破战略性核心技术，提升产品质量，打造自主品牌，大规模开展企业技术改造，走自主创新内涵式发展道路。三是坚持把融合发展作为重要支撑。着力推动信息化与工业化、制造业与服务业的深度融合，深化信息技术集成应用，培育发展新业态。四是把绿色智能制造作为主攻方向。树立绿色、低碳、安全的发展理念，推动工业节能降耗，加快构建绿色低碳产业体系。紧抓“互联网＋”经济带来的机遇，大力发展“云＋网＋端”式的新业态，逐步实现制造模式的智能化转变。五是把提质增效作为根本目标。把建设制造业强国的立足点转到提高质量和效益上来，促进工业经济发展向主要依靠科技进步、劳动者素质提高、管理创新转变，实现质量效益型发展。

为了顺应全球制造业绿色化、数字化、智能化、服务化、平台化的发展趋势，借鉴发达国家推进工业 4.0 和工业互联网的成功经验，结合制造强国战略、《中国制造 2025》及规划指南、智能制造试点示范项目的有益探索，以推动制造业与数字化技术在全生命周期、全产业链上的深度融合为核心理念，以推动制造业发展动能转换、结构优化、质量效益提升和建设智能制造强国为战略目标，以市场需求为导向，以产业政策为推手，以大型工业综合体牵引，全产业链协同参与，以自上而下的整体顶层设计和规划体系为指南，以数据链挖掘、引导和整合产业链、价值链和创新链，加强信息物理系统集成、平台支撑体系、参考标准架构、大数据分析、云平台服务、人才培养和商业模式等领域的系统创新，有计划、分层次、有步骤地实施以“一大载体、双轨路径、三大支撑、四条措施”为核心内容的“1234 战略”，全面推进中国制造业的绿色化转型。

其中，“1234 战略”的含义是：一大载体就是以细分行业内工业互联网发展基础好的若干龙头企业为发起人，以资本为纽带，组建实体性质的工业互联网综合体或智能制造产业联盟，推动全行业工业互联网的升级发展。双轨路径一是以制造企业为主体推进的“制造 + 互联网”模式，与以互联网企业为主体推进的“互联网 + 制造”模式并行；二是在现有企业工业互联网体系基础上延伸打造的开放共享的行业级工业互联网平台，与跨地区、跨行业、跨学科的全国性制造业绿色转型协同推进平台并行。三大支撑就是以工业互联网与智能制造标准体系、制造业全产业链支撑体系，以及人才、教育、职业培训体系等为支撑，推进工业互联网和智能制造与服务。四条措施就是通过组织保障、产业政策、创新政策、人才政策四个方面的举措，形成推进制造业绿色转型战略实施的政策合力。

基于前文的研究结论可以得出以下政策启示：首先，要实现制造业转型升级并加快中国由制造业大国向制造业强国转变，必须通过政府层面的制度创新与企业层面的技术创新和产品创新等方式来提升国家的创新能力。中国制造业的发展受限于创新能力的不足，政企互动的创新模式是实现中国制造业转型升级的必然路径：政府作为创新支持者实现制度创新，企业作为创新主体实现技术创新和产品创新，政府应为企业技术创新提供有利的政策条件，企业应积极响应国家号召并加大研发投入以提高自主创新能力，最终政府与企业以提升资源利用效率和劳动生产率的方式推动中国制造业升级。其次，不同地区在实施"创新驱动"战略时要充分考虑本地区的实际发展状况，制定适宜本地区经济发展水平及企业特征的政策组合。改革开放以来，东部地区的经济实力在对外开放政策的支持下得到迅速提升，但随着地区创新水平的不断提高，政府干预对经济增长的作用逐渐减弱，企业层面的技术创新和产品创新成为该地区制造业转型升级的关键驱动力，所以东部地区应当着力提升企业的自主创新能力。而中西部地区经济基础相对薄弱且创新能力相对不足，该地区的制造业转型升级主要依赖于政府的政策引导和制度支持，所以政府应当以优化产业政策体系和创新激励制度体系等方式推动该地区资本及技术密集型产业的发展。而东北地区要实现制造业绿色转型升级，就要立足于现有的产业基础和产业环境，通过创新提高制造业企业的运营效率，增加产品的附加值，提高产品的竞争力，通过传统制造业的高技术化和高技术的产业化来优化制造业产业结构，将现有制造业发展成为现代制造业或先进制造业。总之，只有充分考虑地区差异性并以协调性理念推进地区创新能力建设才有利于促进区域间协调发展和制造业升级。

具体来说，基于我国东西部地区制造业发展的差距，以往东部地区制造业发展的强势劲头吸引了西部地区的各种资源要素，东部地区制造业的发展对于西部地区制造业产生了虹吸效应。为了推动东西部地区制造业协调绿色转型，建立东西部地区制造业发展的良性互动机制是十分必要的。首先，对于东部地区而言，应当鼓励其提升经济质量，重点发展创新型产业。并进一步加大对东部地区一些大型跨国公司的扶持力度，不断强化科研创新领域方面的拓展，促进东部地区制造业优化升级，东部地区制造业由在全球价值链中的“低端锁定”转变为“高端控制”，实现东部地区制造业的价值链攀升。其次，对于西部地区制造业来说，应当优先发展具有比较优势的特色制造业。对于那些具有比较优势的高科技制造业，如航天航空、国防科技以及装备制造等技术密集型制造业，应当尽量实现产业集聚的有利局面。对于西部地区要鼓励其发展自身具有比较优势的旅游产业，重点培育具有创意的现代服务业的比较优势，促进其制造业结构的优化升级。在制定东西部地区制造业发展的良性互动机制的基础上，政府有关部门应当明确东西部地区制造业的发展战略及目标，对东西部地区间的区域合作进行不断完善和强化，推动东西部地区制造业优化升级，促进东西部地区制造业的共同发展，缩减东西部的经济发展差距。

东北地区的经济社会发展正处在从传统产业向现代产业转型迈进的关键时期，同时也是制造业转型升级的“黄金期”。为此，东北地区要努力克服制造业转型升级的制约因素，以时不我待的紧迫感破解制造业转型升级困局。首先，要充分发挥优势产业协同发展的联动效应，在科技进步和市场机制作用下，区域内产业发展相互渗透、相互依赖和相互作用的趋势日益明显；其次，要大力推进制造业技术创新，技术创新是指经济实体为了适应技术进步和市场竞争的变化，借助内外力量引进某种新技术的过程，它包括产品创新、工艺创新、组织创新、市场创新和材料创新等；最后要理性承接发达地区制造业转移，突出比较优势、在承接产业转移过程中避免产业雷同和低水平重复建设、改善产业转移承接环境等。

为了进一步推动中部地区制造业绿色发展，大力发展循环经济，构建制造业生态体系，中部地区一方面要进一步严格落后产能标准，花大力气淘汰落后产能、落后生产技术和安全隐患较大的落后生产设备，实现传统制造业产业的改造升级和集约发展。另一方面，科技创新也是绿色发展的本质要求，要重点突破能源工业的技术“瓶颈”，大力发展循环经济，提升资源利用效率，加强节能环保技术革新及新式设备、工艺的运用。全力淘汰中部地区煤炭、钢铁行业过剩产能，积极推动汽车产业等先进制造业改造升级。压缩、淘汰落后产能可以为高效生产换取空间，坚持扩大内需与外销化解过剩产能，提升中高端产品份额，减少无效供给，提高有效供给，满足市场对高、精、尖产品的需求。同时，中部地区要在技术引进、技术改造、技术消化等方面下足功夫，真正实现制造业发展动能转换，改变传统依靠能源资源、廉价劳动力的路径依赖，形成依靠技术创新的制造业发展新态势，收缩中低端制造规模，适当外迁中低端过剩产能，审慎承接东部转移产业。

中国作为世界重要的制造业大国，面临以制造业智能化为核心的新一轮全球产业变革的机遇和挑战。为了完善制造业绿色转型发展，我国已经制定颁布了以智能制造为方向、以建设制造强国为战略目标的《中国制造2025》，其中就提出要从源头开始根治工业污染问题，解决好发展与资源环境的矛盾问题，实现绿色制造与绿色发展。同时，为了在新一轮的工业革命中抢占先机，尽快提升我国制造业部门的核心竞争力和国际竞争力，需要从以下几个方面推动制造业的绿色转型升级：

第一，打造智能化的生产体系并实现生产效率的提升是制造业绿色转型的发展目标。数字化、网络化以及智能化已经成为制造业转型升级的重要特征，是制造业企业未来发展的主要方向。利用信息化、智能化技术改造当前的生产制造与服务模式，提高企业的生产效率，提升产品和服务的市场竞争力。将信息互联技术与传统的工业制造相结合，打造“智能工厂”与“智能生产”，以提高资源利用率。智能化生产体系的提出，就是要将制造业与互联网在设计、研发、制造、营销、服务等各个阶段进行充分融合，以提高整个系统的运行效率。

第二，依托互联网、物联网与大数据实现互联与集成是实现制造业绿色转型的基础。互联与集成是实现智能化制造的核心，以物联网和互联网为基础，进行实时数据的收集、传输、处理和反馈。通过信息网络与工业生产系统的充分融合，打造数字工厂，实现价值链上企业间的横向集成、网络化制造系统的纵向集成来改变当前的工业生产与服务模式，实现生产要素利用效率的提升与优化。

第三，以大企业引导的产、学、研、用密切结合的方式作为制造业绿色转型的主要推动力量。由部分龙头企业牵头，将相互关联的创新性主体集聚起来，培育有竞争力的行业上下游链条以及建立可持续的生态体系。旨在建立类似于消费互联网模式的工业互联网模式，在企业形成制造资源和能力的共享和网络效应。帮助中小型制造业企业快速进入互联网时代，进一步推进制造业的绿色转型升级。

第五章　我国消费绿色转型的困境与路径选择

自新中国成立以来，我国的消费水平经历了曲折的发展过程。新中国成立之初，国内生产百废待兴，经济发展较为曲折。改革开放以来，我国的经济发展水平和国民收入逐渐提高，生活和消费方式也随之发生改变。近年来，我国居民消费水平迅速提高，高消费、超前消费、奢侈型消费等不良消费方式普遍存在，这样的消费方式势必产生大量的资源消耗，对自然资源和生态环境造成巨大压力。根据世界自然基金会发布的《地球生命力报告·中国 2015》分析，自 1961 年以来，中国的人均生态足迹①一直以稳定的速率增长；从 2010 年来看，尽管中国的人均生态足迹低于全球平均生态足迹——2.6 全球公顷，但却是当年中国可用人均生态承载力的两倍以上②，持续增长的人均消费及其不合理的消费方式是引起中国生态足迹总量增长的最主要的原因③。在这样的背景下，推进消费绿色转型、加快发展绿色消费就成为生态环境保护的必然选择。

---

① 生态足迹是人类为满足其需求而利用的所有生物生产性土地的总和，其中包括耕地、草地、建设用地、渔业用地、林木产品生产所需的林地，以及吸收海洋无法吸收的二氧化碳排放所需的林地。一个国家人均生态足迹的规模与组成，反映了该国普通人所消耗的商品与服务，以及用于供应这些商品与服务所消耗的资源。

② 资料来源：世界自然基金会《地球生命力报告·中国 2015》。

③ 吴晓青．加快推动我国消费绿色转型[J]．宏观经济管理，2014(4)：6－7.

第一节　绿色消费的内涵及特征

发达国家工业化起步较早，人们有条件享受高水平的物质生活，所以西方国家相当一部分人在工业文明的刺激下形成追求方便、崇尚奢侈的消费方式，这种不加节制的消费方式引发了自然资源消耗过度、环境污染和生态破坏的不良后果。面对该种状况，人们开始关注资源环境问题，并寻求一种新的消费方式。20 世纪 60 年代，消费领域产生了“绿色消费”相关的概念，但是对于绿色消费的内涵，国内外尚无统一定义。

英国学者 Elkington 和 Hailes 在其著作《绿色消费者指南》中首次提出了绿色消费，并将其概括为避免使用具有如下特征的商品的消费：①危害人类健康；②在使用之后扔掉，造成严重浪费；③因过度包装而造成不必要的浪费；④使用濒危自然资源制成；⑤对别国特别是发展中国家造成负面影响。美国学者 Philip Kotler 认为，绿色消费是消费者对环境破坏已经对其自身的生活质量和生活水平产生严重影响有一定的认知之后，提出对企业生产销售绿色产品的要求，从而减少危害环境的消费。

井绍平（2004）、崔如波（2002）认为，绿色消费是消费者为满足生态和环境需要而进行的一种有选择性的消费方式，该消费方式不会对环境造成破坏或破坏较小[①][②]。黄李琴（2006）则认为绿色消费摒弃了传统消费模式的弊端，是一种综合考虑经济发展、环境保护和资源利用效率的，以遵循生态规律为前提的现代消费模式和消费理念[③]；与之类似的，於素兰（2014）指出绿色消费是为满足人的生理和社会需要，综合考虑环境、资源效率和消费者权益等因素而开展的一种消费模式，其特征包括适度性、公平性、科学性和生态性[④]。王宽、秦书生（2013）将绿色消费的基本内

① 井绍平．绿色营销及其对消费者心理与行为影响的分析[J]．管理世界，2004(5)：145－146.

② 崔如波．绿色消费：21 世纪全新的生活理念[J]．理论前沿，2002(4)：17－18.

③ 黄李琴．和谐社会与绿色消费[J]．社会科学论坛，2006(2)：41－43.

④ 於素兰．我国绿色消费拓展影响因素分析[J]．学术探索，2014(10)：132－137.

涵概括为符合生态理性的可持续消费模式，倡导消费者购买健康、无污染的产品，在使用消费品和处理废弃物时注重保护环境、节约资源，既保护消费者自身利益又不侵害他人利益①。国家发展改革委等十部门于2016年发布的《关于促进绿色消费的指导意见》将绿色消费定义为以节约资源和保护环境为特征的消费行为，主要表现为崇尚勤俭节约，减少损失浪费，选择高效、环保的产品和服务，降低消费过程中的资源消耗和污染排放②。

综合上述对绿色消费概念和特征的表述，笔者认为，绿色消费是一种以破坏或尽可能少地破坏生态环境为前提进行的可持续性消费，它的特征在于资源利用效率高，注重消费前产品购买、消费中产品使用和消费后废弃物处理的整个过程的“绿色性”。

第二节　新中国成立70年来我国消费发展的态势

消费发展态势是对历史消费趋势和当前消费现状的描述，对消费趋势和现状的把握能够帮助我们从历史的发展中了解当下我国推行绿色消费存在的问题，并预测未来一段时间的发展方向，进而针对当前的问题提出相应的对策。所以我们将从我国居民消费现状、我国绿色消费发展情况和我国消费发展趋势三个方面来进行阐述，并指出我国推进消费绿色转型的必要性。

一、我国居民消费现状

（一）居民消费率长期偏低

消费率是指一国或一个地区在一定时间内用于居民个人消费和社会消费的总额占当年国民支出总额或国民收入使用额的比率。

---

① 王宽，秦书生．发达国家发展绿色消费的经验及其对中国的启示［J］．资源环境与发展，2013（5）：19－23.

② 关于促进绿色消费的指导意见［EB/OL］．中国政府网，http://www.gov.cn/xinwen/2016－03/02/5048002/files/e0d02a75cff54a3fb51e59295d852245.pdf，2016－03－02.

从消费的绝对量来看，我国消费水平是从改革开放之后开始了持续增长的进程，1978—2016 年，我国最终消费支出和居民消费支出分别由 2233 亿元和 1759 亿元增长至 400176 亿元和 292661 亿元，各增长了 179.2 倍和 166.4 倍（见表 5－1）。

表 5－1　1978—2017 年我国消费情况

年份	最终消费支出/亿元	居民消费支出/亿元	支出法国内生产总值/亿元	最终消费率/%	居民消费率/%
1978	2233	1759	3634	61.45	48.40
1980	2967	2337	4575	64.85	51.08
1982	3576	2867	5426	65.90	52.84
1984	4784	3690	7346	65.12	50.23
1986	6727	5294	10474	64.23	50.54
1988	9423	7532	15332	61.46	49.13
1990	12001	9435	19067	62.94	49.48
1992	16225	12312	27334	59.36	45.04
1994	28272	21446	48823	57.91	43.93
1996	43087	33660	72102	59.76	46.68
1998	51460	38822	85486	60.20	45.41
2000	63668	46988	100577	63.30	46.72
2002	74068	55076	122292	60.57	45.04
2004	89086	66587	162742	54.74	40.92
2006	114729	84119	221207	51.86	38.03
2008	157466	115338	319936	49.22	36.05
2010	198998	146058	410708	48.45	35.56
2012	271113	198537	540989	50.11	36.70
2014	328313	242540	647182	50.73	37.48
2016	400176	292661	746315	53.62	39.21
2017	435453	317510	812038	53.62	39.10

注：本书对于消费率的计算采用《中国统计年鉴》中的方法，消费率＝消费支出/支出法国内生产总值；考虑到数据可得性及篇幅原因，此处只列出 1978 年之后、2017 年及此前的偶数年份数据。

资料来源：历年《中国统计年鉴》。

但是，从消费率的数据来看，我国消费水平的增长速度低于同期经济增长速度，导致居民消费率总体呈下降趋势。由图 5－1 可以看出，1979

年我国的最终消费率和居民消费率分别为 61.45% 和 48.4%，20 世纪 80 年代居民消费率保持在 50% 左右，到 2010 年则分别降至 48.45% 和 35.56%，为历史最低水平；2010 年之后虽有上升，但总体仍呈下降趋势，2016 年回升至 53.62% 和 39.21%，其中居民消费率远低于 60% 的世界平均水平。根据麦肯锡全球研究院 2014 年发布的对中国未来消费发展的研究预测，到 2025 年，中国的消费总量占全球消费的比例可能达到 11% ~ 13%，但这仍然远低于中国人口总量占世界人口的比例。这说明我国消费水平和能力偏低、消费结构不合理，消费领域仍存在较大的提升空间。

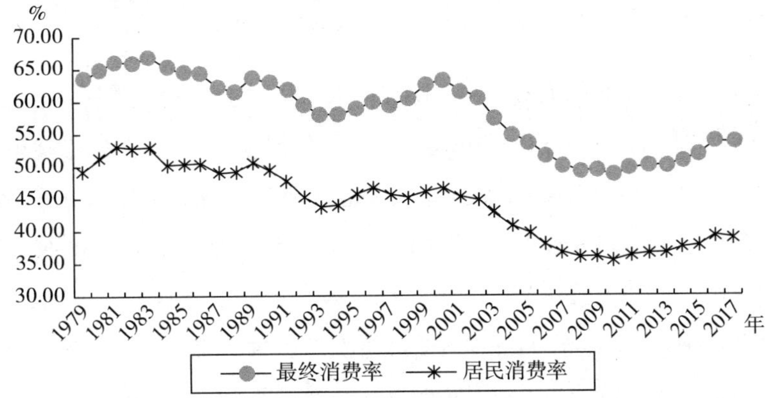

图 5-1　改革开放以来我国消费比率变动趋势

资料来源：根据 2017 年《中国统计年鉴》及国家统计局网站数据计算整理而得。

（二）消费水平两极分化严重

受历史文化、地理位置和区域经济发展水平等原因所限，我国实际上存在消费差异，消费两极分化严重。具体来说，主要存在城乡居民消费差距和地区间居民消费差距扩大两种趋势。

首先，城乡居民消费差距扩大。其中，2006 年城镇居民人均消费支出为 8969.55 元，农村居民人均消费支出 2829 元，城乡居民人均消费支出相差 6140.55 元；而 2016 年的城镇居民人均消费支出为 23078.9 元，农村为 10129.78 元，城乡间居民人均消费水平的差距扩大为 12949.12 元。可知虽然我国经济快速增长，但农村居民人均消费支出增长相对缓慢，城乡居民消费水平的差距不断扩大（见图5－2）。

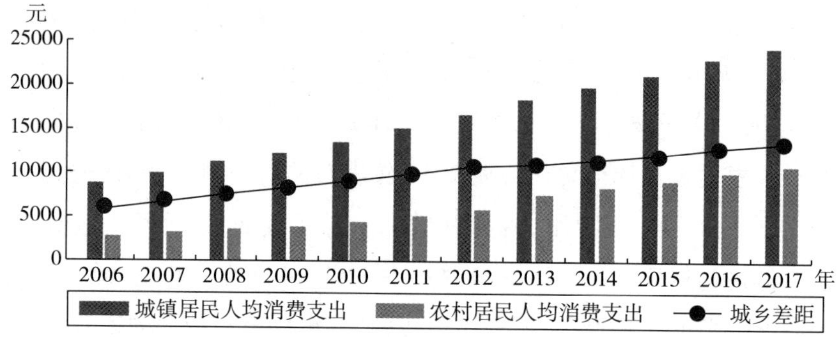

图5－2　2006—2017年我国城乡居民人均消费支出

资料来源：历年《中国统计年鉴》及国家统计局网站。

其次，地区之间的消费差距也明显扩大。以社会消费品零售总额为例，从图5－3中可以看出，2006—2016年，我国东部地区社会消费品零售总额从42591.5亿元上涨到171143.2亿元，西部地区则由13335.8亿元上升至61488亿元，西部地区上涨幅度较小，东西部差距由29255.7亿元扩大至109655.2亿元。东部地区由于地理位置优越、工业基础较好，经济发展水平和居民收入较高，所以消费水平也较高；而西部地区受经济发展程度和文化、社会习惯等因素所限，总体消费水平较低，导致了东西部地区消费差距的明显扩大。

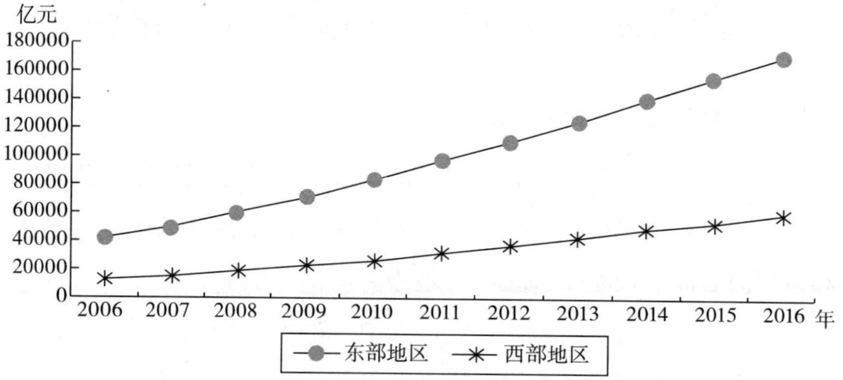

图5－3　2006—2016年我国东西部地区社会消费品零售总额变动情况

注：由于2017年该项指标的区域数据尚未更新，故此处没有列示2017年的数据。

资料来源：2007—2017年《中国统计年鉴》。

（三）居民消费结构以物质性消费为主

从消费结构来看，受经济发展水平等因素的影响，我国居民的消费仍然以物质性消费为主，且居民衣食住行等消费需求迅速增加。统计数据显示，1990—2017 年，我国城乡居民的消费结构中服务性消费的比例虽然总体呈上升趋势，但是始终较低；到 2017 年，城镇居民服务性消费的占比突破 40%，达到 41.4%，但仍然不高，而农村居民服务性消费的水平依然低于 40%（见图 5－4）。

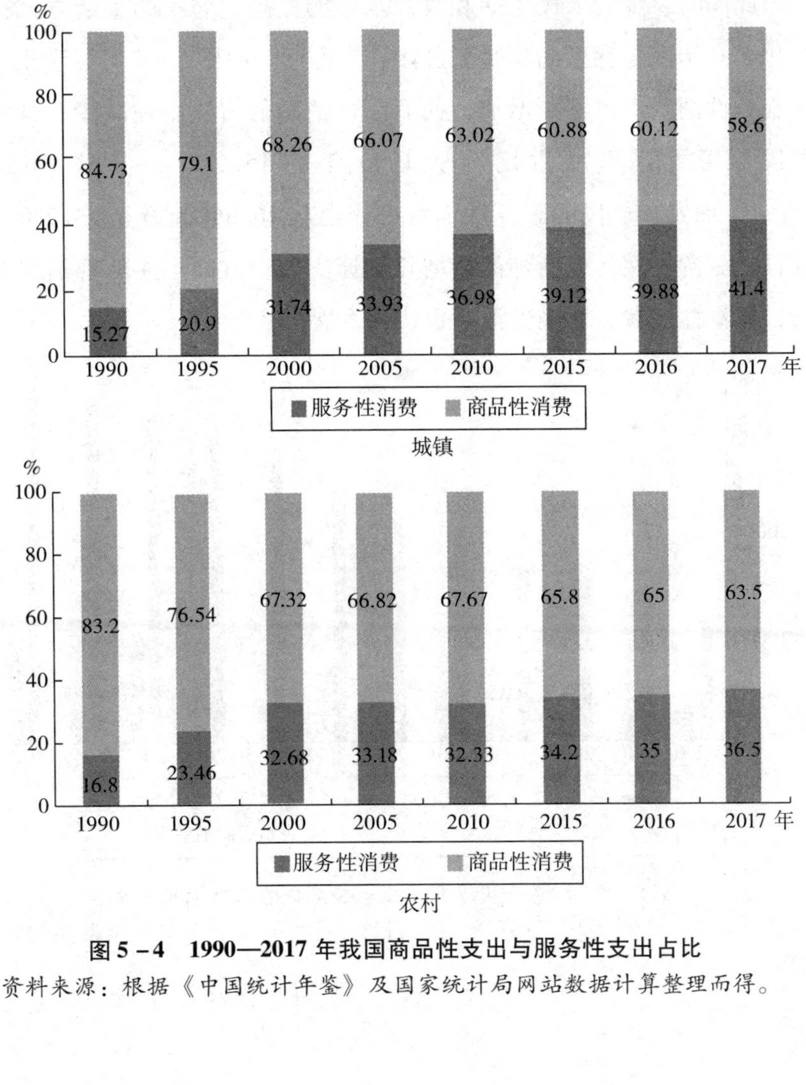

图 5－4　1990—2017 年我国商品性支出与服务性支出占比

资料来源：根据《中国统计年鉴》及国家统计局网站数据计算整理而得。

（四）居民消费能力提高

由图5－5可知，近年来我国居民收入不断增加，消费水平也随之增长。2006—2016年，城镇家庭人均可支配收入由11759.5元增长至33616.2元，而农村家庭人均纯收入从3587元增加到12363.4元。从消费水平来看，2006年城乡居民消费水平分别为10359元和2848元，2016年的这一数值分别为29219元和10752元；10年间城镇居民消费水平增长了2.82倍，农村居民消费水平增长3.78倍，可见我国居民消费增长步伐不断加快。

与此同时，随着人民生活和收入水平的提高，居民的生活方式也发生了变化，开始由生存型向享受型过渡。一方面，由图5－4可以看出，城乡居民服务性消费占比不断增加，而商品性消费的占比则在减少；其中，城镇居民服务性消费所占比例从1990年的15.27%上升至2015年的39.12%，而农村居民的服务性消费占比也从16.8%上升至34.2%，这表明教育、旅游、文化等精神消费增长迅速。另一方面，伴随着消费的迅速增长，挥霍性消费、污染性消费也快速发展。

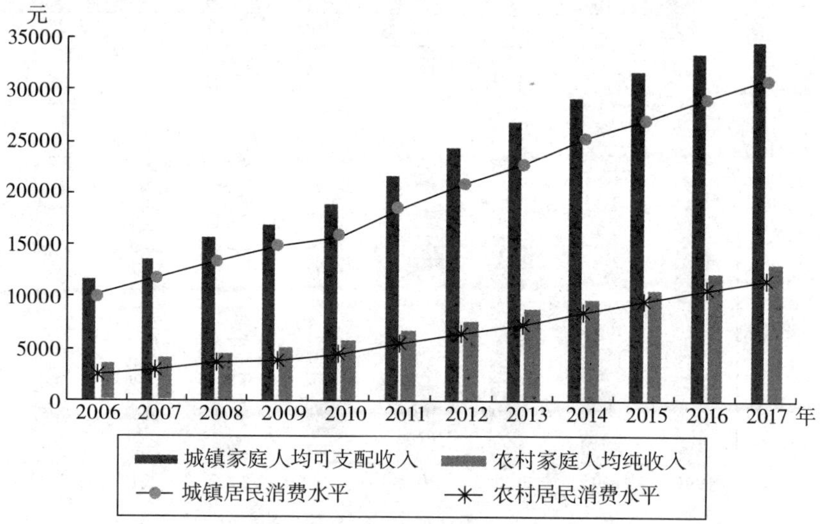

图5－5　2006—2017年中国城乡居民收入和消费水平

资料来源：根据2007—2017年《中国统计年鉴》及国家统计局网站数据计算而得。

二、我国绿色消费现状

（一）绿色消费进展情况

近年来，随着人们消费理念的逐渐转变和相关政策的推动，我国在推进绿色消费方面取得了一定的进展。主要表现在以下四个方面①：

（1）绿色消费者数量不断增加。根据阿里发布的数据，2011—2015年，阿里平台上的绿色消费者人数从432万人增加到超过6500万人，4年间增长了近14倍；绿色消费者占阿里零售平台上消费者的比重也由3.4%增加至16.2%。绿色消费者数量增加推动绿色消费需求的增加，这势必会推动绿色消费供给侧改革。

（2）绿色产品的消费规模持续增长。国家发展改革委等发布的《2017年中国居民消费发展报告》显示，2017年我国国内高效节能空调、冰箱、洗衣机、热水器和平板电视等5类产品销售近1.5亿台；新能源汽车产销量分别为79.4万辆和77.7万辆，同比增长53.8%和53.3%，分别是2013年的45倍和44倍，其在汽车销售市场的占比达到2.7%，比2016年提高了0.9个百分点；共享单车的投放量超过2500万辆。2012—2016年，我国节能、节水产品的政府采购规模累计达到7460亿元。这表明我国绿色消费潜力巨大。

（3）废旧物回收循环利用机遇与挑战并存。物品循环利用是指将废旧物回收后经过加工进行再利用，主要包括饮料瓶、纺织品、办公设备、废纸及各种金属类产品。我国作为纺织工业大国，年纤维加工量高达5000万吨，因而废旧纺织品量增长较快。2016年我国废旧纺织品综合利用量达到360万吨，综合利用率约为18%。2015年，我国塑料饮料瓶的消费量超过500万吨，约达2000亿个，基本实现了全部回收。同时，我国造纸产销量保持平稳态势，2016年纸及纸板表观消费量1.04亿吨；废纸全年回收总

① 资料来自产业在线、中国汽车工业协会、中国循环经济协会、工业和信息化委员会及《2017年中国居民消费发展报告》等。

量4963万吨，同比增长2.7%，呈缓慢上涨态势。但是，随着网购和新兴物流的快速发展，包装用纸的废弃量快速增长，对绿色消费形成了巨大的冲击。

（4）绿色消费的环境效益初步显现。据估计，2017年国内销售的高效节能空调、冰箱、洗衣机、热水器和平板电视能够实现年节电约100亿千瓦时，相当于减少二氧化碳排放650万吨、二氧化硫和氮氧化物各1.4万吨及减少颗粒物排放1.1万吨。2017年，居民骑行共享单车可减少二氧化碳排放420万吨，拼车等其他共享出行方式可节约燃油130万吨，而这又相当于减排二氧化碳370万吨。2016年，我国废旧纺织品综合利用量360万吨，可节约原油460万吨，节约耕地410万亩。可见绿色消费方式对环境的影响十分显著。

（二）当前我国绿色消费的特点

上述数据表明近几年来我国的绿色消费取得较快的发展，绿色消费水平在不断提高，同时，根据我国两大电商平台阿里平台和京东平台的大数据统计，发现我国的绿色消费表现出以下特点：

（1）绿色消费在不同群体中的渗透率不同。两大平台的数据均显示，绿色消费群体中年轻群体占比较高，其中以26～35岁的绿色消费者最多。

（2）绿色消费产品主要集中在家装家居用品、食品、服装等私人效益较强的领域，而对其他公共效益较强的产品关注较少。

（3）与总体消费态势类似，我国的绿色消费同样存在区域性的特点，而这一区域性特征与中国的经济发展水平呈现出较大的一致性，即经济发达地区的绿色消费能力和水平高于欠发达地区，一线城市的人均绿色消费水平更高。统计数据显示，2017年上半年，广东、北京和江苏的绿色消费用户占比最高，分别为14.5%、10%和8.6%；北京、广州和上海的绿色销售额占比最高，分别为25.5%、19.9%和16.2%；其中，北京、上海、重庆的人均绿色消费水平明显高于其他地区。

三、我国消费发展趋势及消费绿色转型的必要性

（一）我国消费发展趋势

由前文的分析可知，近几年来，消费已经成为我国经济增长的主要力量。统计数据显示，2016 年，我国最终消费支出对国内生产总值增长的贡献率为66.5%，比上年增长6.8%，而比2006 年的水平高出24.5%，可见我国消费增长势头强劲，消费对经济增长的贡献不断增强。根据麦肯锡全球研究院的研究预测，中国的消费水平在2025 年将会提高到约占 GDP 的50%。同时，根据相关研究分析，中国潜在居民消费需求到2020 年有可能达到45 万亿~50 万亿元，从而成为世界最大的消费市场。

因此，可以预见，在未来一段时期内，我国消费高速增长的势头将会得到进一步增强，我国将从投资生产大国转变为消费大国。新常态下我国的增长动力也由投资驱动、要素驱动转变为消费拉动和创新驱动①。

（二）我国推进消费绿色转型的必要性

（1）不合理的消费和生活方式对生态环境产生巨大压力。在消费高速发展带动经济发展的同时，也产生了不容忽视的环境问题。2007 年居民消费总支出为99793.3 亿元，2016 年为293443.1 亿元，随着我国居民消费总量的迅速增加，对各类资源的需求也增加，使得生态环境压力加大。例如，随着外卖行业的迅速兴起，如今全国每天丢弃的一次性外卖餐具至少有2000 万个，中国一年至少要消耗80 亿个外卖餐具，这些餐具本身在生产环节就要消耗大量的工业用水、石油和木材等原料，而废弃后制作这些餐盒所用的塑料降解至少需要几百年，若采用焚烧或填埋等方式，同样也会造成土壤、水、大气污染，破坏生态环境。所以，推进消费转型升级，加快发展绿色消费是保护资源环境、实现可持续发展的迫切要求。

---

① 文启湘，文晖．加快推进消费转型升级——新常态下消费发展的若干思考[J]．消费经济，2016(1):87-90.

（2）推进消费绿色转型是我国实现绿色发展、建设生态文明的必然要求。党的十八大报告中提出了中国特色社会主义经济、政治、文化、社会和生态文明建设“五位一体”的总体布局；党的十八届五中全会提出了“创新、协调、绿色、开放、共享”的五大发展理念，把绿色发展作为“十三五”时期的一个重要发展理念；在党的十九大报告中，习近平总书记再次强调了坚持人与自然和谐共生的理念。可见绿色发展和生态文明建设是我国实现可持续发展的战略选择，而消费作为“社会资源有效配置的重要依托”和“拉动经济增长的重要动力”，对于实现绿色发展和生态文明建设具有重要的推动作用。因此，推进消费绿色转型成为新时代我国发展的必然选择。

第三节　新时代我国消费绿色转型的障碍

正如前文所述，当前阶段我国的消费需求持续快速增长、消费占 GDP 的比重逐渐加大且对经济的拉动作用不断增强。因此，消费快速发展的势头使得绿色消费等新型的消费方式具有巨大的发展空间和发展潜力。但与此同时，我国的绿色消费还存在一些重要的缺陷，阻碍了消费绿色转型的进程。

一、绿色消费法律体系尚不健全

（一）我国绿色消费法律体系梳理

我国的绿色消费法律体系是以宪法为指导，由现有的有关引导规范绿色消费的法律规范所组成的统一整体。表 5－2 对我国现存的涉及绿色消费的法律法规、部门规章及规范性文件进行了梳理，由表中信息可对我国绿色消费法律体系存在的缺陷进行分析。

表 5－2　我国绿色消费法律体系

性　质	名　称	发布单位
法律及规范性文件	《宪法》《环境保护法》	全国人大及其常委会
	《政府采购法》《消费者权益保护法》	全国人大常委会
	《固体废物污染环境防治法》《循环经济促进法》《清洁生产促进法》《环境保护税法》《节约能源法》	全国人大常委会
行政法规	《消费税暂行条例》《废弃电器电子产品回收处理管理条例》《政府采购法实施条例》	国务院
部门规章	《绿色市场认证管理办法》《绿色市场认证实施规则》	国家认证认可监督管理委员会、商务部
	《中国环境标志使用管理办法》	原环境保护部
	《消费税暂行条例实施细则》	财政部、国家税务总局
	《绿色食品标志管理办法》	原农业部
	《城市生活垃圾管理办法》	建设部
	《电器电子产品有害物质限制使用管理办法》	工业和信息化部、国家发展改革委等八部委
政策性文件	《关于加快发展循环经济的若干意见》	国务院
	《废弃家用电器与电子产品污染防治技术政策》	国家环保总局、科技部等四部委
	《关于限制生产销售使用塑料购物袋的通知》《关于治理商品过度包装工作的通知》	国务院办公厅
政策性文件	《关于实施绿色印刷的公告》	新闻出版总署、环境保护部
	《关于在消费品生产领域倡行勤俭节约、反对奢华浪费的通知》	工业和信息化部
	《关于加快推动生活方式绿色化的实施意见》	环境保护部
	《关于促进绿色消费的指导意见》	国家发展改革委等十部委
	《关于建立统一的绿色产品标准、认证、标识体系的意见》	国务院办公厅

资料来源：此表为笔者根据参考文献自己整理。具体参考岳小花《绿色消费法律体系的构建与完善》一文。

（二）我国绿色消费法律体系存在的问题

由表5－2可知，我国涉及绿色消费的立法和各类文件数量众多，但仍存在诸多缺陷，主要可以将其总结为以下三个方面：

（1）缺乏引导和规范绿色消费的专门性法律。不可否认，表5－2中所列的法律法规、部门规章及各类规范性文件的确对引导绿色消费起到了积极的作用，但从目的来看，这些法律法规或侧重对环境的整体管控，或旨在促进循环经济、清洁生产和消费者权益保护等，都不是为推进绿色消费而专门制定的。

（2）相关法规在内容和结构上存在缺陷。首先，从内容来看，主要是针对绿色产品的生产端进行规范，而对于其消费之后的处置办法和资源综合利用的规定则较少。例如，《绿色产品标志管理办法》和《关于实施绿色印刷的公告》，都只对绿色产品的生产提出要求而未对消费端进行规范和控制。其次，在结构方面，从表5－2所列的各类法律法规和文件的发布单位可知，我国涉及绿色消费的管理部门有国家发展改革委、科技部、财政部、环境保护部、住房和城乡建设部、工业和信息化部等十多个部门，但却没有专门的机构进行统一的引导和管理，使得规范性文件数量有余而相互之间协调不足，从而降低了文件的权威性，不利于法律规章的执行和遵守。

（3）现存的立法还不足以对绿色消费进行全面引导和规范。如前文所述，表5－2所列法规和文件并非专门针对绿色消费而设，而只是在其中涉及了绿色消费相关的内容，但其中所列条文陈述简略，内容并不详细，且多为倡导性的规范，具体到绿色消费的实施过程时则可操作性不强。如《环境保护法》只是在总则中指出，一切单位和个人都有保护环境的义务，对保护和改善环境有显著贡献的单位和个人由人民政府给予奖励等，却并未说明怎样才算显著贡献，以及奖励的标准、方式和数量，难以调动民众的积极性；类似地，《循环经济促进法》中的部分内容虽也涉及绿色消费，但就整个消费的过程和消费之后的回收利用，却没有具体的条例加以约束和保障，因此导致在具体的实施过程中各部门的责任和义务无法可依。

二、政府绿色采购制度不完善

所谓政府绿色采购，是指政府在采购时选择购买符合国家绿色产品认证标准的产品或服务。由于政府采购消费规模往往较大，所以在绿色消费的实施过程中占据主体地位。当下，我国各类政府支出的规模占 GDP 总量的比例已经高达近 40%，所以政府采购支出对推动绿色消费的作用可想而知。欧盟国家、美国、日本等国早就通过专门的立法或者政府令来强制或鼓励推行政府绿色采购，且实施效果明显。我国于 2006 年出台了《关于环境标志产品政府采购实施的意见》，并公布了《环境标志产品政府采购清单》，明确表示了政府通过政府绿色采购这一公共政策工具推行绿色消费的意愿。但是，首先政府绿色采购相关的法律法规并未指出对非绿色采购行为的处理措施，造成政府采购中采购人缺乏实际行动，对很多规定只是停留在口号上面，相关法规的可操作性并不强；其次，我国的政府绿色采购缺乏评估监督机制，使得绿色采购的规定对政府和相关部门不具约束力，大大影响了政府的绿色采购绩效①。因此，我国并未充分利用政府绿色采购对绿色消费的带动作用，政府绿色采购制度有待进一步完善。

三、经济调控手段不到位

就生产和消费绿色产品来看，绿色产品在生产过程中，要减少对环境的污染、提高资源利用效率，需要开发或者引进清洁生产技术及设备，在产品生产出来之后，还需申请绿色标志。这使得生产绿色产品的投入相对同等功能的传统产品更多，为保证企业获利性，其价格要比传统产品更高，而较高价格的绿色产品不一定能为消费者所接受。在这种情况下，生产者首先受限于成本而缺乏开发绿色产品的意愿。而且，即使生产了绿色

---

① 张新宁,包景岭,王敏达. 绿色消费政策手段的中外对比研究[J]. 安徽农业科学,2012(1): 516－521.

产品而较高的价格难以吸引消费者，也会挫伤厂商的积极性，使得绿色产品开发不足。这就需要政府部门对绿色产品的生产和消费进行调节。

从产品消费之后的后续处置问题来看，正如我们后文将会说明的，当前消费者的绿色消费意识尚较薄弱，若不加以有力的激励，人们缺乏可持续性消费的动力，就不会考虑垃圾分类处理、废弃物循环利用等问题。

对于以上所述的问题，国际可持续发展的政策构架以行政、法律和经济政策为主，但从目前来看，我国主要依靠行政手段和法律手段对破坏环境的行为进行事后惩罚，而对支持绿色消费的税收、财政补贴、信贷等经济政策的运用尚不到位，在一定程度上制约了推进绿色消费的进程。

四、消费主义文化盛行，绿色消费意识薄弱

我国人口众多，人均资源占有量稀少，环境承载力本就有限，而近些年来，随着经济快速发展，人民的生活水平不断提高，消费总量大幅上升，一种旨在追求奢侈和物质享受的消费观念即消费主义文化日渐盛行。消费主义在本质上是与绿色消费理念相悖的、反生态的，其追求无节制的物质享受，崇尚高消费、超前消费，这一不合理的消费方式的盛行使得本就脆弱的生态环境愈加不堪重负。

如前文所述，1990—2015 年，我国的城乡居民消费总支出中物质性消费的占比达到 60% 以上，而服务性消费的占比虽有所增加，但却一直低于 40%。大量的物质性消费必然要消耗大量的资源、能源，带来诸多环境问题。以汽车尾气污染为例，2006 年我国的私人汽车拥有量为 2233. 32 万辆，2016 年则高达 16330. 2 万辆，是 10 年前的 7. 3 倍之多，随之而来的机动车尾气污染已经成为我国空气污染的重要来源；但就在这样的背景下，很多人依然热衷于购买大排量汽车。许多国外学者早已将消费主义看成推行绿色消费理念的最大障碍，而如今这一现象也已经成为制约我国绿色消费和绿色发展的“拦路虎”。

此外，意识层面的另一原因在于居民的绿色消费意识薄弱。一方面，缺乏环境保护的相关知识，对环境问题没有正确的认识，所以人们从根源

上没有绿色消费的意愿，导致铺张浪费等现象严重；另一方面，即使有绿色消费倾向，有关绿色产品知识的缺乏仍导致人们在进行消费时难以做出正确的判断，无法做到绿色消费。

生产者绿色消费意识不足也是推进绿色消费的制约因素。首先，缺乏绿色消费意识的生产者可能只考虑个人利益，他们在上游生产要素购买环节很少考虑环境问题。其次，有绿色消费意愿的生产者也可能考虑到成本问题而放弃与环境兼容性更好但成本更高的生产，使得绿色产品供应不足。这就需要加大力度普及生态环境和绿色消费的相关知识，让人民群众认识到环境问题的严峻性和绿色消费的必要性，从而提高群众的绿色消费意识、培养绿色消费理念。但是，我国在这方面的宣传教育十分有限，没有充分运用网络、媒体等各种手段对群众进行绿色消费知识和理念的宣传教育。

第四节　新时代我国消费绿色转型的可行路径

前文分析了我国绿色消费的现状及存在的问题，可知我国绿色消费水平不高且其发展存在诸多阻碍。针对上文提出的我国消费绿色转型的障碍，首先需从国家层面建立绿色消费总体战略，把绿色消费提高到国家战略的高度，由国务院发布关于推进绿色消费的指导性文件，明确绿色消费与国家经济社会发展的重要关系，明确各部门职能，建立促进绿色消费的监督保障机制。为此，我们提出建立“法治先行、政府主导、经济手段调控、全民参与”的绿色消费战略框架。具体来说，还需从绿色消费法律体系、政府绿色采购、经济调控手段和公民绿色消费意识这四个方面着手来进行。

一、建立健全绿色消费法律体系

通过立法推动绿色消费的目的主要在于其对绿色消费的指引及评价作用，但我们知道，我国绿色消费法律体系不健全，导致在法规和规范性文件执行过程中存在文件权威性不足、部门责任和义务不明确等问题。针对上文所梳理的我国绿色消费法律体系存在的缺陷，我们提出：

（1）制定针对绿色消费的专门性法律。制定这一法律，旨在从立法目的、原则、制度体系、监督机制和法律责任及义务等各方面对绿色消费进行系统的规范，且特别注重法律的可操作性，将责任细分到具体的部门，确保出现问题时有据可循。首先，该“专门性法律”的立法目的是保护环境，节约资源，通过立法，由环保部门对绿色消费进行统一的监督管理，实现绿色发展。其次，该立法应当对绿色消费进行全过程引导和规范；绿色消费不只是消费者的问题，还涉及消费前的绿色产品生产和供给、消费中的资源节约和环境保护以及消费后的废弃物回收再利用等多重环节，所以，绿色消费“专门性法律”应当加强对整个消费链的管控，对绿色产品的设计、生产、销售、消费及废弃物处置等环节加以全面规范。再次，该立法中涉及各环保部门责任的，应当确立统一的管理监督部门，而对于其他如农业、财政等相关部门也应将责任进行细分，以防出现推脱责任、互相扯皮的问题。最后，绿色消费“专门性法律”中还应建立信息公开与产品绿色信息公示制度，来解决消费者与生产者之间信息不对称问题；具体的，应规定生产企业和废弃物后续处理企业进行信息公开和绿色信息公示，以为消费者实施和监督绿色消费创造条件。

（2）完善现有绿色消费相关法律法规。绿色消费需要多个部门共同推进，因此，要构建完善的绿色消费法律体系，除制定专门性法律外，还需对现有的相关配套性法律和规范性文件进行完善。如前文提到的，现有的文件中涉及绿色消费的条文内容描述简略，多为倡导性规范，因而缺乏可操作性。所以，在对其进行完善时应特别注重可操作性。例如，涉及法律责任与义务的条款，应细化单位和个人的责任与义务，并明确指出对违反法律规定的行为的处理措施；对于涉及奖励与惩罚措施的条款，必须详细说明奖励或惩罚的条件、标准和方式。

二、完善政府绿色采购政策

我国政府支出占 GDP 的比例巨大，所以政府绿色采购对于绿色消费具有强大的带动作用，且我国作为以公有制为主体的社会主义国家，完全可以利用社会主义制度的优越性来制订政府绿色采购计划。但是，一方面，我国缺乏专门针对政府绿色采购的法律法规，另一方面，政府绿色采购监督机制不到位，使得我国的政府绿色采购水平不高。所以，对于政府绿色采购也应从这两个方面进行完善。

第一，制定专门针对政府绿色采购的法律法规，可将其命名为《政府绿色采购法》。在法律制定中要注意，除严格规定政府的绿色采购行为及采购范围外，还应明确指出对政府采购人非绿色采购行为的强有力的处理措施。出台这一法律的作用在于：其一，借助法律的强制作用，使绿色采购成为政府的责任和义务，政府庞大的购买力能够有效地缓解普通消费者绿色消费需求不足的问题，同时对普通民众产生强大的示范带动作用，引导他们进行绿色消费。其二，政府绿色采购需求能够倒逼企业改革，刺激企业的绿色产品生产，从生产端带动绿色消费发展。

第二，建立健全政府绿色采购监督机制。对于政府绿色采购的监督，可以建立一个系统的监督网络，形成各部门内部自行监督、部门之间相互监督的机制。此外，也不能忽视群众的作用，为加强群众对政府绿色采购行为的监督，可以利用网络平台，允许群众和企业等各类非政府单位和人员在网络平台进行实时监督和匿名举报，并对举报人员予以适当的奖励。

三、综合运用多种经济调控手段

（一）利用财政补贴鼓励绿色消费

绿色产品额外的环境成本的存在，挫伤了生产者和消费者的积极性，所以对其给予适当的补贴就十分必要。

从生产者的角度来看，可以对企业进行财政补贴，鼓励企业引进绿色生产工艺和设备，加大绿色技术创新投入，进行绿色产品的设计和生产。有学者指出，设计阶段5%的成本投入可以决定70% ~80%的产品性能①，而生态设计又是生产绿色产品的关键环节，但是生产者囿于成本和利益，缺乏探索生态设计的主动性，此时对企业进行补贴就能够有效激发其生产绿色产品的积极性。从消费者角度来看，当前消费者对绿色产品的关注还仅限于食品、家装等私益型产品，而对可降解餐盒等公益型的产品则缺乏热情、不愿意承担其环境成本。因此，可以对主动购买绿色产品的消费者进行一定的补贴，一方面弥补他们的成本；另一方面通过对绿色消费者的补贴形成示范效应，带动其他消费者进行绿色购买活动。

（二）税收政策抑制不环保生产和消费

首先，对于生产者，政府应根据稀缺度为不同的资源确定不同的生态税税率，调节企业对稀缺资源的需求，进而保护稀缺资源。生产者同时也是消费者，他们的生产需要耗费原材料，生产过程中会产生废弃物，所以对于使用危害环境的原材料、产品过度包装等行为，应当加大征税力度，而对使用可再生资源、购买环境友好型材料并生产绿色产品的企业以及对废弃物进行回收再利用的企业给予税收减免奖励，以此来促使企业采用清洁生产技术和设备，改进生产模式、实现生产端的绿色生产和消费。

其次，消费者的购买和使用行为对推进绿色消费至关重要。对于那些购买廉价的、对环境有害的产品或对废弃物处理不当的消费者，同样也应该进行征税，通过税收的强制手段来抑制危害环境的消费行为。

（三）推动废弃物处理产业化

当前我国的废弃物回收主要依靠大量农民工收购，这虽然也发挥了一定的作用，但是同时还存在处理技术落后导致的二次污染问题。所以，仅仅依靠农民工是不够的，企业才应该成为废旧资源回收利用的主体，推动废弃物处理产业化能较好地解决这一问题。德国用市场化和产业化运作的

① 蔡军. 产品设计阶段的成本管理研究[D]. 长沙:中南大学,2012.

方式进行废弃物处理，早已形成了 WEEE（废旧电子产品）回收处理和 DSD 包装废弃物回收两个完备的废旧资源回收处理体系[①]，所以在这方面我国可借鉴德国的经验，设立废旧物回收利用基金，大力发展并整合国内废品收购行业，推动废旧资源利用的产业化发展。

四、培养全民绿色消费意识

消费理念和认知是消费者进行绿色消费的基础和前提，若不从认知层面加以教育、不扫除观念上的障碍，绿色消费将难以推进。

首先，消费主义是与绿色消费相悖的消费理念，其奉行的高消费、大量无节制的物质性消费是实现绿色消费的最大障碍，所以，对消费主义进行批判是推行绿色消费观念的首要前提。为此，必须深刻剖析消费主义产生的经济根源，揭露消费主义文化带动下的消费活动对资源和生态环境造成的严重后果。同时，还应该倡导精神消费和服务性消费，缓解物质性消费对生态环境和资源造成的压力。

其次，政府和相关部门应该借助电视、网络媒体和学校等多种渠道来培养人们的绿色消费观念。一方面，通过上述平台大力宣传环境保护知识，培养生态保护观念，让人们认识到资源的有限性和生态环境破坏的不可逆转性，从而认识到绿色消费的意义，树立绿色消费理念。另一方面，还应大力普及绿色产品相关的技术、安全、环境标准等方面知识，提高人们对绿色产品的鉴别能力，使其产生有效的绿色消费需求。

最后，对于绿色消费知识的宣传，除利用广为人知的网络、电视媒体等平台之外，所谓“教育要从娃娃抓起”，绿色消费也一样，因此，政府可以和教育部门协商合作，将绿色消费理念引入中小学教育中，使青少年从小便接受绿色消费观念的熏陶，养成良好的消费习惯。

---

① 於素兰，孙育红．德国日本的绿色消费：理念与实践[J]．学术界，2016(3)：221－230.

第六章　能源互联网与绿色发展的政治经济学分析

第一节　能源现状

一、世界能源的现状

近年来，随着技术进步以及国际贸易的发展，美国、中国及印度成为能源消费的三大国家，世界能源格局发生了改变，这对国际政治产生了深远影响。据数据统计，2017 年世界一次能源消费总量为 135.11 亿吨（油当量），石油、天然气、煤炭等化石能源的消费占比为 85.18%，其中天然气的消费占比为 23.36%①。

（一）能源储量与分布

截至 2017 年年底，全球探明石油储量达到 1.6966 万亿桶，按照 2017 年的产量水平，这一储量能够满足世界 50.2 年的产量。其中，OPEC 国家仍是世界石油探明储量主力，占据了 71.8% 的份额，中东地区的石油探明储量仍为全球最高，2017 年该地区占到了约 60% 的比重。

在煤炭资源量中，2017 年世界探明可采储量为 9842.11 亿吨，美国作为世界上最发达的国家，拥有的煤炭储量也是世界第一位，约有2466.43亿

① 资料来源：中国产业信息网。

吨，约占世界煤炭储量的25%。世界前六大煤炭资源国合计占世界煤炭资源总量的76%，分别是美国、俄罗斯、中国、澳大利亚、印度和德国。

2017 年，全球天然气探明储量为193.5 万亿立方米，增长了约0.2%，其中，以色列是天然气储量增长最大（0.3 万亿立方米）的国家。而世界上最大的天然气探明储量区域是中东地区，该地区的天然气探明储量达79.1 万亿立方米，占全球储量的40.9%，天然气探明储量排名第二位的区域是独联体国家，占全球储量的30.6%①。从勘探数据来看，全球的天然气资源还是比较丰富的，具体来看，全球探明的天然气储量最大的4 个国家分别为伊朗、俄罗斯、卡塔尔、土库曼斯坦，上述4 个国家的天然气储量占全世界储量的将近60%。

非化石能源中，核电发展稳中有进，在截至2017 年年底可运行的448 座反应堆中（见表6－1），超过一半位于美国和欧洲。2017 年，核反应堆发电量为2506TWh，高于2016 年的2477TWh；全球装机容量为392GWe，高于2016 年的390GWe②。2017 年核电运营总净容量为394GWe，高于2016 年的391GWe。

表6－1　截至2017 年年底世界各类在运核电机组的分布情况

	快堆	气冷堆	石墨轻水堆	加压重水堆	压水堆	总计
总计	3	14	15	49	292（+3）	448（+1）
非洲					2	2
亚洲	1			25	86（+3）	140（+3）
东欧和俄罗斯	2		15		33	50
北美洲				19	65	120
南美洲				3	2	5
西欧和中欧		14		2	104	131（－2）

注：括号内是较上一年增加或减少的反应堆数量。

资料来源：《2018 世界核工业现状报告》。

① 资料来源:《BP 世界能源统计年鉴》。

② 资料来源:《世界核电行业状况报告》。

随着社会发展，人们对能源安全和生态环境等问题日益重视，因此减少化石能源的燃烧，加快开发和利用可再生能源已经成为世界各国的普遍共识和一致行动。目前，全球正在实现化石能源体系向低碳能源体系的转变，最终我们将进入以可再生能源为主的可持续能源时代。2015 年全球电力系统的建设正在发生结构性转变，全球可再生能源发电新增装机容量首次超过了常规能源发电的新增装机容量。风电作为技术成熟、环境友好的可再生能源，已在全球范围内实现大规模的开发应用①（见表 6－2）。

表 6－2　2017 年全球累计风电装机容量前八位的国家（MW）

	中国	美国	德国	印度	西班牙	英国	法国	巴西
新增	19500	7017	6581	4148	—	4270	1694	2022
占比	37%	13%	13%	8%	—	8%	3%	4%
累计	188232	89077	56132	32848	23170	18872	13759	12763
占比	35%	17%	10%	6%	4%	3%	3%	2%

资料来源：全球风能协会 GWEC。

（二）能源消费

在经济不断增长的背景下，世界一次能源消费开始出现回暖迹象，而新经济体在全球能源需求中仍占主导地位。根据 IEA 数据，2017 年世界一次能源消费同比增长 2.1%，是过去 5 年平均水平的 1.6 倍②。

从近几年的主要国家和地区一次能源消费趋势来看（见图 6－1），不但印度、中国、巴西、俄罗斯、南非等新兴经济体国家能源需求有较明显的反弹趋势；而且美国、欧盟等发达经济体的能源需求同样表现出反弹趋势。值得注意的是，随着经济复苏，欧盟从 2016 年起能源需求出现由持续负增长转为正增长的反转迹象，巴西、俄罗斯、美国等国能源需求增速也于 2017 年由负转正③。

（1）石油。2016 年全球平均石油消费量达到 9655 万桶/天，全球的石油消费同样呈现集中度较高的情况，前五位消费大国消费总量占到世界消

① 资料来源：2018 年中国风电行业发展现状及发展前景分析，中国产业信息网，2018－05－31。
② 资料来源：国际能源结构。
③ 王蕾，裴庆冰．全球能源需求及消费结构是如何变化的？［J］．中国能源，2018，40（9）：13－18.

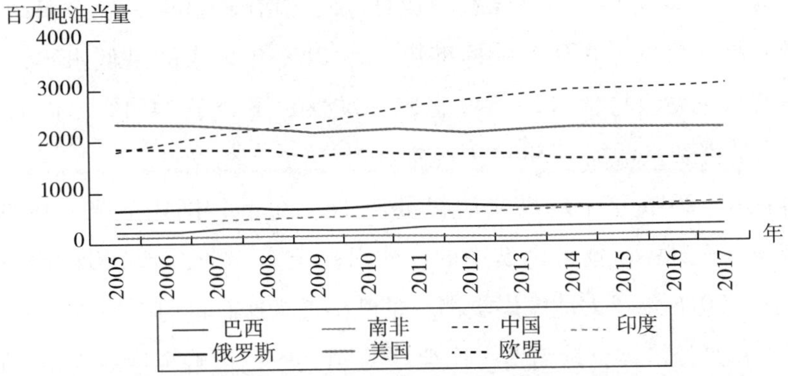

图 6－1　2005—2017 年主要国家和地区一次能源消费趋势

资料来源：《BP 世界能源统计年鉴》。

费总量的 46%。其中，美国消费量稳居全球第一，达到 1963 万桶/天；中国消费量位居第二，达到 1238 万桶/天。如图 6－2 所示，分地区来看，亚太地区是全球消费量最大的地区，包含了消费大国中国、日本、韩国；其次为北美地区，同样包括了美国、加拿大以及墨西哥三个石油消费大国。从各地区消费增速上来看，亚太地区的石油消费增速冠绝全球，中国的消费增量是亚太地区增长的主要动力。但近 10 年以来，亚太地区和中东地区的消费增速在逐步下降，而欧洲以及北美地区的消费增速从负增长转为了正增长，增速有逐渐上升的趋势。

图 6－2　2006—2016 年各地区石油消费量

资料来源：观研天下整理。

（2）煤炭。2017 年，全球煤炭消费总量同比增长 1.0%，经合组织国家的煤炭消费量减少了 820 万吨标准煤，是 1979 年以来的最低水平，比 2007 年其煤炭消费量峰值（16.640 亿吨标准煤）下降了 24.4%，而非经合组织国家的消费量增加了 5860 万吨标准煤①。

数据显示，2016 年全球煤炭消费量为 37.1 亿吨，同比下降 2.09%，2016 年煤炭在全球一次能源消费中的占比滑落至 28.1%，是 2004 年以来的最低占比。2016 年亚太地区煤炭消费量已接近全球总量的 73.8%，中国和印度两大新兴经济体合计消费占比全球的 61.6%，影响全球煤炭市场的需求。2017 年，国际经济形势利好，电力、钢铁等行业需求回升，煤矿行业受影响消费量略有增长。

由图 6－3 可以看出，2017 年全球煤炭消费量为 37.3 亿吨，比上年上涨 0.65%。《BP 世界能源统计年鉴 2018》的相关数据显示，消费量下滑主要是源于美国和中国。但 2017 年中国、印度、美国仍是消费量排名前三的国家，其中，2017 年中国占世界煤炭总消费量的 46.4%，比上年下降 4.2 个百分点。

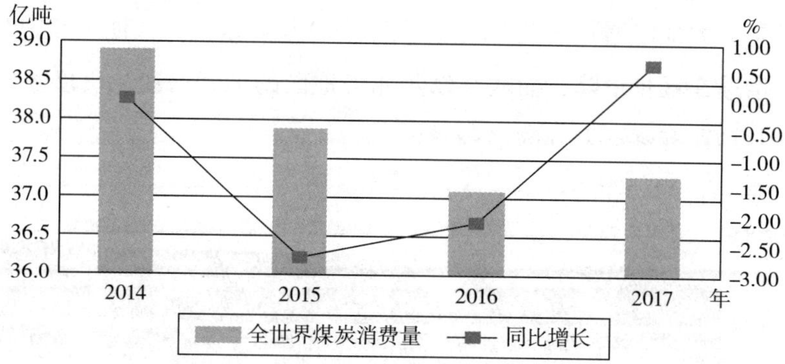

图 6－3　2014—2017 年世界煤炭消费量及增长量

资料来源：《BP 世界能源统计年鉴 2018》。

（3）天然气。2017 年全球天然气消费量为 36704 亿立方米，比 2016 年增长 3%，即 960 亿立方米，较过去 10 年平均增长 0.7%，这是 2010 年

① 资料来源：国际能源署。

以来的最快增速。天然气消费增长主要来自中国（310 亿立方米，占比 15.1%）、中东（280 亿立方米）和欧洲（260 亿立方米），而美国的天然气消费量则是同比减少了 1.2%。

2017 年亚太地区天然气消费同比增长 6.2%，其增速为上年的 2 倍以上，占世界天然气消费总量的 21%。2017 年中国天然气消费量为 2386 亿立方米（不含港、澳、台），天然气发展对世界天然气消费增长贡献 30% 以上。天然气消费量超过 1000 亿立方米的国家除了中国还有：美国（7395 亿立方米）、俄罗斯（4248 亿立方米）、伊朗（2144 亿立方米）、日本（1171 亿立方米）、加拿大（1157 亿立方米）、沙特阿拉伯（1114 亿立方米）。

（4）非化石能源。自 2012 年起，全球可再生能源年新增发电装机容量连续 5 年高于其他能源品种。2017 年，全球新增可再生能源装机 1.62 亿千瓦，其中水电新增装机 2100 万千瓦，风电新增装机 4700 万千瓦，太阳能发电新增装机 9400 万千瓦[①]。2018 年《全球可再生能源现状报告》（GSR）显示，2017 年是可再生能源发电量增长最大的一年，当年可再生能源发电量占到全球发电量净增加值的 70%，且全球对可再生能源发电的投资是对化石燃料和核能发电投资总和的 2 倍多。据报道，2017 年全球可再生能源消费占比达到 10.4%，中国的可再生能源消费占比较全球可再生能源消费占比高出了 1.3%。从 2004 年起，12 年间可再生能源投资增长了 4.4 倍。2017 年，中国、欧洲和美国对可再生能源的投资占全球可再生能源投资总额的近 75%。总体来看，世界能源呈清洁化发展趋势。

二、中国能源的现状

（一）能源储量与分布

我国是富煤、贫油、少气的国家，长期以煤炭为主要能源，其能源分布有北多南少、西多东少、高度集中的特点。中国地大物博，有着广阔的

① 资料来源：《中国可再生能源发展报告 2017》。

土地和丰富的矿产资源，2017 年能源生产结构中，原煤占比 68.6%，原油占比 7.6%，天然气占比 5.5%，水电、核电、风电等占比 18.3%[①]。新中国成立 70 周年之际（2019 年），仅看 1—2 月的情况，我国火电、核电和风电生产增速虽然有所回落，但水电、太阳能发电增速加快。其中，火电增长 1.7%，增速较上年 12 月回落 3.4 个百分点；核电增长 23.0%，回落 14.9 个百分点；风电下降 0.6%，较上年 12 月增长 20.6%；水电增长 6.6%，较上年 12 月下降 0.9%；太阳能发电增长 3.8%，增长 1.6 个百分点。总体来看，2019 年我国的能源结构优化有了一定的进展。

2017 年，中国新增石油储量大于 1 亿吨的盆地有 3 个：鄂尔多斯盆地、准噶尔盆地和渤海湾盆地。2017 年中国新增探明石油地质储量 8.77 亿吨。不过倍感紧迫的是，这一数据创了 10 年来的最低点，同 2012 年相比降低近了 42% 之多[②]。幸运的是，2018 年中国的石油开发活动升温，新增石油探明地质储量保持在近 10 亿吨的较高水平，预计在新中国成立 70 周年之际，将会继续保持这一较高水平。

2017 年，已探明的煤炭储量约为 1145 亿吨，在榜单中位列第三，但中国是世界上煤炭生产最多的国家，世界每一年生产的煤炭中，有超过 47.5% 的煤炭来自中国。

2016 年我国天然气产量 1371 亿立方米，分地区来看，陕西、四川和新疆是我国天然气的主产地，产量分别为 412 亿立方米、297 亿立方米和 291 亿立方米，合计占全国产量的 73.1%[③]。2018 年，我国的新增天然气探明地质储量已保持在 5000 亿立方米以上的水平，全年天然气产量达到 1573 亿立方米，同比增长 6.7%。

截至 2018 年年初，中国拥有在运核电反应堆 38 座，占全球核电装机容量的 9%。中国继续在新建核电市场中占据着重要的位置，2017 年度全球 4 台新并网机组中中国有 3 台。截至 2018 年年初，全球 59 座在建反应

---

① 资料来源:《中国能源大数据报告(2018)》。

② 资料来源:《全国石油天然气资源勘查开采情况通报(2017 年度)》。

③ 资料来源:国家统计局。

堆中中国有18座。2017年度，中国阳江、福清和田湾核电站新并网的3台机组共增加了3GWe的核电装机容量①。

从近10年间的能源占比情况来看，天然气和水电、核电、风电等清洁能源生产占比持续上升，清洁能源在能源供应结构中比重不断增加。

（二）能源消费

我国的能源消费总量连续多年位居世界前列。2017年，我国能源消费总量增速较2016年有所回升，除原油外其他实际消费增速均有回升。据国家统计局初步核算，我国2017年能源消费总量44.9亿吨标准煤，比上年增长2.9%。2017年《BP世界能源统计年鉴》显示，2016年中国能源消费3053百万吨油当量，超过美国，稳居榜首。印度、俄罗斯、日本分别居于第三名、第四名、第五名。

中国作为世界上最大的发展中国家，我们在全球能源结构转型的进程中处于至关重要的地位。即使面临着经济增长放缓以及经济结构变化的现状，中国仍保持着世界上最大的能源消费国、生产国和净进口国的地位。

（1）石油。2017年，中国原油表观消费量首次超过6亿吨，达6.1亿吨，同比增长6.0%，增速较上年增加0.5个百分点，石油消费比重持续上升，达18.8%。2017年，中国石油表观消费量增速也回升，石油表观消费量约为5.88亿吨，增速为5.9%②。中国在“2017全球10大石油消耗国”榜单上以平均每天消耗100亿桶排名第二。不过中国的石油还是主要依靠进口，俄罗斯、沙特、安哥拉、伊拉克等都是我国石油主要来源。

（2）煤炭。2016年，能源消费总量为43.6亿吨标准煤，同比增长1.4%，煤炭消费量下降4.7%。2017年能源消费结构中煤炭消费量占能源消费总量的60.4%。2014—2016年，煤炭消费量连续3年下降，2016年的消费量为18.9亿吨油当量，同比减少了1.6%。2017年，中国的煤炭消

① 资料来源:《2018世界核工业现状报告》。
② 资料来源:《中国能源大数据报告(2018)》。

费量又开始恢复增长，同比增长 0.4%，达到 27.432 亿吨标煤[①]。

（3）天然气。2017 年天然气消费量 2373 亿立方米，同比增长 15.3%，增速约为上年的 2 倍。2017 年中国天然气在一次能源消费的比例为 7.3%，同比提高 0.9%。其中，城镇燃气 937 亿立方米、天然气发电 427 亿立方米、工业燃料消费量 760 亿立方米、化工用气量 262 亿立方米。用气量超过 100 亿立方米的省（区、市）有北京、江苏、广东、新疆、山东、四川[②]。

（4）非化石能源。截至 2017 年年底，中国可再生能源总装机容量约 6.5 亿千瓦，占全国总装机量的 36.6%，可再生能源发电总量占全国发电总量的 26.5%。中国风电装机容量为 1.6 亿千瓦，太阳能装机容量为 1.3 亿千瓦，分别同比增长 10.5% 和 68.7%。10 年间清洁能源消费占能源消费总量的比重从 2008 年的 11.8% 上升到 2017 年的 20.8%，几乎翻番。

2017 年，全国能源消费总量比上年增长约 2.9%。能源消费结构明显优化，天然气、水电、风电等清洁能源消费占能源消费总量比重增长了约 1.5%，煤炭所占比重下降约 1.7%。2017 年中国可再生能源装机总量达到了 67462.2 万千瓦，其中风电 1.89 亿千瓦，水电 3.41 亿千瓦，地热太阳能 1.3 亿千瓦[③]。我国的清洁化步伐不断加快，水电、风电、光伏发电装机规模以及核电在建规模均居世界第一位。2017 年，中国的可再生能源消费占比达到 11.7%，高于全球可再生能源发展的水平。预计 2019 年煤炭消费比重为 57.8%，比上年下降 1.2 个百分点；天然气消费比重为 8.4%，比上年增长 0.5 个百分点；非化石能源消费比重为 14.9%，比上年增长 0.5 个百分点，有望在新中国成立 70 周年之际实现 2020 年非化石能源占比 15% 的规划目标。

① 数据来源：国际能源署。

② 资料来源：中国产业信息研究网。

③ 资料来源：国家统计局。

第二节　能源互联网

一、能源互联网的提出

随着传统能源逐渐枯竭，人们越来越重视对各种新能源的利用，为了促进各种能源之间更好地转换和使用，提高其利用效率，解决现有电网结构已不能满足人们的需求这一迫在眉睫的问题，人们开始探索一种新型的能源网络结构——能源互联网。

因此，能源互联网的出现并非偶然。全球可再生能源互联网的概念最早是 Rid Buckminster 于 20 世纪 70 年代提出的，他认为能源的最优选择正是“全球能源互联网战略”；随后，20 世纪 80 年代 Peter Meisen 创立了全球能源网络学会 GEND，该学会的关注点之一正是国家之间的电力传输网络连接，当时他们就强调应该利用丰富的再生资源，根据季节性变化、气候及日照变化等差异来收集再生能源，以供全球使用。2011 年能源互联网的概念再次被提出，Jeremy Rifkin 在其《第三次工业革命——新经济模式如何改变世界》一书中指出，由信息技术推动全球化的第三次工业革命，首先要解决的问题就是人类赖以生存的能源问题。全书探讨的第一个主题就是该如何实现存储和共享再生能源，且每家每户都能够参与到再生能源的生产中，书中给出的解决能源危机最行之有效的方法就是：将能源的生产、制造、存储、运输实现互联网化。

能源互联网可以就地收集、就地存储、就地使用，因此它可以说是充分利用可再生能源的有效方式。在能源互联网中，电力系统作为枢纽使得能量能够完成在电能、化学能、热能等多种形式间相互转化。能源互联网是“互联网 +”在能源领城的一次应用，将推动能源网络的升级换代①。

---

① 孙秋野．能源互联网[M]．北京：科学出版社，2015：34 – 35.

二、能源互联网的性质和分类

能源互联网采用互联网的理念，利用一些互联网的方法和技术来实现对能源基础设施的变革，使得能源的开放分享可以和互联网信息分享一样便捷。因此，能源互联网具有着传统能源基础设施所没有的开放、互联、对等、分享的特征。

按照功能定位和发展模式的不同，能源互联网的能源网络结构可分为狭义能源互联网、广义能源互联网和全球能源互联网。

（1）狭义能源互联网。Jeremy 在《第三次工业革命》一书中提到："在即将到来的时代，我们将需要创建一个能源互联网，让亿万人能够在自己的家中、办公室里和工厂里生产绿色可再生能源，多余的能源则可以与他人分享，就像我们现在在网络上分享信息一样。"Jeremy 在书中描写的在微网内部，实现多种能源形式的转化和分享的例子就属于狭义能源互联网，它目前对应的是电网架构中的用户侧。

（2）广义能源互联网。在分布式可再生能源大规模接入时，微网虽然灵活但可能会出现供电不稳定等问题，而大电网虽然供电稳定但在灵活接入和动态调度方面难以实现，因此，就出现了能源广域网，它可以在两者之间起到衔接和补充的作用。广义能源互联网对应目前电网架构中的配电层和输电层，其在配电层可以实现可再生能源接入、储能以及负荷的"即插即用"，而输电层则可以在微网或分布式能源等基础上实现开放、对等的能量交换。

（3）全球能源互联网。2014 年 7 月，在电力与能源协会年会上国家电网提出了全球能源互联网的构想。既然信息可以实现全球互联共享，那么能源也可以通过互联网实现开放、互联、分享。但就目前而言，电网分属于不同的运营商，它们都位于不同的地区和国家，因此全球能源互联网构想的实现在很大程度上受国际能源安全与合作体系发展变化等多方面因素的影响，目前来说，能源互联网的开放性和标准化的要求比较高，但这仍可以作为具有可行性的远景目标。

总之，能源互联网的建设离不开狭义能源互联网、广义能源互联网和全球能源互联网三者中任何一个网络结构。它的发展和建设并不是简单的系统工程，因此需要循序渐进，从小规模实验再到大规模实现，不能一蹴而就，要走分层分级、从狭义到广义再到全球的道路。

三、能源互联网的发展动态和现状

2011 年，美国学者 Jeremy Rifkin 在《第三次工业革命》一书中提出“能源互联网是第三次工业革命的核心之一”，产生了较大影响，这使得能源互联网被更多人关注，成为当前国内外一个全新的研究热点。

（一）国外能源互联网的发展动态与现状

多个国家的科研机构为了在能源互联网方面成为先行者，已经开展了初步的研究工作，尤其是发达国家，它们想要在此次技术革命中占领先机，并取得一定成果，以此来延续它们的国际地位。下面对欧盟、美国、日本等提出的能源互联网构想和相关项目进行介绍。

表 6－3　德国、美国、日本以及欧洲提出的能源互联网构想和相关项目①

国家和地区	年份	项目/计划	发起者	内容/行动
德国	2008 年 12 月	技术创新促进计划	德国联邦经济和技术部	以 ICT 信息通信技术为基础来构建能源系统，着手开发和测试能源互联网的核心技术
	2008 年以后	E－Energy（国家性的“灯塔项目”）	德国联邦政府	旨在推动基于信息通信技术的高效能源系统项目，致力于能源的生产、输送、消费和储能各个环节之间的智能化

① 曾嵘．能源互联网引论[M]//能源互联网研究课题组．能源互联网发展研究．北京：清华大学出版社，2016：2－11.

续表

国家和地区	年份	项目/计划	发起者	内容/行动
美国	2008 年	FREEDM（未来可再生电能传输与管理系统），美国国家科学基金项目	北卡州立大学	该项目重点研究的就是能源互联网。FREEDM 项目的核心在于将电力电子技术和信息技术引入电力系统，效仿通信网络中路由器的概念，提出能源路由器的概念并实施初步开发，以希望在未来的配电网层面构建能源互联网，实现分布对等的系统控制与交互
日本	2010 年	“智能能源共同体”计划	—	开展能源和智能电网等领域的研究
	2011 年	“数字电网”计划	—	该计划是基于互联网的启发，构建一种基于各种电网设备的 IP 来实现信息和能量传递的新型能源网。通过协调局域网内部以及不同局域网系统的数字电网路由器，并将其与现有电网及互联网相连，通过相当于互联网地址的“IP 地址”识别发电设备及用电设备在内的装置，由此进行统筹管理与能量调度
欧洲	2011 年	未来智能能源互联网（Future Internet for Smart Energy）项目	—	该项目的核心在于构建未来能源互联网的 ICT 平台，支撑配电系统的智能化；通过分析智能能源场景，识别 ICT 需求，开发参考架构并准备欧洲范围内的试验，最终形成欧洲智能能源基础设施的未来能源互联网 ICT 平台

由表 6 - 3 可以看出，尽管各国对能源互联网认知方式的侧重点不同，但都是在能源系统中引进了互联网技术，目的在于想要把一个由生产者控制的单向集中式的能源系统，转变成能与消费者互动的能源系统，这个系统是以大量分布式为主、辅以较少集中式的新能源，这样的能源系统可以提高利用可再生能源的比重，实现多元能源的有效互联。

（二）国内能源互联网的发展动态与现状

2010 年国务院政府工作报告中就开始强调，“要大力开发低碳技术和节能技术；积极发展新能源和可再生能源的互联电网，加强智能电网建设”，能源互联初见端倪。之后，习近平总书记在国际能源大会上又指出：“能源问题是全球性问题，要坚持依靠科技和多元发展，大力发展风电、太阳能等可再生能源，大力推进能源领城的科技进步和创新，优化能源结构，实现多种能源互补。”此后，我国政府每年都在强调能源互联的重要性，表 6－4 对我国 2012—2016 年能源互联网的发展动态做了介绍。

表 6－4　2012—2016 年中国能源互联网的发展动态①

时间	会议/项目	组织者/地点	内容
2012 年 8 月	首届中国能源互联网发展战略论坛	长沙	对能源互联网概念进行了初步介绍
2013 年 12 月	“第三次工业革命”和“能源互联网”专家研讨会	北京市科委组织	—
2014 年 2 月	开展“能源互联网战略研究”课题	国家能源局委托江苏现代低碳技术研究院	—
2014 年 6 月	国家电网公司基础前瞻性项目“能源互联网技术架构研究”	中国电力科学研究院	着力构建未来能源互联网架构，搭建相应的能源互联网研究平台
	“我国新一代能源系统战略研究”课题	中国科学院学部	提出了新一代能源系统的理念
2014 年 7 月	电力与能源协会 2014 年会	美国华盛顿	国家电网公司董事长刘振亚在会上发表署名文章“构建全球能源互联网，服务人类社会可持续发展”，正式提出构建全球能源互联网的畅想
2015 年 3 月 5 日	十二届全国人民代表大会第三次会议	—	李克强总理在工作总体部署中着重指出，“要掀起能源革命，打好节能减排和环境治理攻坚战”，同时提出“互联网＋”计划，“互联网＋能源”已成为国家今后的发展路线

① 曾嵘．能源互联网引论［M］//能源互联网研究课题组．能源互联网发展研究．北京:清华大学出版社,2016:2－11.

续表

时间	会议/项目	组织者/地点	内容
2015 年 4 月	首次召开能源互联网工作会议	国家能源局	—
	以“能源互联网：前沿科学问题与关键技术”为主题的香山科学会议	清华大学发起并组织，北京香山饭店	为我国能源互联网的发展建言献策，在国内外产生了重要影响
2015 年 6 月	开展“国家能源互联网行动计划战略研究”	国家能源局	将其作为国家“互联网 +”行动计划的重要载体
2015 年 9 月 26 日	联大峰会	—	习近平总书记提出了“探讨构建全球能源互联网，推动以清洁和绿色方式满足全球电力需求”的中国倡议，得到联合国和国际社会的广泛支持
2016 年 2 月	联合发布国家能源互联网纲领性文件《关于推进“互联网 +”智慧能源发展的指导意见》	国家发改委、能源局、工信部	提出了能源互联网的路线图，明确了推进能源互联网发展的指导思想、基本原则、重点任务和组织实施
2016 年 3 月 29 日	全球能源互联网发展合作组织一届一次理事会召开	北京	全球能源互联网发展合作组织揭牌成立

2016 年 3 月成立的全球能源互联网发展合作组织，是中国在能源领域发起成立的首个国际组织，由致力于推动世界能源可持续发展的相关企业、组织、机构和个人等自愿组成，目前会员已遍及约 80 个国家和地区。

2019 年 1 月 12 日，全球能源互联网发展合作组织与海湾阿拉伯国家合作委员会（海合会）电网管理局和埃塞俄比亚水资源、灌溉和电力部在阿联酋首都阿布扎比签署三方合作协议，共同推动全球能源互联网建设与埃塞—海湾地区联网项目。根据协议，三方认为，埃塞—海湾地区联网项目将对埃塞清洁电力外送发挥重要作用，满足海湾地区持续增长的电力需求，促进可再生能源开发与利用。三方将结合埃塞、海合会国家能源电力工业状况与发展计划，围绕项目必要性、经济性、商业模式、电力传输可能路径及其他技术问题开展共同研究，探索项目推进方向和电力交易潜力。三方将成立联合工作组，并于 12 个月内完成项目预可行性研究。

从目前的情况来看，能源互联网已经受到了国内各级政府和研究机构的高度重视，能源互联网的理念与技术也已在国内引起了越来越广泛的关注，它正逐渐由以基础性研究为主的概念阶段向以应用性研究为主的起步阶段转变。

四、构建全球能源互联网的意义①

面对世界能源发展新趋势以及日益严重的气候资源问题，全球能源互联网的构建对应对气候变化、推动能源革命以及实现世界经济、能源、环境三者协调发展都具有战略性和全局性意义。

（一）全球能源互联网促进了“一带一路”的建设发展

中国面向 21 世纪、面对经济全球化的大形势，提出了“一带一路”这一重大倡议，这是我国在新时代作出的重大构想，是保障我国战略安全和能源安全的重要举措，是促进世界各国共享发展机遇和成果的巨大推动力。“一带一路”倡议不是一个一成不变的倡议，它的内涵在实践中不断地丰富。构建全球能源互联网这一新的中国倡议，不仅贯彻了“一带一路”的构想，丰富了它的内涵，而且促进和发展了“一带一路”倡议。构建全球能源互联网，在加快“一带一路”建设实施的同时，还有力地促进了国与国之间的政策沟通、设施联通、贸易畅通、资金融通、民心相通。

（二）全球能源互联网推进了能源革命

工业革命最根本的动力来自能源革命。蒸汽机的发明以及煤炭资源的开发利用大幅地提升了生产力水平，推动了第一次工业革命；内燃机的发明以及石油资源的开发利用使得人类进入了第二次工业革命，开创了机械化和电气时代。历史证明，人类社会的重大进步与社会生产力的飞跃每一次都离不开能源的变革。而不难预料，能够引领和推动第三次工业革命的还是能源革命——构建全球能源互联网，它将形成以清洁能源为主导的能

① 刘振亚. 构建全球能源互联网 推动能源清洁绿色发展[N]. 人民日报,2015-10-22(11).

源全球配置新格局，加快清洁发展，实现全球能源转型升级。

（三）全球能源互联网的构建推动了经济社会发展

每一次的能源革命、工业革命都是为了推动人类文明的进步，推动经济社会的发展。全球能源互联网的构建，之所以要高效地开发利用各类清洁能源，也是为了让人人都能够享有充足、清洁、廉价的能源，使能源的供应更加便捷，以此为经济社会的发展提供不竭动力。而进一步来说，将全球能源互联网与物联网继续进行深度融合，将会带动更多战略性新兴产业的发展与创新，如新能源、新材料、电动汽车等，为“大众创业、万众创新”提供广阔空间和发展平台。

（四）全球能源互联网的构建提供了应对全球气候变化的途径

随着社会的工业化发展，当前全球气候变化形势严峻。过去的 25 年里，为了应对气候变化以及环境污染等问题，世界主要经济体以及各种气候环境、能源组织采用了各种方式来解决问题，如碳交易、气候融资等。但从近几年的情况来看，这些应对气候变化的道路已经到了举步维艰、徘徊不前的地步。因此，构建全球能源互联网便为我们提供了新的应对全球气候变化的途径，这或许也是应对全球气候变化的根本途径。据统计，如果能以清洁和绿色方式来满足全球的电力需求，2050 年时清洁能源的比重将达到 80%，相当于每年替代了 240 亿吨标准煤的燃烧，减排二氧化碳达到 670 亿吨。

（五）全球能源互联网能够促进世界和平发展

由于化石能源具有稀缺性，因此各国资源禀赋的不同在一定程度上决定了国家之间的差距，而风能、太阳能等可再生能源取之不尽，全球能源互联网的构建就使得国家间能够进一步加强合作、互利共赢。依托全球能源互联网，人们可以大规模地开发利用可再生能源，解决缺电问题，缩小地区差异，让人人享有可持续能源，从而抑制国际争端，推动人类命运共同体的建设。

第三节 能源互联网与绿色发展

一、能源互联网与绿色交通[①]

交通运输业消耗了绝大部分的石油，是化石能源产生环境污染的重要原因。电气化交通的发展，特别是电动汽车技术的成熟和普及，以及城市轨道交通网的建设，一方面降低了能耗和污染排放；另一方面也使电气化交通成为城市中最大电能消耗用户，其电能需求特性对于城市电网的建设和运行起到非常重要的影响。交通运输行业中，实现多种能源的互补、提高能源利用效率、降低污染物排放，是未来建设能源互联网的重要组成部分。

（一）绿色交通网概述

公路、水路、轨道交通和航空运输是目前交通网的主要组成部分，交通运输业消耗了全世界石油的70%，是环境污染排放的重要部分。作为占能源消费近1/3的交通系统，在推进能源生产与消费模式革命中起到关键作用。表6－5为能源消耗估计表。目前电气化交通等技术的发展，如电动汽车的发展，不仅可以大大降低交通运输业的能耗水平和污染排放，是应对能源危机和环境污染的重要手段，而且会对全球能源消费格局产生重大的影响。因此，交通运输业的技术进步和能源消费方式的变革，催生了低能耗、低排放的绿色交通网，将在能源互联网中扮演重要角色。

表6－5 2012—2016年1—3月能源消耗估计

最终使用部门	2016	2015	2014	2013	2012
住宅部门	6134	6904	7197	6533	5744
商业部门	4723	5017	5104	4782	4488
工业部门	7754	7829	7864	7737	7744
交通部门	6784	6588	6409	6330	6350

① 郑泽东．能源互联网与绿色交通[M]//能源互联网研究课题组．能源互联网发展研究．北京:清华大学出版社,2016:160.

续表

最终使用部门	2016	2015	2014	2013	2012
总计	25395	26338	26574	25382	24326

资料来源：《能源互联网与绿色交通》。

目前交通领域中除了可以使用石油、天然气、电能等多种形式的能源外，还有大量的储能存在，如锂离子电池。根据整体的能源形势和技术发展，交通领域中的多种能源可以互为补充，发挥能源的最大效力。所以交通网是一种典型的多能源网络，通过不同能源形式之间的调控，可以实现能源的优化利用，是建设能源互联网的理想领域。

（二）绿色交通与能源互联网

绿色交通技术未来的发展，大体分为三类：一是通过电气化等技术，来降低能源消耗和污染排放；二是要借助交通网实现多种能源的综合、高效利用；三是要实现交通网与大能源网的连接与互动，使交通网能够参与到整个能源互联网的调控中，推动整个能源互联网结构和运行的优化。

首先，要大力推进交通电气化，建设绿色交通网。交通电气化是解决目前交通运输业能耗过高、污染物排放重等问题的关键技术。通过电气化技术的推广，无论是电动汽车代替燃油汽车，还是轨道交通代替传统交通方式，都给交通运输业带来技术上的变革，有利于降低能源消耗并减少废气的排放。其次，要实现多能源在绿色交通网中的融合。交通中涉及石油、天然气、氢气、电能等多种能源，还涉及可再生能源消纳、分布式储能等与电网运行相关的技术。因此在绿色交通网中，可以实现多种能源的融合、互动。通过电动汽车的充放电、轨道交通等实现城市交通网与电网的融合；通过混合动力汽车、氢燃料电池汽车，实现与化石能源、电网、氢能源之间的融合。在交通领域实现多能源的协调与融合，可以优化能源消费结构，降低污染物和温室气体排放，提高交通运输业的效率。最后，要加强绿色交通网与能源网之间的互动。绿色交通中，不仅可以实现多种能源的融合，还能够实现交通网与其他能源网之间的互动运行。最典型的就是电动汽车充电与电网之间的互动。在大型城市中，轨道交通的供电系统也可以通过与电网之间的互动，或者通过列车运行调控等，来参与电网的峰谷调节。

（三）小　结

交通系统的能耗在全世界能耗中占有较大的比重，并且交通网的能源涉及石油、天然气、电能等多种能源形式，是一个典型的多能源融合的网络，因此建设低耗能、多能互补互动的绿色交通网，是构成能源互联网的重要组成部分，也是实现能源互联网发展的理想场合。通过交通电气化技术的发展，可以降低交通网的能耗水平和污染物排放量，通过交通网与能源网之间的互动，可以实现交通网的运行与能源网运行的互动，为能源网的高效、可靠运行提供支撑。

二、天然气分布式能源①

天然气分布式能源是指以天然气清洁能源为燃料的分布式能源系统，应用燃气轮机、燃气内燃机、外燃机等各种能量转化设备，为用户提供冷、热、电等各种需求。天然气分布式能源在分布式能源系统中具有核心地位，是我国实现节能减排和清洁能源利用的重点。天然气分布式能源具有节能、减排、经济、安全、削峰填谷等不可替代的多元优势，特别适合城市能源系统。

（一）天然气分布式能源将成为我国“互联网+化石能源”先行者

分布式能源是一种安全清洁的能源利用方式。它将发电和供能装备建在距离用户较近的一侧，利用天然气等清洁能源以及可再生能源，通过能源梯级利用的方式，来满足用户的各种能源负荷的需求。以于2017年底投入商业运营的华能桂林天然气分布式能源项目为例，作为桂林首个、广西最大的燃气发电项目，该项目使用3台燃气—蒸汽联合循环冷、热、电三联供机组，发电总装机21万千瓦、年发电量逾10亿千瓦时，燃料利用效

① 洪涛．天然气分布式能源："互联网+化石能源"的先行者[M]//能源互联研网研究课题组．能源互联网发展研究．北京：清华大学出版社，2016：270.

率可达81.15%，其配套建设供热管网年供热量将达224万吉焦。项目投产后，每年可替代标准煤30万吨，节约标准煤13万吨，减少70%二氧化碳、527吨二氧化硫、1560吨氮氧化物和85%粉尘的排放①。

天然气分布式能源比起传统的化石能源，增加了互联网基因，具有开放共享的特征，其能源综合效率明显改善，因此发展天然气分布式能源成为化石能源互联网实践的重要途径。

（二）能源与经济的转型发展将为天然气分布式能源提供发展良机

我国未来的发展离不开能源转型。我国未来要实现绿色高效的城镇化，工业转型升级与园区循环化以及未来低排放社区的发展都离不开分布式能源。因此，天然气分布式能源是能源互联网发展的重要选择。中央在关于“十三五”规划建议中也明确指出了电力、石油、天然气、交通运输、电信等领域发展的重要性，“互联网+智慧能源”及创新发展，将引领新兴商业模式在能源领域发挥作用。

（三）小结

以天然气为代表的化石能源参与能源互联网是“互联网+智慧能源”的发展方向和重点任务之一，也是“互联网+化石能源”的重要标志。截至2017年12月，全国天然气分布式能源项目共计381个，装机规模达到13.4GW（见表6-6）。与2015年年底相比，项目个数增加93个，装机规模增加2.2GW。

表6-6　2017年中国天然气分布式能源项目分布情况

项目类型	项目个数/个	项目个数占比/%	装机规模/MW	装机规模占比/%
楼宇式	158	41	712	5
区域式	223	59	12678	95

资料来源：据中国城市燃气协会分布式能源专业委员会不完全统计。

① 资料来源：国际能源网。

发展天然气分布式能源将有利于实现：推动化石能源生产消费基础设施智能化，推动化石能源与信息通信基础设施深度融合；建设多能（化石能源与可再生能源、一次能源与二次能源、热冷气电储等）协同综合能源网络；营造开放共享的能源互联网生态体系，培育绿色能源灵活交易市场模式，以具体实践落实电力体制改革、油气体制改革、绿色城镇化及能源转型；带动能源互联网的关键技术攻关，包括支持能源互联网的核心设备研发、支持信息物理系统关键技术研发、支持系统运营交易关键技术研发以及自主燃机研发与制造现代化。

第四节　“一带一路”与建设全球能源互联网

全球能源互联网发展合作组织主席、中国电力企业联合会理事长刘振亚在出席全球能源互联网研讨会时，发表了题为《特高压电网和全球能源互联网》的主旨演讲。刘振亚在演讲中指出，全球能源互联网是基于特高压技术提出的绿色能源系统，核心是发挥特高压输电技术优势，促进清洁能源在全球范围优化配置，推动世界从以化石能源为主导转向清洁能源主导，只有这样，才能从根本上解决世界能源紧缺、环境污染和气候变化等突出问题。构建全球能源互联网，已经纳入“一带一路”建设和联合国2030年可持续发展议程工作框架，成为国际共识和全球行动，是加快能源转型、破解世界能源发展困局的必由之路。特高压技术使得超远距离电力输送成为现实，建设全球能源互联网，将对世界经济社会发展产生根本性的推动作用，实现能源转型，造福全人类。

一、构建全球能源互联网，是“一带一路”建设的创新发展

2015年10月22日，《人民日报》刊发了刘振亚的署名文章《构建全球能源互联网 推动能源清洁绿色发展》①，阐述了构建全球能源互联网的

① 刘振亚．构建全球能源互联网 推动能源清洁绿色发展[N]．人民日报，2015－10－22(11)．

重大意义，其中一个便是“构建全球能源互联网，是‘一带一路’建设的创新发展”。“一带一路”倡议的目的就是实现沿线各国的政策沟通、设施联通、贸易畅通、资金融通、民心相通。减少碳排放、减缓气候变化是最大的民心，全球能源互联网是设施联通的重要一步，是对“一带一路”倡议的最好策应。能源传输畅通是贸易畅通的前提条件，跨国电网、洲际电网、全球电网互联既不是一国的事情也不是一国能完成的事情，这为资金融通、政策沟通提供了契机和平台。

二、构建全球能源互联网，“一带一路”倡议的基建项目是支柱

习近平主席在“一带一路”国际合作高峰论坛开幕式的主旨演讲中指出：“设施联通是合作发展的基础，我们要着力推动路上、海上、天上、网上四位一体的联通，聚焦关键通道、关键城市、关键项目，连接陆上公路、铁路、道路网络和海上港口网络，我们已经确立‘一带一路’建设六大经济走廊框架，要扎扎实实向前推进，要抓住新一轮能源结构调整和能源技术变革趋势，建设全球能源互联网，实现绿色低碳发展，要完善跨区域物流网建设。我们也要促进政策规划标准与三位一体的联通，为互联互通提供机制保障。”①

而自中国提出“一带一路”倡议以来，能源基础设施建设成为构建全球能源互联网的支柱。“一带一路”沿线各国相继制定了与基础设施建设相关的国家及区域发展规划，为基础项目建设提供了更加完善的制度保障。以重大能源项目和产能合作为重点，我国与有关国家合作建设一大批跨境的能源基础设施，提高了各国能源基础设施水平，提升了区域资源的优化配置和能源协作安全保障的能力。近5年来，我国的电力企业与“一带一路”相关国家的合作日益加深，年度实际完成的投资中有50多个项

① 习近平．携手推进“一带一路”建设——“一带一路”国际合作高峰论坛开幕式上的演讲[EB/OL]. http://www.xinhuanet.com//politics/2017-05-14/c-1120969677.htm,2017-05-14.

目的实际完成投资达到3000万美元以上，累计实际完成投资80亿美元；截至2017年，签订电力工程承包合同494个，总金额到达912亿美元；[①]并成功投资运营菲律宾、巴西、葡萄牙、澳大利亚、意大利、希腊等国骨干能源网。[②]例如，中巴经济走廊的恰希玛核电站、越南海阳燃煤电厂、安哥拉卡库洛卡巴萨水电站及巴西美丽山±800千伏特高压直流输电工程等，为相关全球能源工业发展提供了有力的支撑。

三、构建全球能源互联网，“一带一路”的投资是有力支撑

随着中国提出“一带一路”倡议，中国与“一带一路”沿线国家的贸易日益活跃，国内企业跨境投资热度持续上升。2013—2017年，中国与“一带一路”国家进出口总额达69756.23亿美元[③]，与相关国家的贸易增速高于中国对外贸易整体增速，成为推动我国外贸加速回暖的重要力量。如中国在巴西的投资较之以前更进一步了。巴西幅员辽阔，人口与能源分布不平衡，北部水电资源丰富，但人口稀少，东南部人口密集而电力紧缺，北电南调一直是巴西国之大计。“一带一路”投资计划启动后，中国在巴西的一期建设不仅满足了2200万人口年用电需求，还带动了巴西电源电工装备及原材料上下游产业的发展，创造了就业岗位3万多个。与此同时，由国家电网公司独立投资建设的二期工程，也已全面开工。工程由西北到东南，途经六个州，将新建2518千米输电线路，项目建成后，将成为南美最长的输电线路。

起初，与基础设施项目相关的长期投资，是“一带一路”建设的一项特色，这也使得“一带一路”倡议的主要获益方是中国国有企业；而如今，“一带一路”相关投资正逐渐拓宽至贸易、制造业、互联网和旅游业等领域。

---

① 资料来源：杨昆，“中国电力主题日”活动讲话，2018.7.26。

② 资料来源：中国电力企业联合会。

③ 资料来源：《“一带一路”大数据报告（2018）》。

四、构建全球能源互联网，要结合“一带一路”电力综合资源规划

2018 年 9 月 4 日，“一带一路”绿色发展研究项目（简称“绿色带路项目”）发布了《“一带一路”电力综合资源规划研究》① 报告。报告指出，“一带一路”沿线国家大多人口众多、地域广阔、资源丰富，但目前来说，很多国家丰富的资源并未得到充分、高效、合理的开发，尤其是能源和电力发展，目前大多处在粗放式增长的阶段。此外，报告分析和预测了目前“一带一路”电力发展的重点区域——东南亚、南亚国家，根据对各国的电力需求及相关资料进行预测，2020 年以前东南亚国家和南亚国家的用电总量年均增速分别为 5.7% 和 6.9%，2020 年后的 10 年内，其用电总量年均增速虽然有所下降，但增速仍可达到 4.5% 和 4.8%，这些国家的未来电力需求依旧保持较高速增长，并且伴随着经济发展的推动，未来“一带一路”沿线国家对电力的需求量仍较为强劲。因此，报告指出，要想满足经济社会发展对电力的需求，必须把电力的供给侧与需求侧有机地结合起来，具体的就是在沿线国家电力规划中开展电力综合资源规划（IRSP），更合理有效地利用能源和资源，以此来减少化石能源过度开发，减少电力重复和过度建设投资，减少社会资源的浪费和损失，以达到“提供安全高效、绿色、低碳和可负担成本的普遍服务”的目标。

① 资料来源：国际能源网。

第三篇

绿色发展制度的政治经济学阐释

第七章　新时代我国绿色发展的能源体制改革

第一节　新中国成立70年来我国能源体制的演进

一、主要能源简介

在物理学方面，能源是指提供某种形式能量的自然资源及其转化物，可以界定为能够完成某项工作的物质。能源可以被转移到其他对象或转化成不同的形式，能源本身不能被创立和损毁。能源主要包括动能、势能、太阳能、核能、机械能、热能、电磁能（光）、化学能、电能和声能。国际上衡量能量主要使用英热单位 Btu（British thermal Unit），1Btu 约等于1055 焦耳，是将一磅的水由 39 华氏度加热至 40 华氏度所需的热能。

按照是否可再生分类，能源可分为可再生能源（Renewable Energy）与非可再生能源（Non－Renewable Energy）。在短周期时间范围内能够得到补充或陆续获得的能源称为可再生能源，如风能、水能、海洋能、太阳能、地热能和生物质能等；如果不符合上述条件，则称为不可再生能源，常见的有核能（Nuclear Energy）和化石能源（Fossil Energy），生活中常用的煤、石油和天然气等是不可再生能源。

按照利用方式分类，可将能源分为一次能源（Primary Energy）和二次能源（Secondary Energy）（见表 7－1）。一次能源是指自然界本身存在的可以被直接利用的能源，如煤、石油、天然气和水能等；二次能源是指需要利用一次能源进行加工转换而出现的能源，如电力、煤气、沼气、热蒸汽及各种石油制品等。

表 7-1 能源分类

<table>
<tr><th>能源分类</th><th>能源来源</th><th colspan="2">终端能源</th></tr>
<tr><td rowspan="3">一次能源</td><td rowspan="2">常规能源</td><td>化石能源</td><td>煤炭
常规石油
常规天然气</td></tr>
<tr><td>非化石能源</td><td>水能
风能</td></tr>
<tr><td>非常规能源</td><td>非常规化石能源</td><td>非常规石油
非常规天然气
煤层气</td></tr>
<tr><td rowspan="3">二次能源</td><td>石油天然气化工</td><td colspan="2">液化气、重油、煤油、汽油、酒精</td></tr>
<tr><td>煤炭转化</td><td colspan="2">煤气、焦炭、洗煤</td></tr>
<tr><td>火力发电</td><td colspan="2"></td></tr>
</table>

按照开发利用时期分类，可以分为常规能源（Conventional Energy）和非常规能源（Unconventional Energy）。早期被人类利用、技术较成熟、使用范围广泛的能源一般称为常规能源，包括煤炭、石油、天然气和水能等。被人类利用时间晚，或者技术上不够成熟等造成使用范围有限的能源可以称为非常规能源，如太阳能、地热能、海洋能、生物能、氢能等能源。现在被逐步开发的非常规化石能源，如非常规石油、非常规天然气等能源也涵盖在非常规能源范围内。

当然还存在很多其他的分类形式，如按照能源来源渠道分类，包括来自地球内部的能源，如地热能；来自地球之外的能源，如化石能源、风能、太阳能等；另外，还包括地球与外天体相互作用形成的能源，如潮汐能。按照能源利用方式分类，可分为燃料型能源（煤炭、石油、天然气、泥炭、木材）和非燃料型能源（水能、风能、地热能、海洋能）。按照能源存在形式分类，可分为固态燃料、液态燃料、气态燃料、电磁能、太阳能等。

二、新中国成立 70 年来我国能源的发展现状

新中国成立 70 年来，我国基础设施和基础产业发展取得了质的飞跃，能源生产能力不断提高，在一定程度上保证了国家经济安全。新中国成立初期我国一次能源产量很低，1949 年我国一次能源产量仅有 0.32 亿吨标准煤，但在 70 年的发展中，我国能源的生产速度有了质的飞跃，尤其是我国“入世”以来，能源生产速度飞快。我国一次能源生产总量从 2000 年的 13.5 亿吨标准煤增加到 2017 年的 35.9 亿吨标准煤，增长了 2.65 倍，年均增长率达到 8.45%（见图 7－1）。我国是能源生产大国，在世界能源市场上占据着越来越重要的地位。2012 年《BP 世界能源统计年鉴》发布的数据显示，我国已成为世界上第一能源生产大国，2011 年我国能源生产总量达到 24.33 亿吨标准油，占世界能源生产总量的 18.43%，远高于美国的能源生产总量 17.85 亿吨标准油，也超过了其他金砖国家俄罗斯、印度、巴西、南非四国的能源生产总量和。近年来，我国能源生产虽然保持着快速的增长，但生产总量仍小于能源消费总量，能源生产总量增长率也低于能源消费总量的增长率水平。

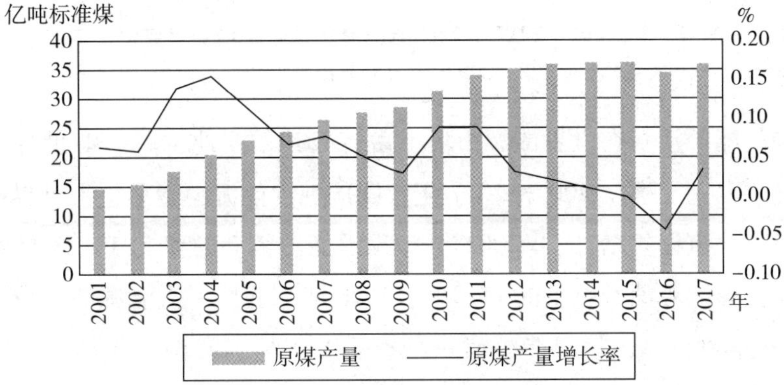

图 7－1　2001—2017 年我国能源生产总量及增长率变化

资料来源：《中国统计年鉴》（2002—2018 年）。

改革开放 40 多年来，我国经济一直处于一种超高速发展的状态中，能源消费也伴随经济快速增长。为了适应经济发展，我国能源行业不断进行

改革，促使能源供应能力大幅提高。进入21世纪以来，依照我国经济发展的速度，我国成为世界第一能源消费国指日可待。由图7－2可知，2001年我国能源消费总量为15.04亿吨标准煤，高于同期我国能源生产总量（14.39亿吨标准煤）。2017年，我国能源消费总量达到44.9亿吨标准煤，同2001年相比，消费总量增长了3.2倍，年均增长速度为11.1%，2017年我国能源消费总量也高于同年能源生产总量。2001—2017年我国能源消费总量增长速度较快，增长率基本在4%以上波动起伏；2004年增长率最高，达到16%。

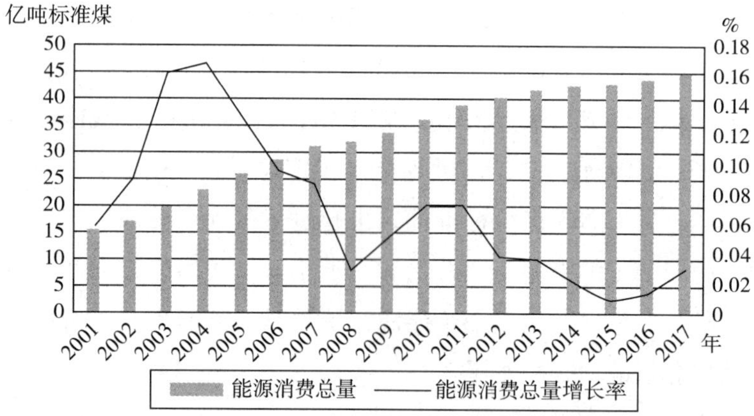

图7－2　2001—2017年我国能源消费总量及增长率变化

资料来源：《中国统计年鉴》（2002—2018年）。

我国的能源消费在世界能源市场上占有极其重要地位。《BP世界能源统计年鉴2018》显示，2004—2017年，我国一次能源消费总量占世界能源消费总量的比重逐年增加。[①] 2004年，我国能源消费总量为15.73亿吨标准油，占世界能源消费总量的14.9%；2010年，我国一次能源消费总量达到228亿吨标准油，占世界能源消费总量的19.6%，我国首次超过美国成为世界上最大的能源消费国；2017年一次能源消费总量继续上升，达到31.21亿吨标准油，占世界的比重增加到23%，跟美国和俄罗斯两国能源

① BP Statistical Review of World Energy 2018［R］. London：BP Company，2018.

消费总量之和基本持平。可以预计，我国能源消费总量占世界的比重将越来越高，增长速度也将持续一个较高的水平。

但是我国能源效率偏低。2017 年我国 GDP 占世界生产总值的 15%，却消耗了世界能源消费总量的 25%。造成这种现象的主要原因是我国现阶段经济增长主要依靠出口拉动以及投资固定资产，使得高耗能企业快速发展，最终致使产业结构等方面均存在较大问题；此外，我国的能源利用方式落后，高耗能低产出现象明显。

我国用粗放式能源利用方式换取的经济快速发展带来了颇多的环境问题，现代社会对生活环境的高质量要求以及人民对绿色生活的诉求，都要求我国能源必须走向绿色、低碳。

三、新中国成立 70 年来我国能源体制发展历程

新中国成立 70 年以来，我国能源规模由小到大，生产力水平由低到高，能源体制为了适应形势发展的需要也经历了多次变革，我国能源体制变动简述如下。

1980 年 8 月中国国家能源委员会成立，确定了其能源政策制定的职责，我国才初步建立了能源体制的基本框架。1988 年国家能源体制改革，主要是精简机构，国务院部委由 45 个精简到了 11 个，我国第一次设立能源部对能源进行统一管理。这一年，我国在能源体制管理上实现了政企分开，至此我国这才走出了能源企业化的第一步。2003 年我国成立了国家能源局，对能源进行综合管理，专门负责能源企业的宏观调控与政策制定。2008 年政府机构改革，对能源方面的机构进行了进一步的整合。国务院政府机构改革建立了新的能源管理体制，设立了能源局，两年后又成立了国家能源委员会。党的十八大报告提出进行经济体制改革，2014 年国务院办公厅即出台相关能源体制改革的综合目标和战略要求，这对推动能源生产和消费革命、打造中国能源升级版至关重要①。2015 年 2 月 28 日，国家发

① 孔琳．推进能源体制改革，促进绿色经济发展[J]．经济界，2015(3)：76 – 81.

展改革委发布天然气价格改革通知，决定自2015年4月1日起将存量气和增量气门站价格并轨，全面理顺非居民用气价格，同时放开直供用户用气门站价格。其中，通知还要求积极推进交易市场建设，引导放开价格的气量进入交易中心交易。2018年能源体制改革迎来重要升级，《2018年能源工作指导意见》进一步要求，必须持续完善中长期电力交易机制，推进电力辅助服务市场建设，提高电力市场化交易比重，进一步降低企业用能成本。

2019年是新中国成立70周年，这意味着我国又迎来新的阶段，这一年国家关于能源体制的改革也有了一些新的政策。2018年年底，国家电网在北京召开的新闻发布会发布深化改革的如下十大举措：①在特高压直流工程领域引入社会资本。②加快推进增量配电改革试点落地见效。③积极推进交易机构股份制改造。④加大综合能源服务领域开放合作力度。⑤大力开展抽水蓄能领域投资合作。⑥持续推进装备制造企业分板块整体上市。⑦加快电动汽车公司混合所有制改革。⑧开展信息通信产业混合所有制改革。⑨推进通航业务混合所有制改革。⑩深化金融业务混合所有制改革。此外，在2019年全国能源工作会议上，国家能源局局长章建华指出要坚定不移推进能源领域供给侧结构性改革，着力推动能源发展质量变革、效率变革、动力变革。要以五个“坚持”来深入推进能源工作。加快推进油气产业发展，抓好能源扶贫、光伏扶贫，深入推进电力体制改革，积极推进油气管网运营机制改革，深化“放管服”改革，注重防范化解能源合作风险隐患，着力提高“一带一路”能源合作水平，加强能源反腐工作。

计划经济时期我国能源管理体制的变动主要是煤炭、石油、电力、水利、化学、核工业等部门之间的集中管理与分散管理方式的反复变化。能源产业根据不同行业成立了多个部门，如电力部、水利部、石油部、煤炭部，每个产业都是政企合一的形态。政企合一的垄断体制带来效率低下、供给不足、负担沉重等问题。

随着市场经济改革的深入，具有自然垄断性质的能源产业也实行了变革。但改革开放以来，我国能源管理体制的变动日益趋向分散管理的方式，尤其是能源局和国家能源委员会这两个机构的成立，标志着我国能源体制改革迈出了重要的一步，也显示出我国政府加强能源管理、保障能源安全的决心。这种能源管理机构的设置有其合理性，但是从整体上看，我国能源体制改革的步伐仍相对滞后，我国能源体制与保障能源安全的要求仍不相适应。

计划经济时期，我国的能源行业企业都是垄断的国有企业，能源资源归国家所有，能源开发、销售、价格等方面都由政府来定，一系列的管理环节也是由多个政府部门负责的。以行政审批和部门规章为基本内容和手段，以行政隶属关系实现上级对下级人、财、物的支配地位。政府制定政策法规并监管行业，政府的监管主要依靠政策性文件和行政性审批。其特点是政企不分、政监不分，政府代替市场包揽一切，直接干预企业的经营行为。政府既是政策的制定者，也是政策的监督者。独立的监管机构没有必要存在。

电力领域历经如下演变：1985 年，国务院颁发了《关于鼓励集资办电和实行多种电价的暂行规定》，提出了“政企分开，省为实体，联合电网，统一调度，集资办电”和“因地因网制宜”的方针，实行了“新电新价”政策。在监管政策上放松发电侧的市场准入、改革上网电价制度及创造发电市场的投资激励机制政策促进了电力工业的快速发展，电力短缺问题得到缓解，结束了 30 多年的计划经济体制下发电市场政企合一、国家垄断经营的局面，逐步形成了多元投资主体的市场结构。1997 年，我国政府基于原电力工业部成立了国家电力公司，由国家经济贸易委员会处理原有的政府工作，因此，政企不分的问题得以解决，但政企合一的管理体制、政府管理方式及垂直一体化经营的方式并未改变。随着竞争程度的加强，管理体制上的问题日益严重。1998 年，我国撤销电力工业部，将原电力工业部行使的行政管理职能移交给国家经济贸易委员会，国家电力公司等电力企业实行自主经营，中国电力企业联合会等行业协会进行自律服务。随着电力行业市场化改革的深入，2002 年，国家电力公司被拆分为由中央直管的 2 家电网公司、5 家发电公司、4 家辅业集团公司等 11 家电力企业，我国成立国家电力监管委员会，其属于国务院直属事业单位。2013 年，国家电力监管委员会被撤销，相关职能并入国家能源局。

到目前为止，除了煤炭由煤矿安全监察局负责安全监管外，石油、天然气等能源领域没有专业的监管机构，监管职能分散在多个政府部门中。

第二节　我国现行能源体制存在的问题

一、管理体制问题

我国能源管理机构的频繁变动使得政策的制定和执行受到影响，也影响了能源产业的发展。在历次机构改革中，缺少专门的、统一的、权威的且长期稳定的政府部门负责能源管理，多部门分散管理的局面没有改变，能源管理机构逐渐弱化，人员也大幅减少①。目前能源管理体制上存在许多问题，这些问题主要包括以下几方面。

（一）能源管理职能弱化

为了适应我国经济发展，我国的能源管理体制几乎每隔 3 ~5 年就会有新的变革，频繁的变动改组使得比较稳定的运作机制很难形成，进而使得管理职能不断弱化。1980 年和 1988 年，国家能源委员会和能源部分别成立，但很快因为各部门的关系难以协调而被撤销。由于能源管理归属多个部门，职能分散，能源管理仍然是低层次的、分散化的管理，整体上并没有一个综合管理机构或者部门来实现统一调度，因此能源管理力量薄弱，跨行业、跨部门的综合协调能力很弱，存在强势企业弱势政府的局面。

我国早期市场化程度较低，能源企业也主要以国企为主，有些甚至垄断整个行业形成一家独大的格局，有的企业是直接通过改造一些原先的政府部门形成的，很多都是部级的企业，在市场中处于垄断地位，对决策的

---

① 武旭．我国油气行业监管体系目标设计思考[J]．西南石油大学学报(社会科学版)，2015，17(3)：1－11.

影响力很强并且具有很强的市场控制力。

能源局负责对石油、天然气、煤炭、电力等能源的管理，但能源局的职权非常有限，难以承担我国复杂的能源管理工作。能源局虽然是政府能源管理机构，然而级别较低，面对属于垄断性质的、复杂的能源产业，缺乏足够的管理人员和专业力量，不能全面掌握国内能源生产、消费的情况，不可能真正起到管理作用。政府对能源仍然以项目审批和行政性文件的方式来实施管理，能源产业政企不分的问题虽然从形式上得到了解决，但能源管理中缺位、越位的问题依然存在，市场对资源配套的基础作用还没有得到充分发挥。能源管理的全局化程度较低，无法统一协调，能源工业的改革也比较局限，无法突破行业的内部改革，也错过了参与国际合作的机会，在国际能源竞争中处于被动位置。能源管理机构与能源的战略地位、当前的能源形势极不相称①。

（二）能源领域的市场化进程缓慢，竞争机制不健全

我国的市场经济发展速度快，但是能源领域的市场主体以及定价机制等方面都还无法与市场经济配套发展。我国主要能源行业煤炭、电力以及石油都存在自身市场化不足的问题。首先，我国煤炭行业的价格始终无法实现完全市场化，煤炭生产销售过程中过多的中间商使得煤炭终端的价格无法降低，而且煤炭行业集中度很低，无法形成规模优势；其次，我国电力市场化还在幼稚阶段，电力行业主要集中在国家管理之下，电价形成机制主要由国家宏观调控，行业利润太低以致私人企业无法直接进入；最后，我国石油行业没有形成比较完善合理的法律法规，对海外石油开发项目的审批程序繁杂且缓慢，无法在激烈的国际市场占据有利地位。

除此之外，我国各类能源企业的市场化竞争还不完全。煤炭行业虽然已经形成竞争性市场，但是煤炭行业集中度较低、分散化严重，存在过度竞争的现象；石油、天然气、电力行业正处于从垄断到竞争的过渡期。石

① 郑海峰，王善琦，周荣军．构建我国石油工业的现代管理体制［J］．石化技术，2015，22（3）：211，223.

油、天然气市场主要由三大石油公司控制，业务范围主要按地域划分，不是纯粹的市场竞争关系；电力机制改革虽在进行过程中，但是并未有实质进展，各发电公司和电网公司还未形成完全的商业化运营，而且离真正的市场化运营还有较大差距。在能源市场中价格机制也还未真正实现它的信号功能，目前我国只有煤炭价格已实现市场化①。

（三）能源产业的发展缺乏沟通和协调，阻碍了整体产业的发展

一次能源与二次能源有密切的内在联系，行业间有很强的关联性和互动性。世界上一些经营或生产能源的大型公司，很多都是煤、电、油、气多元化生产经营。我国能源管理体制由于计划经济体制的影响，割裂了能源产业的内部联系，能源产业在一定程度上缺乏统一性。各种能源的发展都各自为政、互不干涉，因此无法通过有效的沟通来协调各种能源之间的有效布局，达到资源配置的最优化，最终导致许多重复工作，造成严重的资源浪费。各种能源之间、一次能源与二次能源之间体制分割的问题始终是能源产业之间协调发展的一大障碍，产业内部的壁垒、能源利益分配的不公平使正常的能源产业结构调整和跨行业兼并重组困难重重，难以形成具有国际影响的能源公司，最终使我国的能源产业缺乏国际竞争力。同时使许多完全可以在企业内部处理的问题外在化、社会化，增加了不必要的交易费用②。

能源的发展无法适应我国经济发展的需要，导致了一系列电力及煤炭资源紧张、天然气发展不充分等问题。在如何解决这些问题上，各行业却并没有共同计划、协调解决，而是各自为政，仅仅从自身发展角度提出解决对策，相互为敌，谋求自身发展最大化。

能源产业是上游产业，其供给结构及变化趋势对下游产业有重要影响。20 世纪 60 年代，随着大庆油田的开发，我国能源下游产业掀起了煤改油的热潮。70 年代产生世界石油危机，为减少石油消费，又提出煤代

① 王金照．建言能源体制改革[J]．中国经济报告，2015(7)：36，38－40.

② 王传刚，来丽锋．国外大部制改革对我国的启示[J]．人民论坛，2015(21)：251－253.

油。随着国际市场油价过度剧烈波动，近几年，国内煤炭市场供求关系变化很大，这样的变化对于下游产业，特别是对于化工产业来讲，其生产工艺是用油、用气还是用煤作为原料就很难确定，使得下游企业的发展变得无所适从①。

（四）能源统计数据失真，影响能源安全和制约能源产业发展

我国在20世纪80年代曾建立了中央、地方、企业“三位一体”的能源管理、能源统计体系，依行政管理方式严格进行统计工作。但是随着我国经济体制逐渐转变以及政府机构改革等因素的影响逐渐增强，旧的能源管理体制系已经无法适应这一系列变化，我国的能源管理逐渐分散化，同时新的统计体系无法快速建立起来。国有能源企业是能源统计数据的主要来源，这种来源单一化，无法保证数据的真实性，无法对能源的生产、消费进行有效的统计。与20世纪80年代和90年代相比，我国现在的能源信息、数据的可获得性大大减小，质量下降②。

近年来，我国能源统计系统不健全、统计口径多变、数据失真。我国统计年鉴中能源平衡表的数据不平衡，统计数据质量下降，无法作为有效参考依据，严重影响了我国能源产业的宏观调整。例如，近年来我国煤炭产量统计数据失真给煤炭工业的发展决策带来了严重的问题。

二、法律体制问题

我国的能源领域缺乏完善的法律体系支持，虽然国家颁布并实施了一系列的能源法律法规，但缺乏能源综合管理部门的协调，导致法律法规缺乏可操作性，执行收不到预期效果。

---

① 王雨．推进我国能源战略转型的路径选择[J]．当代经济研究，2014(3):67－70.

② 陈姝蓉．完善我国能源法律体系的思考[J]．法制与社会，2006(17):223－224.

（一）法律体系不完备

长期以来，我国能源领域基本上都是依靠政府的行政协调而不是法律进行规范和约束，没有完整的能源法律体系，表现在：缺乏规范能源开发、利用、保护和管理等活动的综合性能源基本法；石油、天然气没有专门的能源单行法，能源安全、石油储备没有法律制度保障；现行能源单行法《中华人民共和国电力法》《中华人民共和国矿产资源法》《中华人民共和国煤炭法》《中华人民共和国节约能源法》等不适应现在的情况；法律法规以部门规章和地方性法规为主，层次不高，约束力不强；与能源相关的其他法律特别是规范自然垄断领域经营行为的法律严重缺位①。

《中华人民共和国电力法》（以下简称《电力法》）于1996年4月1日开始实施，已经与当前电力工业生产力要求和生产关系特征严重不相适。经济与社会的发展、气候与环境变化对电力工业的要求已从当初的“有电用”发展到要建立一个安全、稳定、清洁、经济、高效的电力能源工业体系。能源安全和节能减排的重任需更多地由电力工业承担，电力行业管理模式亟须从生产型向服务型，从计划型向市场型转变。因此，我国应该将《电力法》修订列入近年国家立法计划，尽快启动修订工作，对与当前行业形势明显不符的条文予以修正，对可再生能源发电上网、分布式电源和智能微电网等新兴事物，及其带来的系列涉法问题尽快开展专题研究，纳入法律条文的补充修订中②。

（二）法律中基于市场的经济手段尚不完善

发达国家普遍采取财政拨款、税收、补助等系列优惠政策，促进节能和新能源的快速发展。我国缺乏多元化、系列化的经济激励政策。例如，2006年《中华人民共和国可再生能源法》中的规定都只是一些原则性规定，对于如何给发展可再生能源的主体以政策支持、奖励和保障等都还未

① 马波，刘培良．我国能源安全保障法律问题探析[J]．西南石油大学学报（社会科学版），2015，77(3)：18－24.

② 李剑阁．中国能源现代监管体系走向[J]．中国石油企业，2005(6)：30－31.

形成比较完善的规章。而且，对于可再生能源建设项目的财政补贴以及相关支持都还没有出台正式的规章制度，因此这些项目的发展始终没有实质性进展。

（三）法律责任不明确，约束力不强

从立法的规范性来说，没有明确责任追究的法律只会是纸上谈兵，没有任何约束力和权威性。在我国的一部分能源立法中，并未达到责任与义务的对等，有些法律法规甚至只明确了主体义务，但是并没有对后续的义务完成情况规定明确的奖惩机制，对违法的行为如何制裁也没有明确规定，缺乏强制性的惩罚措施和执法手段，缺少具体规定，有的甚至没有涉及或者惩罚力度不够大。这些情况导致我国还有相当一部分的能源立法在一定程度上并未有实质作用，进而使得这些法律形同虚设，最终能源法规失去其应有的权威性①。

（四）法律规定缺乏可操作性

目前，我国能源法律法规存在原则性规定比较多、具体性条款比较少、量化指标更少、操作性不强的缺点。与法律相配套的具体实施细则、办法严重缺乏，配套的实施细则不能与法律同步实施，因而导致可操作性不强，法律法规及有关规定的实施难以真正落到实处；一些条款带有明显的计划管理特征，不能适应市场经济条件下的新变化但未能得到及时修订；各种能源方面的法律法规缺乏针对普通消费者的具体激励条款②。

（五）执法监督体系存在缺陷

法律法规的执行必须要有相关的监管机制与之配套，但是我国的能源法律法规的现实情况却是二者并未达到配套执行的效果，监管机制的不完善，使得能源法律法规无法达到其应有的法律效应。由于能源管理机构的缺位、执法力量的薄弱，真正的执法和监督得不到有效的保证。此外，在

---

① 赵芳．中国能源政策：演进、评析与选择[J]．现代经济探讨，2008(12)：29－32.

② 肖国兴．《能源法》与中国能源法律制度结构[J]．中州学刊，2010(6)：78－84.

能源的开发利用过程中，一般会存在地方保护，导致我国的大量能源被严重浪费，开发事故频繁发生，责任者和相关企业却未得到应有的惩罚。

三、监管体制问题

我国能源监管体制还没有完全建立起来，监管明显落后于市场开放的发展步伐，在实践中出现很多问题，如价格上涨过快、投资回报率承诺刚性化、不计风险的政绩工程频出、服务质量下降、腐败严重等①。

（一）缺乏监管的法律基础，监管无法可依

由于没有能源基本法，石油、天然气也没有专门的能源单行法，石油、天然气监管机构的设立就更无从谈起；虽然颁布了《电力监管条例》，但现行《电力法》需要修订和完善，电力监管的法律基础不完善；与能源相关的其他法律，特别是规范自然垄断领域经营行为的法律如《反垄断法》严重缺位，1993 年的《中华人民共和国反不正当竞争法》已落后于形势，需要修订。一系列的监管法律缺位问题最终导致能源监管缺乏法律保障，能源管理没有实际效果。现有法律缺乏准确性和完善性，缺乏一致性或自相矛盾，且对违法行为惩罚过轻。

（二）政监不分，专业监管机构缺失

政府部门承担制定政策法规和监管职能，以政代管，易削弱行业监管职能。由于政府的监管主要依靠政策性文件和行政性审批，稳定性和透明度不足，易引发“暗箱操作”。目前，在煤炭、石油、天然气领域还仍然没有规范的专业化的监管机构，更缺乏明确的监管规则和实施机制。煤炭、石油、天然气行业监管仍然沿用计划经济时期的做法，以行政审批和部门规章为基本内容和手段替代对被监管对象经营行为的监管，并且寄希望于强化行政审批来解决监管能力不足的问题，存在监管者权力膨胀和出

① 周文静．中国能源法律制度的完善——以美国能源法律制度为借鉴[J]．法制博览(中旬刊)，2012(11)：202，203.

现决策失误较多的危险①。

行业监管部门没有树立起依法监管的理念，习惯运用传统的行政手段管理部门，权力缺乏制衡、决策过程透明度低、人为干扰因素大、决策的随意性较强。

（三）政出多门

我国能源行业的监管中存在政出多门、多头监管的现象，导致监管主体责任缺失、职能划分不明确。负责监管的政府部门很多，出台的政策法规有时难以协调，甚至相互抵触，最终使行业无所适从，各监管部门都不能有效地发挥职能。

现行的职能过度分散的监管制度仍是计划经济条件下生产式管理的继承，现行制度下监管制度系统性的机构设置和职能分工不合理。能源监管存在环节多、部门多、低效率的问题，各部门之间协调难度大、协调成本高、决策时效差，一旦出现问题和矛盾，各部门之间又会相互推卸责任。责任主体不明确，相关的监管机构都负有一定的责任，但这些责任的追究却很难落实到具体的监管部门。多部门监管造成了如果要负责，大家都有责任，结果最后却无人负责的监管体系，监管实际上处于混乱状态。

（四）价格监管难以适应市场化的要求

我国企业成本的核定缺乏一个衡量标准，使得我国的能源价格监管实际上并未对企业的经营成本起到明显的约束作用，进而导致企业成本虚高、产品价格高位不下，最终影响消费者的合法权益。我国企业还存在一些相反情况，有些企业故意压低中间产业环节的价格，使得下游产业的利润虚高，从而抑制了这些环节的发展。由于缺乏有效的价格形成机制，价格调整十分混乱，价格不能真实反映市场的供求关系②。

---

① 吴江．能源战略立法为先——析《中国能源法律体系研究》[J]．中国电力企业管理，2008(3):40－41.

② 肖国兴．论中国能源革命与法律变革的维度[J]．郑州大学学报(哲学社会科学版)，2011，44(5):39－43.

第三节　新时代我国能源体制深化改革的方向

2019 年是新中国成立 70 周年，是决胜全面建成小康社会第一个百年奋斗目标的关键之年。能源作为我国国民经济的命脉，是我国经济发展的物质基础，能源问题深刻决定着我国社会发展的问题。我国现存能源体制虽然在改革中不断发展，但是仍存在与经济发展不相适应之处。从我国能源发展现状以及经济可持续发展的战略目标出发，我国应当继续改革能源体制，健全和完善管理法规，推动价格体系进一步市场化，并且要推动能源体制改革从而最终促进绿色经济的发展。

一、改革我国现有能源管理体制，形成统一协调管理体系

自新中国成立以来，我国能源规模随经济的快速发展不断扩大，为了适应生产力的发展，我国的能源管理体制也在发展中不断变革。我国不同时期的能源管理体制，对促进能源工业快速协调发展、缓解紧张的能源供求关系、克服我国市场经济转型过程中社会发展的困难，起到了一定的积极作用。进入 21 世纪以来，能源消费快速增长，我国成为能源消费和生产大国。在我国成为能源大国的过程中，能源经济领域的诸多问题也逐渐显现，现有的能源管理体制已成为我国能源产业改革与发展的制约因素。为了更好地促进能源行业发展、保障国家能源安全，有必要改革我国现有能源管理体制，形成统一协调管理体系。

（一）建立职能集中的能源管理体制

就世界上大多数发达国家而言，对于能源的规划管理，大多数都采用集中管理的方式，具体来说就是国家会建立特设的管理部门，只针对能源领域进行统一管理，这样可以使能源管理更加高效、便捷。但是在我国能源管理问题上，管理权利主要集中在国家能源委员会和国家能源局两大部门，而且有一部分的管理职能还受到其他一些部门的约束，管理效率不

高。能源作为一国的经济发展的基础，对其管理的效率高低会直接决定一个国家经济发展的效率高低，因此，基于我国经济发展的需求以及能源自身发展的需要，改革我国分散化的能源管理现状、建立更具权威性的统一的能源管理机构是能源体制改革的必然选择。我国现阶段能源发展问题已经不是发展速度方面的问题，更多的是不同能源之间的协调问题，如何在能源产业快速发展的今天，制定能源总体发展战略，以达到在充分有效满足国内需求的基础上，积极参与能源的世界性竞争，参与能源全球化，这些都需要我国建立一个具有综合管理能力和全面布局能力的政府部门。

（二）全面加强能源监管力度

能源监管问题一直是我国能源体制发展过程中未得到有效改善的问题之一，我国的能源监管一方面缺乏有效的法律基础保障，另一方面自身监管体系也存在问题。2013 年，在新的能源体制改革中，国家能源局进行了重组——将原来的国家能源局和国家电力监管委员会（电监会）的职责整合，由国家发展和改革委员会管理，从此不再保留电监会。这一举措意味着我国初步形成了“政监合一”的管理格局。无论是“政监合一”还是“政监分离”，加强能源监管力度都是我国能源发展的必要所在。

对能源产业以及能源领域的监管工作，是能源市场化过程的保证，可以帮助解决市场失灵的问题，遏制垄断性经营，也可以进一步提高能源领域的进入门槛，有效保障能源生产安全，对能源生产的技术标准、环保要求给予清晰的界定，帮助能源生产进一步标准化。同时，进一步扩大能源监管的范围，可以加大对于具有自然垄断特点的行业和部门成本的监管力度，打击垄断，促进有效竞争。

虽然在较短时间内建立起完善的监管机制比较难实现，但是可以寻求短期的过渡方案进行替代，如可以建立分行业监管的监管机制。针对我国自然资源的南贫北富和经济发展的南富北贫的现实情况，为了实现自然资源的跨地区利用，实现资源在全国范围内的有效配置，建立分行业的能源监管机构，建议采取集中模式，即成立相对独立的、全国统一的分行业能源监管机构，并对此实行垂直管理①。

加强能源监管力度，还要针对不同时期对不同能源行业及时变更行业标准规范，对于新兴能源产业也要及时纳入监管对象范围，针对煤炭行业，政府要加快煤炭行业的完全市场化，放开煤炭价格；对于油气行业，要持续推进价格改革，完善市场准入政策，对油气上游实行适度集中，而下游充分竞争，允许符合条件的民营企业和外资企业进入各个产业环节②；对于电力体制，要在配电环节实现多元化的投资主体，打破原有的国家垄断局面，建立公平、透明的电力交易市场机制。

（三）落实责任体系，确保目标实现

我国能源发展战略的基本构想：节能效率优先，环境发展协调，内外开发并举，以煤炭为主体、以电力为中心，油气和新能源全面发展，以能源的可持续发展和有效利用支持经济社会的可持续发展③。进一步落实责任体系，必须要量化能源的可持续发展和节能减排任务，把它们作为评价指标落实到下面的相关部门，通过指标考核，对未达标的实行惩罚制度，这样才可以保证最终实现能源战略目标。

纵观世界范围，我国的能源利用率一直处于比较低的水平，能源利用方式粗放，造成能源资源的极大浪费。虽然我国的资源储量还算比较丰富，但是我国年均消耗量也很大，如果不改变粗放的能源利用方式，放任能源浪费现象，未来我国一定会面临能源短缺的现实问题。虽然我国自从20世纪80年代提出节约能源和提高能源效率的重大政策以来，我国在节能减排方面做出了比较大的贡献，但是我们不得不承认，相较发达国家而言，我国的能源利用效率还是很低，能源发展过程中的现实问题依旧突出。因此，我国现阶段不能只强调能源建设问题，还要考虑能源利用的可持续发展问题。巩固我国在能源方面取得的进展，进一步缓解经济、能源

---

① 董成秀，高建，张海霞．能源战略与政策[M]．北京：科学出版社，2016：125－126.

② 王文俭．我国天然气供需预测研究[D]．青岛：中国石油大学（华东），2013.

③ 莫神星，贾艳．科学发展观指导下的中国能源发展战略[J]．中外能源，2013，18（5）：4－11.

和环境三者之间的矛盾，我国现阶段需要进一步落实责任体系，以确保能源战略和规划目标的实现。

为了进一步落实责任体系，实现评价体系的监督作用，最终完成我国对节能减排以及可持续发展的战略要求，政府需要做到以下几点：第一，要把节能减排和可持续发展战略纳入国家能源综合管理体系，为节能减排评价考核建立专门的政府部门，实现能源行业的统一管理。第二，实现考核指标公开化，纳入考核体系的能源部门、企业都需要把当年的节能减排状况面向大众公开，达到政府与民众共同监督目的。第三，实行考核奖励惩罚机制，对于超额完成任务指标的相关部门给予奖赏，对于未完成指标的企业实行惩罚制度，形成奖惩激励机制。所有相关措施的实施目的只有一个，那就是在全国范围内实现能源节约，发展节能型经济。

二、完善能源价格机制

我国的能源体制改革与能源价格机制的改革密不可分，它们相互依赖、互相作用。我们称“放开两头，管住中间”是关于能源体制改革的基本思路，但其实这也是价格机制改革的思路，因此能源体制改革与能源价格改革二者势必是要同步进行的。这里提到的“管住中间”是指要管控能源的自然垄断问题，“放开两头”则是指放开投资主体要求，吸收民营资本投资，提高能源市场化程度，而能源市场化是能源价格由市场决定的基本条件。而且能源价格作为市场经济的信号，以能源价格为核心的市场竞争直接决定了能源消费、能源供给以及能源技术革命的有效性。因此，需要能源体制改革支持价格机制改革。

我国的能源价格确定方式长期以来是政府成本加成定价，能源消费者对能源价格的提升往往习惯于缓慢调整，加上大众对能源生产成本了解甚少，因此对能源价格改革非常敏感。中国为了实现能源的可持续发展和节能减排，都会涉及能源成本上涨。怎样通过能源价格改革有效分摊能源成本，将会影响节能减排进程，所以改革势在必行。当下能源价格改革的核心是尽快建立公平、透明的能源市场价格机制，并辅以有效、严格的成本监管。

三、建立能源与环境综合决策机制，实现能源、环境协调发展

改革开放已经40年，这40年来中国经济年均增长量高达10%，中国经济是以一种超高速的状态在发展，中国经济的高速增长被誉为“中国的奇迹”。但同时中国经济增长的质量却备受质疑，也引发了一系列关于“转变经济发展方式”的研究。长期以来，中国的经济增长呈现出一种“高投入、高消耗、高污染以及低效率”的状态，尤其是在进入21世纪以来，我国的工业发展迅速，消耗了大量的能源资源，但是也导致了严重的污染问题，生态环境也变得格外脆弱。在这样的经济环境下，我国必须建立能源与环境的综合决策机制，在加快能源建设的同时，实现生态环境的协调发展。具体措施如下：

加大能源技术投入，提高能源技术。能源开采技术的提高，可以有效帮助控制能源开采过程的废弃物排放，从源头减少对环境的破坏。制定并实施严格的环保标准，对于超出标准的能源产品出台相应的惩罚举措并禁止市场交易。修订车用燃油质量标准，保证高品质燃油供应，促进机动车污染减排。

分地区制定标准，以地区环境承载力为基础，确定当地的开发强度。坚持环境优先原则，在能源开发过程中要充分考虑到对当地环境的短期和长期影响，制定合理的开发规划，将能源开发对生态环境的影响限制在可恢复的范围内；对于生态极为脆弱的资源储藏地应限制开发，并采取相应措施帮助恢复当地生态环境。

能源发展要支持环境资源绿色核算体系的建设，将生态破坏与环境污染损失纳入能源定价机制。对矿产资源开发活动征收相应的生态补偿费用，帮助当地恢复生态。

第四节　能源体制改革与绿色经济发展

我国的能源伴随着经济的快速发展在不断上升，由能源消耗而产生了大量的固体废弃物和大气污染物，这些无疑会严重影响到我国的生态环境。更重要的是，这些污染物已经开始影响人民的身心健康，当今社会许多慢性病都是由大气污染造成的。人民对美好生活的向往、对健康生活环境的要求以及国家对可持续发展重要性的认识，都要求我们要快速改变我国的能源消费结构，改革能源体制。不仅如此，碳排放以及碳交易已经成为当下全世界范围内热议的话题，而这与能源是密切相关的。中国以煤炭为主的能源消费结构对环境的影响尤其大。基于国际能源署发布的数据，我国 2000—2018 年由于化石能源燃烧而排放的二氧化碳从 30 亿吨增加到 100 亿吨，足以见得我国碳排放量之大。目前我国已经成为世界第一的碳排放大国。

表 7－2　2014 年主要国家能源强度

单位：千克石油当量/美元

国家/地区	2014	国家/地区	2014
世界	0. 13	韩国	0. 16
中国	0. 18	巴西	0. 10
美国	0. 13	伊朗	0. 18
印度	0. 12	英国	0. 07
俄罗斯	0. 19	印度尼西亚	0. 09
日本	0. 09	意大利	0. 07
德国	0. 09	墨西哥	0. 09
法国	0. 10	澳大利亚	0. 12
加拿大	0. 18	欧盟	0. 09

注：此处按 2011 年美元不变价计算。

资料来源：世界银行数据库。

大量的能源消耗和环境污染物排放反映了生产领域能源环境效率的低下。如表 7－2 所示，2014 年中国每美元 GDP 的能源消耗量为0. 18千克石油，是日本能耗强度的 2 倍，德国的 2 倍，英国的 2 倍多，是世界平均水平的1.3倍。碳强度方面，2014年中国每美元GDP的二氧化碳排放量为1.24千克，是美国的3.9倍，德国的6.2倍，法国的11倍，是世界平均水平的2.5倍（见表7－3）。

表7－3 2014年主要国家二氧化碳排放强度

单位：千克/美元

国家/地区	2014	国家/地区	2014
世界	0.49	韩国	0.48
中国	1.24	巴西	0.22
美国	0.32	伊朗	1.34
印度	1.05	英国	0.16
俄罗斯	1.00	印度尼西亚	0.49
日本	0.21	意大利	0.16
德国	0.20	墨西哥	0.41
法国	0.11	澳大利亚	0.28
加拿大	0.30	欧盟	0.17

注：GDP为按2010年汇率计算不变价格。

资料来源：世界银行数据库。

较高的能耗强度与排放强度说明了中国在创造GDP的过程中对能源的依赖程度和对环境的污染程度较高，是一种“非绿色”的增长方式。在气候变化和自然资源日益稀缺的背景下，现行的经济发展模式遭到了质疑，发展绿色经济逐渐成为各国解决多重挑战的共识方案，并成为现阶段促进可持续发展的重要途径。2012年的联合国可持续发展大会上，提出将“可持续发展和消除贫穷背景下的绿色经济”确定为该次会议主要讨论主题之一。这一行为对于在世界范围内达成对绿色经济发展的共识、共同推进全球可持续发展进程，具有重要意义。为了迎接新中国成立70周年，实现全面建成小康社会第一个百年奋斗目标，加快能源体制改革，发展绿色经济势在必行。

一、调控基础能源清洁发展

（一）控制煤炭增量，实现安全清洁发展

首先要对煤炭行业进行战略调整，实现煤炭生产环节安全为先，并且保证生产过程绿色环保、高效生产。煤炭作为我国的第一能源，要始终保证其基础能源的地位，尽最大努力让煤炭生产标准达到世界水平。改进我国煤炭生产条件，以科学生产作为指导，增大煤炭生产效率。彻底扭转煤炭行业整体落后形象，建设世界一流煤炭产业。

尽快完成煤炭行业整顿，实现矿井大型化、机械化，煤炭工业实现集约化经营。在煤炭的开采利用过程中采用更科学的方式，确保煤炭生产的安全、清洁、高效，建立新型绿色煤炭产业；继续为煤炭开采技术增加投入，力求实现煤炭生产零风险，煤炭利用最优化；尽快开展煤炭开采如何减轻和处理相应生态、环境、水资源影响问题研究，制定相应规章制度，实现绿色开采；推广煤矿瓦斯利用技术，减少煤矿瓦斯无效排放。

（二）实施全球视野石油综合发展战略

在加强节油的基础上，要继续加强对交通节能的宣传，加大力度发展公共交通设施，以更快更优质的公共交通服务社会，加强新能源汽车以及各种节能型汽车的开发力度，最终达到控制国内石油过快消耗的现状的目的。始终树立在全球范围多元配置油气资源的理念，长期坚持“立足国内、全球发展”的方针。进一步加快油气领域境外国际合作，充分利用国外油气资源，节省国内油气资源。发展多元稳定的石油贸易体系，稳定油气供应来源确保通道安全。加强国内石油勘探工作，努力保持国内石油供应长期稳定。积极稳妥推进石油替代，实现规模发展。

二、重点发展绿色支柱产业

（一）优先发展核电，使核电尽快成为重要的发电能源和一次能源支柱

以我国已掌握技术的二代改进压水堆为主力机型，实行产业化批量规模建设。从我国第三代核电技术引进和完成商业化示范、定型，然后扩大规模的实际进程需要的时间来看，现有成熟的二代改进型核电机组，在2015—2020年开工建设的核电机组中仍将是主力机型。在不影响核电发展速度的前提下，积极引进第三代核电技术，推进产业化发展。根据引进第三代核电技术的实际性能，进一步考虑在已有技术和新引进技术的基础上，争取研发具有自主知识产权的三代品牌机型，较早实现我国核电后续发展主力机型的标准化。从战略高度认真解决铀资源和核电燃料供应问题。加速国内天然资源的勘查开发，扩大核燃料生产的规模。积极推进“走出去”的方针扩大国外铀资源开发合作，尽可能地充分利用境外铀资源。继续推进核电设备制造的国产化，保证核电设备的可靠供应。要解决我国核电设备自主供应不足的现实问题，加快学习脚步，争取解决进口特殊设备的自我研制问题。增加核电设备研究投入，引进相关人才，突破核电设备制造难题，掌握核心技术和关键技术。

（二）提高天然气使用，使其成为清洁能源支柱

推动天然气产业的快速发展，完善协调天然气产业链中的生产、输送与销售环节。在经济发展过程中，把天然气作为推动城市化进程、基础设施建设的重要投入之一。要把天然气利用与石油利用放在同等地位，深入天然开发利用。要把天然气产业作为国家重点投入建设的项目之一，使其成为油气工业的二次创业重点。扩大非常规天然气，特别是页岩气的利用。在我国天然气相关勘探和开发技术还不成熟的当下，加快这些方面的技术改进，大幅增加天然气资源储量，力争进一步提高天然气产能。加强天然气的综合、高效利用。用扩大天然气利用，推动城市供热、分布式能

源系统、电网调峰、热电联供等重要终端能源系统的节能提效，改善环境。发展适用于天然气的高效发电和其他用能技术。合理布局天然气管网、储运，建立天然气供应和使用的安全保障体系，为天然气生产量和消费量快速增长创造政策和市场环境。

（三）坚定不移地优先发展水电，使水电进一步成为绿色能源支柱

水电是清洁、低碳、经济的绿色能源，它们一定是未来我国资源发展的潜在优势。充分利用水电资源，争取尽早实现开发。恢复水电项目正常审批，统一认识，继续加快前期工作，大水电、小水电协调发展。保持水电建设连续有序，坚持重大流域梯级开发，加快大型水电项目审批进度，确保水电较快持续发展。尽快完善水电开发库区移民安置和经济补偿方法，利用水电经济性强的优势，妥善解决移民问题，为水电发展创造有利条件。加强对我国重大水电工程环境影响的科学预评估和后评估。开展相关科学研究，提高评估质量，总结成功经验，进一步减少环境负面影响，使水电发展成为环境负面影响最小的能源开发利用方式，同时用已经取得的成绩和科学结论提高对水电开发的支持度。因地制宜地积极发展小水电，加强和实施小水电发展重点区域规划，促进水资源合理利用、有序开发，使小水电成为水电建设的有力补充。加强水电开发与地区经济发展和电网建设的统筹规划，保证水电有效利用，提高水电利用的经济效益。

三、支持可再生能源规模化发展，培养新的绿色支柱能源

非水可再生能源将逐步成为我国的一个绿色能源支柱。充分发挥水电资源和经济性优势，是可再生能源的主要绿色支柱能源。非水可再生能源作为一个整体（以风能、太阳能、生物质能等为主）是未来重要的支柱性能源。非水可再生能源的利用重点是各种生物质能源的因地制宜推进生物质能源资源利用。重点发展有综合利用特点、结合环保效益的沼气和城市生物质废弃物利用。推动生物质能源利用向替代液体燃料或气体燃料发展。在坚持“不与民争粮，不与粮争地，不与牲畜争饲料”的原则下支持

扩大生物质资源和生产的技术和工程性示范，以期取得成功，提高生物质利用潜力。鼓励第二代非粮生物燃料的技术研发、示范和产业化进程。重点解决大规模风电利用技术制约问题，稳步推进规模化发展。推动太阳能发电技术进步，降低发电成本，开展规模化应用示范。加快建立完善先进高效太阳能发电技术体系，重点推动分布式太阳能发电利用，有序推进并网太阳能发电的规模应用。

第八章　新时代我国绿色发展的自然资源产权制度改革

自然资源作为大自然赠予人类的礼物，是人类得以生存和发展的基本要素，同时，山、河、湖、海、森林、草原及各类自然景观是生态恢复的重要载体，对于自然生态循环起着不可或缺的作用。因此，对自然资源的有效利用和及时保护能够促进我国生态文明建设，推动绿色发展的实现。但是，自然资源并非“造物者之无尽藏”，其本身的有限性特征决定我们对自然资源的开发利用必须有所节制。而当前我国自然资源领域普遍存在产权不明晰、权利主体不明确等问题，使得人们不顾环境成本对自然资源进行掠夺性开发，导致资源耗竭、环境破坏等问题频出，这严重影响了我国推进绿色发展的实现。所以，在新时代绿色发展理念的指导下探索构建我国的自然资源产权制度，是实现美丽中国建设的必经之路。

第一节　新中国成立 70 年来我国自然资源产权制度的演进

从自然属性来看，自然资源同时兼具生产力、有限性和空间性等属性；从社会经济属性来看，自然资源又具有产权、供给稀缺性、用途多样性和资产性等属性。当整个社会经济系统对自然资源的利用和管理充分体现了资产性时，自然资源被作为资产来利用和保护，自然资源就转化成自然资产，可以称为自然资源资产。将自然资源资产化并建立与之对应的产权制度，是制度层面的一个创新，也是实现绿色发展的关键举措。

自然资源产权对一国的经济增长起着重要的影响作用，其可分为所有权、管理权和使用权。从所有权来看，新中国成立以来我国的自然资源产权经历了从单一的国家所有到国家、集体所有的二元化过程。从使用权来看，我国的自然资源使用权从新中国成立初的国有企业独揽逐渐演变为使用主体多元化、从无偿取得与不可交易发展到有偿取得与可交易。从管理权来看，在资源产权制度法理依据上实现了从品种法到法群的转变，在管理工具上实现了从以政府管理为主到重视市场作用的转变。总体来看，我国的自然资源产权制度是逐渐向适应市场经济、有利于资源合理配置的方向演进的，其中最具里程碑意义的事件是 1982 年《中华人民共和国宪法》修改后提出的“土地的使用权可以有偿转让”，这标志着我国开始有了可交易的自然资源资产产权；而整个 20 世纪 80 年代则是我国的自然资源资产产权制度的正式创立阶段。20 世纪 90 年代以来，我国继续在自然资源产权制度的可分离性、可分割性、可转让性等特性方面积极进行实践，自然资源资产产权管理中的市场机制也开始得到发育与发展。

第二节　绿色发展与自然资源产权的理论阐释

一、绿色发展相关理论

（一）国外的绿色发展理念

绿色发展理念的演化进程也是人类对人与自然关系认识的进化史。从时间角度来看，国外绿色发展理念的演进可分为工业革命之前和工业化阶段两个时期。

（1）工业革命之前的绿色发展理念。在工业革命之前的农业革命时期，人口开始迅速增长，对食物的需求也随之剧增，但是受落后的社会生产力所限，人类主要通过砍伐森林和开垦草原等方式来扩大耕种面积，使得大片林地、草地逐渐变为不毛之地。农业文明发展方式不当所引发的生态环境恶化催生出了人类最早的环境保护的思想。所以，工业革命之前也是人类对人与自然的关系认识的觉醒阶段。在这一时期，古希腊思想家亚里士多德、柏拉图等较早提出人类的发展要与环境承载力相适应；古罗马历史学家李维、哲学家卢克莱修也认识到了土壤侵蚀与地力枯竭可能带来的恶果。可知此时虽有部分有识之士强调对环境进行保护，但却没有提出具体的执行措施。

（2）工业化阶段的绿色发展理念。工业革命促进了生产力的迅猛发展，但与此同时，随之而来的对生态环境的随意破坏和对自然资源的无节制索求引发了一系列环境危机，而国外有关绿色发展的研究则正是始于对现代工业文明的批判；其中，最具有代表性的，是美国生物学家 Rachel Carson 于 1962 年出版的《寂静的春天》一书，其向工业文明宣战，使全世界的环境保护意识开始觉醒①。此外，20 世纪 60 年代兴起的太空飞船经济理论指出利用循环经济去解决全球生态问题；70—80 年代学界又相继提出了稳态经济和绿色经济的概念②③。进入 21 世纪之后，对环境问题的研究更为普遍，生态现代化④、生态足迹理论⑤等环境保护相关的理论迅速发展。Bob Giddings 等（2002）提出，环境、经济和社会是一个相互联系、相互影响的整体，应当将这三者统一到可持续发展的路径上来⑥。McAfee（2016）提出绿色经济是利用经济理性和市场机制来消除全球化资本主义对生态环境最具破坏性的影响⑦。显然，在工业化阶段，人们不只意识到

---

① Mishan E. J. The Costs of Economic Growth. [J]. *Journal of Finance*, 1967, 24(3):561.

② Daly Herman E. The Economics of the Steady State[J]. *American Economic Review*, 1974, 64(2):15-21.

③ Pearce D. Foundations of an ecological economics[J]. *Ecological Modelling*, 1987, 38(1-2):9-18.

④ Mol A. P. J., Sonnenfeld D. A. Ecological Modernization around the World: Perspectives and Critical Debates[J]. *Environmental Politics*, 2000, 9(1):1-14.

⑤ Ferng J. Toward a Scenario Analysis Framework for Energy Footprints [J]. *Ecological Economics*, 2002, 40 (1): 53-70.

⑥ Giddings B., Hopwood B., O'Brien G. Environment, Economy and Society: Fitting Them Together into Sustainable Development[J]. *Sustainable Development*, 2002, 10(4):187-196.

⑦ Mcafee K. Green Economy and Carbon Markets for Conservation and Development: A Critical View [J]. *International Environmental Agreements Politics Law & Economics*, 2016, 16(3):333-353.

了经济增长过程中产生的环境问题，还为解决这些问题提出了相应的对策。

（二）国内的绿色发展理念

我国在漫长的对人与自然关系的探索中也形成了丰富的环保思想，其中，生态伦理观和可持续发展观是我国绿色发展理念的传统文化根基。古代儒家信奉“天人合一”，即自然与人之间相互统一；道家则崇尚“道法自然”，认为人与环境的关系建立在万物平等的基础之上。此外，中国古人还注重节俭，如管仲提出的“宫室有度，禁伐有时”，这些都是中国古人对绿色发展的最朴素的认知。而近代以来，我国的环保思想却基本处于停滞状态，因而对于绿色发展的研究也起步较晚。

在对绿色发展概念的界定方面，潘家华（1997）认为，绿色发展虽有环境保护的含义，却并非源于环境问题，而是出于对发展概念的再思考，这也是国内首次提出绿色发展理论①。侯伟丽（2004）认为绿色发展就是在保障自然资本可持续性的前提下最大可能地实现资本替代，使经济走向低材耗、低能耗的增长模式②；王玲玲和张艳国（2012）则认为绿色发展包括经济、政治、文化、环境等多个相互依存又相互独立的子系统③。蒋南平（2013）拓展了绿色发展的内涵，重新将绿色发展定义为一种“资源能源合理利用，经济社会适度发展，损害补偿互相平衡，人与自然和谐相处”的发展模式④。

在绿色发展的实现路径方面，冯之浚、周荣（2010）提出我国实现绿色发展的根本路径是推进低碳经济⑤，胡建团（2016）指出贫困地区要实现绿色发展，需要从能源领域、产业发展政策和社会观念三个方面取得

---

① 潘家华. 持续发展途径的经济学分析[M]. 北京：中国人民大学出版社，1997：160 – 183.

② 侯伟丽. 21 世纪中国绿色发展问题研究[J]. 南都学坛，2004(3)：106 – 110.

③ 王玲玲，张艳国. “绿色发展”内涵探微[J]. 社会主义研究，2012(5)：143 – 146.

④ 蒋南平. 中国经济绿色发展的若干问题[J]. 当代经济研究，2013(2)：50 – 54.

⑤ 冯之浚，周荣. 低碳经济：中国实现绿色发展的根本途径[J]. 中国人口·资源与环境，2010(4)：1 – 7.

突破。

综合以上对绿色发展的定义，笔者认为绿色发展包含政治、经济、文化、生态等各个领域，其特征是发展理念、发展方式、发展过程和发展结果都实现绿色化。

二、自然资源产权相关理论

（一）产权的界定

在我国及世界大多数国家，自然资源公有或集体所有更为普遍①，如森林、海洋资源等；相关研究也表明，在一些情况下公有或集体所有的确有利于保护自然资源和提高利用率②。

经济学中的“产权”概念源于经济学家科斯，其在阐释“科斯定理”时，最先使用了“产权”这一概念，但他并未解释这一概念的内涵。而综观学界关于产权的解释，可知学者们对于“产权”这一概念也并无统一的定义；通过比较，本书倾向于将其定义为财产所有权，它包括占有、使用、转让、收益等权利。

（二）自然资源的属性及其产权的内涵

自然资源作为一种准公共物品，具有非排他性的属性，这种属性使得资源利用者缺乏资源保护的激励——因为即使某人为了防止资源过度开发而限制自己的行为，他所带来的好处在某种程度上却被其他人获得。因此，我国虽然出台了相关的自然资源管理制度，但自然资源过度开发问题仍然存在，并引发了一系列生态环境问题。

自然资源产权是行为主体通过对自然资源的占有、使用收益和处分所形成的一种权利义务关系，而自然资源产权制度是关于自然资源产权界

---

① Maggs P., Hoddinott J. The impact of Changes in Common Property Resource Management on Intrahousehold Allocation[J]. *Journal of Public Economics*, 1999, 72(2):317-324.

② Carter N. Halting Degradation of Natural Resources: Is There a Role for Rural Communities? [J]. *Oup Catalogue*, 1996, 11(3):251-258.

定、开发、流转、保护等的制度安排及法律规定。

(三) 国内关于自然资源产权的研究

2013年，我国出台了《中共中央关于全面深化改革若干重大问题的决定》(以下简称《决定》)，其中首次提出了健全自然资源资产产权制度，而以此为标志，可以将国内关于自然资源产权制度的研究划分为两个阶段：自然资源产权制度改革之前的研究与改革之后的研究。

(1) 自然资源产权制度改革之前的研究。在《决定》提出自然资源产权制度改革之前，国内以“产权”为核心展开的研究主要集中在经济学、管理学等领域。陈安宁(1994)提出应该根据各类自然资源的特点，分别设计出适用于不同自然资源的产权制度①。谢地(2006)从自然资源产权制度的特殊性与一般性两个方面对其进行了研究，提出自然资源产权制度应当具有明晰性、可分离性、排他性、可转让性等特性②。叶青海(2010)从制度兼容与互补的角度出发，提出了完善我国自然资源产权制度的建议③。

(2) 自然资源产权制度改革之后的研究。在《决定》等一系列中央政策文件提出自然资源产权制度改革后，自然资源产权制度逐渐成为学术界研究的热点，这些研究大抵为对“自然资源国家所有权”的研究和对“自然资源产权制度及其改革路径”的针对性研究。

综观国内外的研究，虽有大量学者对绿色发展和自然资源产权制度问题进行了理论和实践方面的研究，但是鲜有文献在绿色发展的背景下探讨自然资源的产权制度构建问题。所以，本书将以此为出发点，将绿色发展与自然资源产权制度结合起来，指出如何在绿色发展的背景之下构建自然资源产权制度。

---

① 陈安宁. 论我国自然资源产权制度的改革[J]. 自然资源学报,1994(1):9-16.

② 谢地. 论我国自然资源产权制度改革[J]. 河南社会科学,2006(5):1-7.

③ 叶青海. 制度兼容、制度互补与我国自然资源产权制度完善[J]. 改革与战略,2010(4):18-21.

第三节　构建绿色发展自然资源产权制度的必要性

一、自然资源产权制度的重要性

产权问题历来都是市场经济体系中的一个基础性的焦点问题，而自然资源产权问题则更是自然资源相关的问题当中最基础和敏感的问题；同时这一问题也最为棘手。产权问题解决不好，产权主体就不明确，自然资源资产其他方面的问题也就无从谈起。自然资源产权制度，是事关生态文明建设从而影响绿色发展的一项基本制度，其重要性主要可从经济和生态两个方面进行解释。

（一）经济角度

如前文所述，自然资源具有准公共物品的属性，因此资源利用者缺乏保护自然资源的激励，若是再无合适的产权制度加以约束，就会出现产权权属不清晰的问题，导致主体责任无法有效实现，从而主体权利和利益也可能会受损。当所有人都没有保护自然资源的动机时，自然资源的合理利用将不能实现、自然资源无法得到有效保全，从而影响自然资源的增值和贬值，进而破坏自然资源市场的有效运行，使得自然资源的稀缺价值无法通过市场体现出来。自然资源基础事关国家和民族的生存发展，一旦有所动摇，造成的直接和间接的经济损失将难以估量。例如，1985 年发生在湖南省郴县的东坡矿尾矿淤积事件，由于没有设计修建正规的尾砂坝，堆存的尾矿淤积在东坡河，带来了压埋农田、毒水污染耕地等一系列恶果，使得每年减产粮食 5283. 5 吨，而每年造成的直接经济损失在当时更是高达 500 多万元。这一恶性事件正是由于自然资源产权制度缺失，使得对自然资源的投资和节约使用不到位，人们在增产增收的利益诱导之下对资源的使用强度增强所引发。

（二）生态角度

除经济价值外，自然资源带来的非直接的经济价值或许更为重要。鉴于当前的多数环境问题如地面沉降、土地沙漠化、河流枯竭等，多是由自然资源的开发利用不当引发的，所以自然资源产权制度还涉及大气、水、土壤等生态环境的保护和改良；同时，也关系农田、森林、草场、海洋等生态系统能否有效修复。从某种程度上来说，生态环境本身就是自然资源的一个重要组成部分，因此，自然资源产权制度的建设对于生态环境亦具有重要的价值。可以说，健全的自然资源产权制度是建设生态文明的核心制度，更是我国实现绿色发展的必由之路。

举例来说，岩溶地区的石漠化是近年来十分严峻的一个问题，但通过一系列努力，近几年石漠化发生率在逐步下降：2016 年，岩溶地区石漠化发生率为 22.3%，较 2011 年下降 4.2 个百分点、较 2005 年下降 6.4 个百分点。同时，石漠化敏感性监测结果显示，2016 年易发生石漠化的高敏感区域为 1527.1 万公顷，较 2011 年减少 111.1 万公顷，高敏感区所占比例降低了 2.5 个百分点，较 2005 年下降 6.3 个百分点，石漠化敏感性也在逐步降低①。由于人工造林种草和林草植被保护对石漠化逆转贡献率达 65.5%，所以构建并完善林业资源的产权制度，促进林业资源合理开发和保护所显现的生态价值就显得十分重要。

二、当前自然资源产权制度存在的问题

我国现有的自然资源产权制度，是新中国成立近 70 年来历经多次重大变化和调整而形成的，且这些调整与每一时期的国家大政方针高度关联。我国现行的大致于 20 世纪 90 年代初期形成自然资源资产产权制度，为我国新时期构建社会主义市场经济体系做出了重大贡献，但同时，也存在对自然资源资产价值认识不足、产权边界模糊、产权流转不顺畅等问题。接下来，本书将具体阐述当前我国自然资源产权制度存在的问题，为构建完善的自然资源产权制度提供借鉴。

---

① 资料来源：中国·岩溶地区石漠化状况公报，自然资源部网站，http://www.mnr.gov.cn/dt/ywbb/201812/t20181217_2379630.html。

（一）对自然资源资产认识不足

自然资源的经济价值与生态价值共同决定了其价格，但一直以来，人们对自然资源价值的认识只停留在经济价值的层面，而对其非经济价值的认识严重不足，从而为了追求自然资源的经济价值，忽视了其生态价值，导致了自然资源的过度消耗甚至严重浪费。由于经济系统和生态系统是一个内在统一的整体，且自然生产力是经济生产力的根基所在，这一认识不足和短视行为反而动摇了经济社会持续发展所需的自然资源基础，既损害了自然资源的生态价值，带来了生态恶化等后果，又造成了经济损失。虽然近年来自然资源的非经济价值也逐渐被领导层认识到并日益受到重视，但是从大众层面来看，对于自然资源资产的认识仍然较为狭窄，严重阻碍了我国的绿色发展进程。

（二）产权边界不清晰

在我国现行的自然资源资产产权制度中，或多或少地存在自然资源之间和产权主体之间的产权边界不清晰问题，这就容易引发自然资源产权主体间的利益冲突、各类自然资源之间用途和监管责任的重叠或缺失等问题，使得自然资源的处置和利益分配出现矛盾，进而降低自然资源利用的效率和利益分配的公平性。例如，在产权主体方面，我国实行自然资源国家所有，但在具体实践中，国家的所有权是通过各级政府和各部门来行使的，这样在自然资源的所有权主体上就会存在地方利益和部门利益，造成多个利益主体，导致权利行使过程中出现部门利益不协调问题①。而在资源用途方面，部分林地、耕地、草地之间的用途重叠，使得不少林地和草地沦为耕地，造成森林、草场资源的破坏。

（三）产权交易市场不完善

党的十八届三中全会强调要使市场在资源配置中起决定性作用，而自

---

① 汤吉军，张壮．交易成本视角下自然资源国家所有权的行使分析［J］．经济体制改革，2016（1）：39－43．

然资源作为人类生产生活所不可或缺的基础，市场在自然资源的配置中也应当起决定性作用。清晰的产权界定是产权交易市场建设的基础，而我国的自然资源产权边界不清晰必然导致产权交易市场存在缺陷，这就使得产权的自由流转存在困难，同时自然资源的价格无法通过市场来调节，导致价格无法体现自然资源的稀缺性，容易造成资源利用效率不高和资源过度开发。

（四）自然资源国家所有主导下引起的委托—代理问题

生产的分工和专业化是委托—代理关系的基础，在现实中往往存在信息不对称问题，且委托人和代理人的目标并不完全一致，导致代理人存在偏离委托人利益的激励。我国的自然资源总体上来看属于国家或集体所有，但实质上，在实际的自然资源管理过程中，国家层面无法控制所有的自然资源，就需要将权利分解并委托于中央政府部门和各地方政府，而被委托的各部门和地方政府也无法完全掌控这些资源，它们有需要寻找代理人。如此层层赋权，中间存在多个委托—代理关系，国家层面和最终代理人之间的利益目标差异将越来越大——就国家层面来说，目标在于经济和生态之间的协调发展，而地方政府却可能通过大量开发自然资源促进经济增长以赢得政绩或增加税收。正如张维迎等所提出的，委托—代理链越长，初始委托人的监督越无效，而最终代理人的努力水平也将越低①。

第四节　新时代我国深化自然资源产权制度改革的基本方向

判断一个自然资源产权制度体系的优劣，首先要看自然资源资产的变化情况，若是一项产权制度的实施使得自然资源资产增加了，就是好的制度；反之则相反。而要判断自然资源资产的变化情况，就需要加强对自然资源资产的清查和统计核算。其次，还要看自然资源资产的收益变化和分

① 张维迎，吴有昌，马捷. 公有制经济中的委托人—代理人关系：理论分析和政策含义[J]. 经济研究，1995(4)：10－20.

配情况，也就是说，能够引起经济、生态、社会等收益增加，且收益分配较为公平合理的制度是好的制度，反之则不好。因此，本书接下来将在这两个标准的指引之下，以产权清晰、权责明确、监管有效、权益落实为目标来构建我国的自然资源产权制度。

一、完善自然资源统一确权登记制度

2016 年 12 月，我国出台了《自然资源统一确权登记办法（试行）》（以下简称《办法》），《办法》提出对水流、森林、山岭、草原、荒地、滩涂以及探明储量的矿产资源等自然资源的所有权统一进行确权登记[①]，为自然资源的统一确权登记提供了指导。但是，《办法》对确权登记制度的规定较为宏观，在具体的实施过程中还需更加细化的措施加以规范。自然资源的统一确权登记确立在对自然资源种类、数量、特性等完全掌握的基础之上，所以，首先要成立专门的自然资源调查小组，针对不同的资源如水流、森林、矿产等邀请不同领域的专家作为考察者，通过实地调查和数据分析建立自然资源数据库。其次以自然资源数据库为依据，结合相关审批文件进行确权登记。再次，确权登记还应秉承公开原则，通过权利公示来加以保障。最后，自然资源的种类、数量、边界等发生变化的，还应在权利登记簿上及时进行更新并重新公示。

此外，统一确权登记还应划清不同层级政府之间、不同所有者之间的边界，处理好所有权和使用权之间的关系，严格实行所有权和使用权相分离，并明确收益核算和分配的具体措施。

二、加快构建市场配置自然资源权利的有关制度

就经济和生态领域而言，绿色发展要求不断提高资源利用效率，其关键在于充分发挥市场配置自然资源权利的作用。因此，绿色发展的自然资

① 资料来源：《自然资源统一确权登记办法（试行）》，http://www.gov.cn/xinwen/2016-12/24/content_5152458.htm。

源产权构建还要求在产权制度登记所决定的清晰的产权界定的基础上构建市场配置自然资源权利的相关制度，具体而言，可从资源有偿使用制度、生态补偿制度、自然资源权利市场交易的监管措施三个方面来突破。

（一）资源有偿使用制度

对于资源有偿使用制度的建设，需要建立自然资源资产有偿使用的准入条件、方式和程序。所谓准入条件，就是要明确规定哪些自然资源必须实行有偿使用，而这些资源中又有哪些可以通过市场机制进行有偿转让，其满足有偿转让的条件是什么；同时，无居民区的自然资源也应纳入有偿使用的范围。而有偿使用的方式和程序，需要根据自然资源的不同类别和性质确立不同的制度规范。例如，水资源的有偿使用方面可根据不同地区的水资源状况、经济发展水平、社会承受能力以及不同产业和行业取用水的差别特点，区分地表水和地下水，合理调整水资源费征收标准，大幅提高地下水特别是水资源紧缺和超采地区的地下水水资源费征收标准。另外，对于自然资源使用权的有偿转让问题，要根据前文所述的自然资源数据库，科学评估自然资源的价值，完善自然资源资产使用权出让的价格评估制度和技术标准，并将生态环境损害成本纳入价格形成机制。

（二）生态补偿制度

生态补偿制度与资源有偿使用制度共同构成了市场配置自然资源权利的基础，该制度是以生态系统的服务价值、生态保护成本和发展机会成本等因素为依据，综合运用行政、经济、法律等手段所形成的生态破坏者赔偿、受益者付费、保护者与受损者得到合理补偿的运行机制，其目的在于实现生态利益的分配正义和生态责任的公平承担①。当前，我国的生态补偿大多集中于森林、草地和矿产资源开发等领域，而水流、湿地等其他自然资源领域的生态补偿制度尚不成熟。所以，今后我国的生态补偿制度应该从水流、湿地、荒漠、海洋、大气等各个领域着手进行完善，形成覆盖

---

① 吴平．完善生态补偿制度实现绿色发展[J]．中国财政，2017(12)：39－40.

各类自然资源的生态补偿体系。而从现有的被覆盖的领域来看，还存在补偿标准偏低、补偿方式单一、补偿资金不足等问题；在这方面可通过提高生态补偿标准和探索多样的补偿方式来予以完善。首先，补偿标准要根据保护的效果和社会经济水平进行调整，提高到足以弥补发展的机会成本的水平；其次，除资金补助外，还可采取产业扶持、人才支持、技术援助等多元化的补偿方式，这样也有利于被补偿地区的经济建设和人才培养；最后，当前的生态补偿资金主要来自政府转移支付，对此可以鼓励引导民间资本参与，建立由政府引导、市场推进、社会公众参与的多元化投融资渠道。

（三）自然资源权利交易市场监管

除有偿使用制度和生态补偿制度外，自然资源产权交易市场的有效运行还离不开强有力的监管，这就需要一个健全的监管体系，对交易主体开发利用自然资源中出现的不当行为及时予以制止，并在必要时收回其开发自然资源的权利。这可以通过自然资源产权交易的主体资格审核制度来进行事前防治、自然资源产权交易的诚信登记制度进行事中把控，自然资源产权交易的生态影响评价制度进行事后责任追究。

三、加强自然资源用途管制

自然资源用途管制制度的设计，该当以绿色发展理念为指引，在自然资源开发利用和保护之间找到一个平衡点，力争实现“绿色”和“发展”的辩证统一。

首先，自然资源用途管制需要解决“由谁来管制”的问题，这是用途管制制度的核心问题。当前我国不同类型的自然资源由不同的部门管理，使得部门之间权责不清。例如，管水的部门只对水资源的用途管制负责，而管土地的部门只对土地资源的用途管制负责，其结果是保护好了水资源，却忽视了土地资源，保护好了土地资源，又忽视了水资源，二者无法实现“共同保护”。为此，可将不同类型的自然资源用途管制措施统一起来，由一个专门的部门集中实施自然资源的用途管制。其次，自然资源的用途管制需要覆盖所有的领域，并明确在什么区域可以进行自然资源作业，什么区域禁止开发利用，并实施自然资源空间规划制度，严禁任意改变自然资源用途。最后，绿色发展要求处理好生产、生活和生态这三者之间的关系，也就是说要做到“合理有序开发利用自然，调整优化空间结构”，这可以通过建设主体功能区来实现。主体功能区建设能够科学划分生活空间、生产空间和生态空间，在空间划分的基础上有利于对不同的空间区域采取不同的自然资源开发利用策略，并因地制宜地限制开发强度和进行用途管制。

四、自然资源产权的法律体制建设和完善

无论是自然资源统一确权登记制度、市场配置自然资源权利的制度，还是自然资源用途管制制度，都需要法律的力量来进行规范和保护。当前我国虽有《中华人民共和国水法》《中华人民共和国土地管理法》《中华人民共和国矿产资源法》等法律对相关自然资源的开发和保护进行了规范，但缺乏对自然资源产权相关问题的系统性的法律，因此，自然资源产权的法律体系还需在系统梳理我国现有的自然资源相关立法的基础之上，探索制定专门针对自然资源产权的系统性法律①。

该法律体系的制定需要强调的问题有：①在法律法规中明确界定自然资源产权，包括各类自然资源，如农、林、草之间的界限，及不同产权主体之间的产权边界；并明确规定对破坏自然资源的“越权”行为的处置措施。②加快对自然资源产权交易市场的立法，其中包括有偿使用制度和生态补偿制度等。立法中应明确自然资源产权交易、自然资源有偿使用和生态补偿等的概念，具体规定产权交易的标准、前提、范围和交易的实际规则。③为解决自然资源管理中的委托—代理问题，还需在法律中明确各级政府的权限，即将责任具体到部门，指出特定区域内某一类型的自然资源归属于哪一层级的哪一部门管辖。

---

① 施志源.绿色发展与环境资源法律制度创新[M].北京:法律出版社,2018:110－145.

五、自然资源资产清查及考核制度建设

在一系列产权制度建立之后，还需对其实施效果进行考核，如前文所提到的，判断一个自然资源产权制度体系的优劣，首先要看自然资源资产的变化情况，这就需要通过自然资源资产清查和审计来予以保障；其次，徒有好的制度而不能有效执行，也无法实现自然资源的有效利用，因此还要在自然资源资产清查的基础上建立领导干部的自然资源资产离任审计制度。

（一）自然资源资产清查核算制度

2015 年 11 月，国务院办公厅出台了《编制自然资源资产负债表试点方案》（以下简称《方案》），《方案》提出通过探索自然资源资产负债表，推动建立健全科学规范的自然资源统计调查制度，摸清自然资源资产的家底及其变动情况，为有效保护和利用自然资源提供信息基础、监测预警和决策支持①。可见编制自然资源资产负债表是我国实行自然资源资产清查的手段。在具体实践中，由于不同核算体系的认定标准互不相同，各类自然资源的核算完善程度也存在差异，从而需要一个统一的自然资源分类体系来助力自然资源资产负债表的编制。也就是说，要结合我国实际，首先制定自然资源分类标准，然后根据这一标准设计自然资源核算体系；这一体系应兼顾自然资源的经济、生态和社会价值，并对不同种类的自然资源制定不同的价值核算方法②。

（二）领导干部自然资源资产离任审计制度

领导干部的自然资源资产离任审计制度也是针对委托—代理问题，部分地方政府领导干部为追求政绩重视经济发展而无视生态保护，导致

---

① 资料来源：《编制自然资源资产负债表试点方案》，http://www.xinhuanet.com/politics/2015-11/17/c_1117168120.htm。

② 李成宇，张士强，廖显春，张伟. 自然资源资产负债表的研究进展[J]. 统计与决策，2018(15)：37-41.

了对自然资源的过度开发。解决这一问题，需要将生态绩效引入考核体系，引导各级领导干部树立正确的政绩观念；而自然资源资产离任审计制度就是对领导干部在生态考核中加以约束，是落实生态责任的一项有效制度。

综上所述，我国绿色发展的自然资源产权制度的逻辑框架如图 8－1 所示。

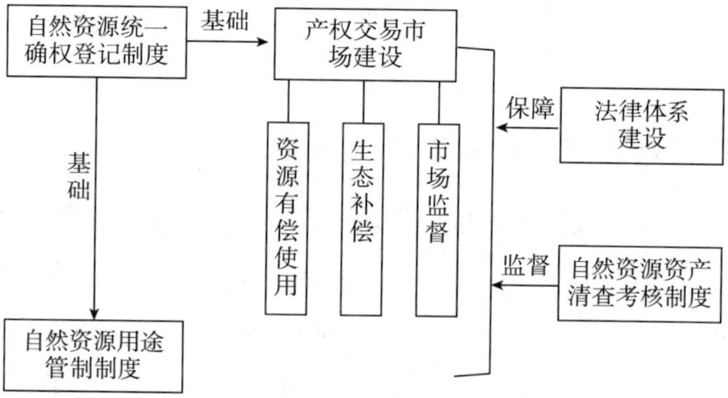

图 8－1　自然资源产权制度体系

自然资源产权归属并推动有效的市场化配置是绿色发展的自然资源产权制度核心内容，为此，我们需要进一步完善相关的制度。

自然资源统一确权登记制度的展开，为自然资源的产权流转创造了基础条件。接下来，自然资源行政主管部门应顺势而为，一方面，建立自然资源转让的制度安排，完善自然资源产权交易的市场运转模式，并在法律层面对自然资源产权转让的细节予以规范；另一方面，还应对自然资源的用途加以限制，实施严格的自然资源用途管制制度，并加快对自然资源资产的清查和考核制度建设。

第九章　新时代我国绿色发展的环境监管体制创新

第一节　引　言

在我国决胜小康的关键时期，党的十九大报告为我国全面建成小康社会和实现现代化勾勒了一幅清晰的蓝图。报告中 4 次出现“绿色发展”一词；29 次出现“环境”一词。在全文 13 个部分里，共有 3 个部分论述了与“绿色发展”有关的内容。党的十九大报告系统、全面地阐述了新时代我国绿色发展的现状、理念、建设重点和目标等，成为我国新时代坚持绿色发展、坚定环境保护的行动指南。

在党的十八届五中全会上，我国确立了“创新、协调、绿色、开放、共享”的五大发展理念，这被视为关系中国未来发展全局的一场深刻变革。新时代要解决当前发展中的动力问题，满足人民日益增长的美好生活需要，就必须大力发展绿色经济，严守环保底线。这是检验国家治理能力的标尺，也是保护环境的迫切要求①。坚持绿色发展，将深刻地影响一个地区的经济发展模式和人民幸福指数。要实现绿色发展，需要不断推进技术创新和理念创新。同时，绿色发展也将显著提高人们的生活质量，使共享发展成为有质量的发展。

在绿色发展的时代背景下，环境监管体制显得尤为重要。习近平总书

---

① 邴正，蔡禾，洪大用，等.“转型与发展：中国社会建设四十年”笔谈[J]. 社会，2018(6)：1－90.

记在党的十九大报告中曾经说过：我们要建设的现代化是人与自然和谐共生的现代化，既要创造更多的物质财富和精神财富，又要提供更多的生态产品以满足人民日益增长的优美生态环境需要。为了实现人类与生态关系的协调和平衡，有效监督和管理经济发展方式以促进人类与生态环境之间的友好相处，确保生态资源能够得到有效的开发与最大化的利用，环境监管体制的不断发展与创新是实现国家环境治理体系和治理能力现代化的必然要求。

第二节　绿色发展的核心要义

一、绿色发展的提出

自党的十八大召开以来，党中央领导集体提出了一系列关于生态环保的新理念、新论断和新思想。在中国共产党第十八次全国代表大会上，党中央提出了“五位一体”的总体布局，同时推进我国的工业化、城镇化、农业现代化、信息化和绿色化协同发展。与此同时，对于即将到来的“十三五”这个收官期和决战期，我们党和国家要以问题为导向，采取有效措施来解决“十二五”期间实现全面建成小康社会的最大短板——环境问题，在全面建成小康这个关键环节上，生态环保不拖后腿。因此，为了解决人与自然和谐共生的关系问题，继续大力推进社会主义生态文明建设，加快美丽中国建设，2015 年 10 月，党的十八届五中全会创造性地提出了具有中国特色的绿色发展理念，并把它作为指导未来我国经济与社会发展的五大理念之一。绿色发展理念的提出，使我国的生态文明建设变得更加科学化、具体化和鲜明化。

绿色发展是指导我国“十三五”规划时期甚至是更长久的整个新时代发展的科学的发展理念和指导思想。绿色发展理念旨在建设人与自然和谐相处的现代化发展新格局，加快推进美丽中国建设，为实现全面建成小康社会补短板，同时也为缓解全世界范围内的环境恶化和生态危机贡献了中国智慧。

绿色发展不仅是一种发展理念，更是一场深刻变革。绿色发展理念的提出有着鲜明的时代背景和深刻的理论基础。它一方面继承并发展了马克思主义的绿色发展观，另一方面在批判西方社会所宣扬的人类中心主义和生态中心主义的基础上，借鉴了其具有进步意义的可持续发展理论和循环经济理论。同时，绿色发展理念还发展和传播了从中国传统文化中凝练的绿色智慧。绿色发展已经成为解决我国新时期社会主要矛盾的重要手段，也彰显了党和国家加快推进环保改革的信念和决心。这同时也昭示着绿色发展成为时代的主题，开始引领未来国家经济社会发展的方向和模式①。

二、绿色发展的本质

绿色发展理念是社会发展到一定阶段的产物，引导着经济增长模式的变革。绿色发展理念有着丰富的内涵，并且其具体的内涵会随着社会的发展水平和实践能力的发展而不断丰富与发展，同时绿色发展理念又会促进社会的发展水平和实践条件不断向前发展。党的十八大以来，中国共产党领导全国各族人民艰苦奋斗，顽强拼搏，带领中国特色社会主义走进了绿色发展的新时代。绿色发展理念蕴含着新时代的思想精华，它包括狭义和广义两个层次的内容。

从狭义上看，绿色发展，就是要发展绿色经济，发展绿色金融，发展资源节约型和环境友好型产业，降低能源消耗和物料消耗，提高能源的使用效率，发展循环经济和低碳经济，倡导节能环保的绿色生活方式，保护生态环境，促使经济社会发展与生态自然相协调②。

从广义上看，绿色发展其实就是高质量发展。绿色发展是我国目前高质量发展的核心价值追求之一，同时绿色发展也是衡量经济发展是否达到“高质量”的核心标准之一。正如习近平总书记所说：“金山银山固然重

① 胡石其，熊磊.“组织学习”驱动绿色创新绩效的影响机制[J].求索，2018(6):82-88.

② 严勇，周建华.供给侧结构性改革背景下的生态文明建设“湖州模式”研究[J].生态经济，2018(11):59-63.

要，但绿水青山是人民幸福生活的重要内容，是金钱不能代替的。”① 高质量绿色发展主要体现在发展动力高质量、发展水平高质量和发展结果高质量上。首先，解放思想是推动高质量发展的动力源泉。全社会应该积极开展“头脑风暴”活动，激发谋事创业的“金点子”，推动产业转型与升级，促进低碳发展和集约式发展，在产出不变的前提下减少能源的使用和消耗，提高资源的利用率。其次，积极创新是提高发展水平的重大机遇。随着近年来国际环境与国内形势的深刻变化，我们必须与时俱进地调整开放战略，准确把握国际环境变化中的新机遇。在当前国际背景下，全球处于创新的活跃期，新技术、新产品、新模式、新业态层出不穷②。因此，积极推进改革创新为我国实现“弯道超车”提供了可能。在新时代背景下，注重量化而不注重质变的产品生产模式已经不再适用，我们必须推动传统产业的改造提升，提高产品的质量和性能，以保持和增强我国原有产业的国际竞争力。最后，坚持深化改革开放是促进发展结果高质量的制度保障。在目前高质量发展阶段，改革开放依然是社会发展的必由之路。完善产权制度，实现产权激励，才能进一步激发全社会创造力和发展活力，推动质量变革、效率变革、动力变革，提高全要素生产率③。因此，推动高质量发展，必须加快完善社会主义市场经济体制，使市场在资源配置中起决定性作用，更好地发挥政府作用，进一步扩大对外开放，推动形成全面开放新格局。

三、绿色发展的意义

我国为之奋斗的中国梦，不仅是富强中国梦，还是美丽中国梦。没有美丽中国，就很难有富强中国。习近平总书记曾指出：“走向生态文明新时代，建设美丽中国，是实现中华民族伟大复兴的中国梦的重要内容。”

---

① 沙占华，冯雪艳. 习近平新时代生态民生观探析[J]. 保定学院学报，2018(6)：1-6.

② 李婷婷. 我国国家质量技术基础面临机遇与挑战分析[J]. 品牌与标准化，2018(5)：28-30.

③ 王钦，张隺. 中国工业企业技术创新 40 年：制度环境与企业行为的共同演进[J]. 经济管理，2018(11)：5-20.

经过40年的高速发展，我们在经济总量上已经实现了重大突破，一跃成为世界第二大经济体，但是在实现这一重大突破的同时我们也付出了巨大的代价，当前，我国的资源与环境状况已经成为制约我国经济发展的突出“短板”。

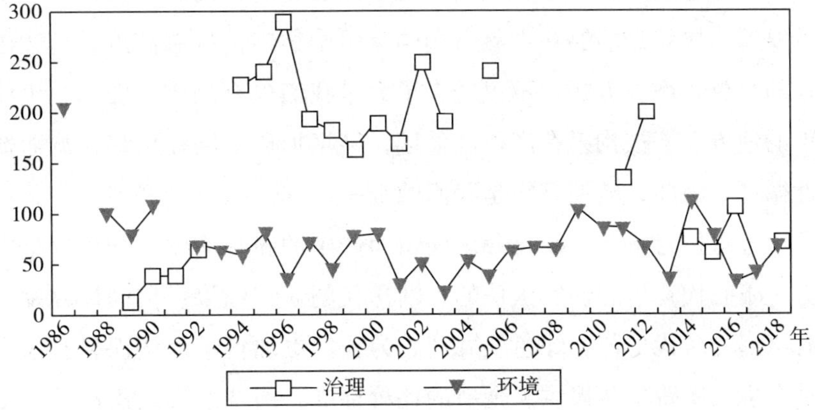

图9-1 1986—2018年政府工作报告关键词频分析①

为了更好地描述我国环境问题的演进历程，本书采用了词频分析软件ROSTCM6对1986—2018年我国政府工作报告进行关键词统计分析，并选取了有代表性的“环境”和“治理”两个与环境保护密切相关的关键词做出图9-1。图中横轴代表年份，纵轴代表关键词在当年报告中的词频排序。1978—1985年，两大关键词均未进入当年政府工作报告的“高频词”中，因此在画图时剔除了1978—1985年的数据。由图9-1中结果我们可以清晰地看出，在改革开放刚刚起步之时，环境问题并未上升到国家重点关注的焦点问题，直到1986年，“环境”首次进入“高频词”行列，且仅仅排名207位。随着经济的发展，环境问题凸显，“环境”相关词越来越成为政府工作报告中的热词，在2000年前后国家大力推进污染治理与环保改革，“环境”一词排名最高升至第21位，仅在2003年政府工作报告中

① 注：本书在对词频分析结果进行排序时，只考虑了前300位的“高频词”。

就提到了 37 次。自此，国家打响了“环保战”，环境治理的重要地位开始凸显。近十年来，环境问题越来越成为政府关注的热点问题，“生态”“绿色”等各种与环境保护相关的新词进入历年政府工作报告中，既丰富了环境治理的政策工具，又使环境保护手段更加多样化。

坚持绿色发展，呼应了我们实现中国梦的时代要求。实现中国梦，一个重要的前提就是能够在世界市场的竞争中始终占据制高点。而我国长期以来的粗放式增长方式，不仅透支了大量我们仅有的宝贵资源，更使许多省市的地方经济被拘束在产业链低端，甚至形成了路径依赖，从而造成了恶性循环。因此，转型升级是我们的唯一出路。绿色发展理念正是在全球化的生态危机背景下，结合我国国情而产生的新兴的发展理念，是中国共产党对于时代背景和现实国情的不断深化的认识结果。贯彻绿色发展理念具有深远的时代价值。绿色发展理念为我们更加科学地认识新时代中国特色社会主义实践现状提供了全新的评价标准，即把生态效益作为衡量社会进步的重要参考。经济建设是根本，政治建设是保障，文化建设是灵魂，社会建设是条件，而生态文明建设是基础。绿色发展理念作为马克思主义中国化的新时代的最新成果，回应了马克思主义理论中人的解放理论，彰显了马克思主义与时俱进的理论品质。绿色发展理念旨在追求人与自然和谐共生，从而实现了从构建人类命运共同体到人与自然生命共同体的过渡衔接。

坚持绿色发展，彰显了我国建设美丽中国的决心和信心。将绿色工业革命视为当前经济社会新的发展引擎，从而把环境约束转化为绿色机遇，加快制定并实施绿色发展战略，用以指导经济转型升级并促进新兴产业发展，在节能产业、新能源产业、资源综合利用产业、环保产业以及电子技术、生物技术、航空航天技术、新材料技术、海洋开发技术等具有重大战略性的绿色新兴产业中形成新的经济增长点，切实转变我国当前的经济发展方式，实现产业结构的全面升级，抢占未来世界市场竞争的制高点。正如习近平总书记所指出的那样，生态文明不仅关系到当代人的福祉，更关系到整个中华民族的未来。我们必须从政治的高度来深刻认识绿色发展的重大意义，坚决拥护以习近平同志为核心的党中央制定的治国理政新理念、新思想、新战略，并以此指导全国的一切工作进程，下决心走一条绿色发展之路，为建设一个美丽富强的中国，实现中华民族伟大复兴，实现中国梦做出当代人应有的贡献。①

坚持绿色发展，表达了人民建设美丽家园的美好愿望。改革开放40多年来，我国社会经济发展取得了伟大的成就，各项发展硕果累累，甚至创造了由贫穷落后到一跃成为世界第二大经济体的历史奇迹，重大成果举世瞩目。但是，在经济高速发展的同时，我们也要认识到，社会主义市场经济体制仍有待进一步完善，以牺牲环境为代价的经济发展已经越来越不适应当前的国际形势，环境污染与资源耗竭问题越来越突出，环境治理方面的欠缺越来越凸显。同时，恶劣的环境条件也越来越成为制约经济发展的负担。此时，人们追求美好生活的需要主要集中在改善环境上，人们对改善生态环境的呼声越来越高。绿色发展，就是在不破坏环境的前提下实现经济的可持续发展，因此，坚持绿色发展，就是通过绿色发展创造绿色社会成果，给人民带来真正的实惠，提高经济效益和社会效益，增进人民福祉。

第三节　新中国成立70年来我国环境监管体制改革的演进

中国的环境监管体制即环境监督管理体制，它指的是我国有关环境问题的行政保护监督管理机构的设置，以及这些监督管理机构之间有关环境保护监督管理权限的划分。但是它并不包括全国人民代表大会系统这类立法机关人民法院、人民检察院这类司法机关以及单个企业内部的环境管理体制②。一个合理、健全、有效的制度和管理体制，不仅可以为正确的环境政策、法规的贯彻实施和绿色环保的先进科学技术的推广运用提供制度

① 资料来源：http://news.gmw.cn/2016－04/10/content_19639606.htm。

② 郑石明.改革开放40年来中国生态环境监管体制改革回顾与展望[J].社会科学研究，2018(6)：28－35.

保证，而且可以在很大的程度上弥补和解决由某些相关法律法规的不完善及当前经济技术的不发达所造成的不足。更重要的是，没有一个良好的环境监督管理体制作为支撑，环境保护的法律法规就无法得到有效的实施。

一、中国环境监管体制的演进

新中国成立70年来，国家对环境保护的认识不断深化，直至今天已然上升到国家战略，这表明党和国家在70年的发展与改革过程中对经济增长与环境保护关系的认识越来越深刻，处理好经济增长与环境保护的关系涉及国家的战略问题、人民生活问题、未来中国走向问题以及中国与国际社会的关系问题。在70年的时间里，我国环境监管体制的演进可以分为四个阶段，分别是1949—1977年环境意识建立阶段、1978—1991年以经济发展为中心的环境保护阶段、1992—2011年社会主义市场经济下的环境保护与绿色发展阶段和2012—2018年的深化环保体制改革阶段。

新中国成立之初，工业化大规模展开，污染问题初显，但当时世界各国均未认识到环境保护的重要性，政府没有建立专门的环保机构。1972年召开的第一届联合国人类环境会议中提出了《人类环境宣言》，标志着环保事业正式引起世界各国的高度重视，通过会议我国开始认识到中国也存在严重的环境问题。我国的环境保护工作由此起步①。1973年8月5日，我国召开了第一次全国环境保护会议，政府加深了对环境保护重要性的认识，这次会议也成为我国环境保护事业的开端。1974年5月，国务院设立了由20多个有关部委领导组成的环境保护领导小组，负责制定我国环保方针政策，监督各地区各部门的环保工作，我国的自上而下的环境保护机构正式形成。

1978—1991年，我国的环境监管体制是以经济发展为中心的。1979年9月13日，我国颁布了第一部《中华人民共和国环境保护法（试行）》，从此，环境保护上升到国家法律，我国环境保护事业进入法制轨道。1990

① 朱焱. 中国气候外交研究[D]. 北京：中共中央党校，2014.

年国务院发布《国务院关于进一步加强环境保护工作的决定》，再一次明确了环境保护的基本国策地位。在这一阶段，我国的环境保护工作才刚刚起步，中国开始进入了经济增长和工业化快速发展的时期，国家和政府还是把经济增长放在比环境保护更高的位置上，政策制定的重点也是放在经济增长上的。此时我国的环境问题初步凸显，而政府的政策则较为片面。

1992—2011 年，我国的环境监管体制开始初步建立起社会主义市场经济下的环境保护与绿色发展体系。2002 年，党的十六大提出以科学发展观来指导国家的经济和社会发展。在科学发展观的统领下，环境保护工作坚持预防为主、综合治理、全面推进、重点突破，着力解决危害人民群众健康的突出环境问题，同时针对资源环境压力日益增大的突出问题，加快推进资源节约型、环境友好型社会的建设，促进人与自然和谐发展①。自 2008 年 3 月环境保护部成立以来，国家和政府对气候变化及环境治理的政策和举措更加完善。绿色发展是建立在适当的经济体制之上的，在社会主义市场经济体制建立后，市场成为资源配置的主要力量，这大大提高了资源配置的效率，也进一步影响到生产的绿色发展。在这个阶段，我国的环境治理的法律意识加强，制定并出台了十几部与环境问题相关的法律，环保进入法制化阶段。

2012—2018 年，我国开始加快推进深化环保体制改革，实现绿色发展现代化。2012 年党的十八大召开，提出大力推进生态文明建设，再次强调坚持节约资源和保护环境的基本国策，坚持节约优先、保护优先、自然恢复为主的方针，着力推进绿色发展、循环发展、低碳发展，形成节约资源和保护环境的空间格局、产业结构、生产方式、生活方式，从源头上扭转生态环境恶化趋势，为人民创造良好生产生活环境，为全球生态安全做出贡献②。党的十八大召开以来，我国在推动科学发展、改善人民生活的同时，更加重视在经济社会发展中对资源和环境过度利用和破坏的治理，我

① 宋文生. 社会主义初级阶段理论研究[D]. 武汉：华中师范大学，2014.

② 参见 2012 年 11 月党的十七届中央委员会向中国共产党第十八次全国代表大会的报告。

国环境治理取得了巨大的突破性进展，资源节约型、环境友好型社会建设取得重大进展。主体功能区布局基本形成，资源循环利用体系初步建立，人居环境明显改善。2018 年 3 月，“美丽中国”“生态文明”历史性地写入宪法。环境保护渗透经济发展，环保创新成为重中之重。环境保护越来越渗透在经济发展的各个环节。漫漫生态路，壮哉中国梦。这一阶段，我国环境保护的地位重要性凸显，环保与发展并重。环境治理能力现代化，治理手段也趋向多样化（见图 9 – 2）。

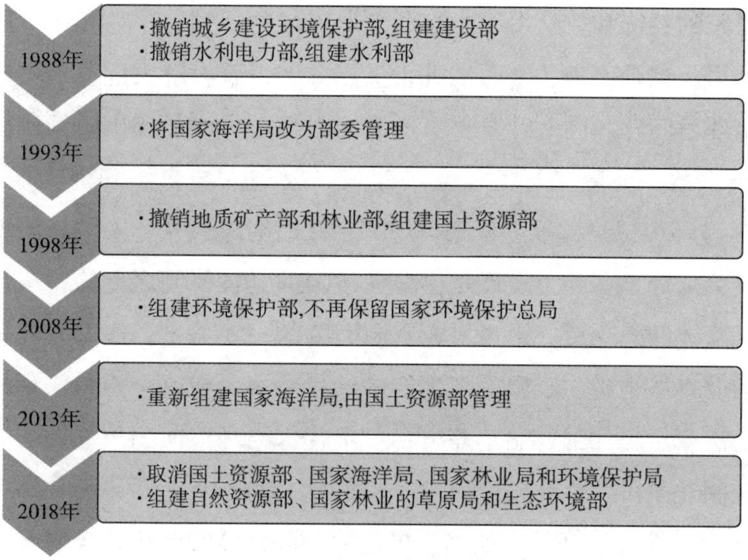

图 9 – 2　国务院环保机构改革示意图

二、中国环境监管体制的现状

自 1973 年 8 月我国召开第一次全国环境保护会议至今，中国的生态环境保护和治理事业已经走过了 40 多年，环境监管体制逐步从无到有、从弱到强，环保事业取得了诸多巨大的成就，也渐渐形成了当前我国生态环境监管的基本格局。在党的十八大召开以来，党中央协调推进“四个全面”战略布局，统筹推进“五位一体”的总体布局，在全面依法治国的战略部署下持续推进生态文明建设。而在党的十九大以来的各大场合的发言中，习近平总书记反复提出要加快生态文明体制改革，加快建设美丽中国的步伐。其中，改革生态环境的监管体制是推进生态文明建设、实现绿色发展的重要举措。

经过40多年的改革和发展，我国的环境监管体制已经逐步发展形成现在的以政府部门为主导、以行政管理为主要特征的统分结合的环境监督管理体制，我国的环境监督管理体制具体包括以下几个特点：

第一，统一监督管理与多部门分工监督管理相结合。环境保护涉及整个经济社会发展的方方面面，其涉及的行业、事项和部门较多，这些行业、事项和部门之间的关系错综复杂，因此，我国环境保护行政管理实行的是环保部门统一监督管理与其他部门按职责分工负责监督管理这两种形式相结合的政策。统一的监督管理指的是由中央政府或者地方政府设立一个具有相对独立性的、专门的行政机构对全国范围内或者本辖区内的环境保护工作行使统一的监督管理权。设立的这个统一的监督管理部门既包括由中央政府设立的国务院环境保护行政主管部门——国家环境保护部，又包括由各级地方政府设立的县级及以上地方人民政府环境保护行政主管部门——一般称之为某县、某市或某省环境保护局或环境保护厅。在40多年的地方环保机构改革中，我国31个省（区、市）全部组建了环境保护厅或环境保护局，并且其已经成为各级地方政府的组成部分。这些统一的环境保护监督管理机构主要负责对各自主管地区范围内的环境保护工作进行规划、部署和协调，并依法提出其主管地区范围内的环境保护法规草案，制定相应的行政规章。同时，各级环境保护机构要依法监督管理环境保护的相关法律、法规、规章、规划、标准和其他政策及规范性文件的落实和实施情况。与此对应的，部门分工监督管理则是指由与环境保护有关的行业、事项和部门依照法律法规规定的职责对与其相关的环境保护工作进行具体的监督管理。这些统一监督管理部门与分工监督管理部门都是我国环境保护方面的行政执法机关。它们依法实施的各项有关环境保护的监督管理行为，一般都属于具体的行政行为，即属于国家行政机关和行政机关工作人员行使其行政职权，针对特定的公民、法人或者其他组织，就特定的具体事项，做出有关该公民、法人或者其他组织权利、义务的单方行为。

第二，统一监督管理部门与分工监督管理部门的执法地位平等。我国无论是环境保护行政主管部门还是土地、矿产等资源管理部门都是在中央政府或者县级及以上的各级地方政府设立的。例如，国家在中央设立了环境保护部，而在各（区、市）等都分别设立各自的环境保护厅[①]。当然，这其中也有例外，根据《中华人民共和国水污染防治法》的规定，在我国境内重要的江河、湖泊可设立本流域水资源保护机构。这种环境保护监督管理体制在一定程度上既有利于中央政府的宏观调控，也有利于充分发挥地方各级人民政府的积极性，同时也给予了地方人民政府一定的执法上的灵活性。从另一个角度来讲，这种模式也决定了我国各个环境保护监督管理部门的内部之间存在一定的行政上的隶属关系，包括行政级别上的领导与被领导关系以及监督被监督关系。但统一监督管理部门与分工监督管理部门之间并没有行政上的隶属关系，因而在它们之间不存在领导与被领导关系以及监督被监督关系，它们只有职能和分工上的不同，即这些环境保护部门所监督管理的对象和范围有差异。但无论是统一监督管理部门还是分工监督管理部门，它们的法律地位是平等的，都是代表国家行使环境保护行政执法权。

第三，统一监督管理部门与分工监督管理部门都是按照行政区划设置的。我国目前现行的环境监督管理机构，无论是统一监督管理部门还是分工监督管理部门都是按照各级省、自治区、直辖市等行政区划设置的。按照行政区划设置的各级统分结合的监督管理部门能够最大限度地充分利用行政区划行政管理上的便利，发挥各级环境保护监督管理部门的执法积极性，减少一些不必要的行政资源的浪费。同时，在环境保护行政执法的过程中，各级地方人民政府能够发挥它们在地方的行政垄断权力，更加快速有效地对各种环境污染和环境破坏行为给予沉重打击，从而降低了时间成

① 彭建交，谢中起，臧红松，等. 环境治理中的政府信任重塑[J]. 生态经济，2018(11)：40－46.

本和人力成本[①]。

经过40多年的发展，我国环境保护事业日趋成熟，已经基本形成了完整的环境监管体系。在全球环境问题凸显的前提下，我国也越来越重视环境保护与生态安全，一改以往粗放式的发展模式，转而推进集约式的绿色发展，走绿色发展之路。

三、中国环境监管体制的问题

我国的环境保护事业在经过40多年的艰苦卓绝的努力奋斗后，取得了举世瞩目的伟大成就，但是与此同时，我们不能止步不前，不能忘记我国依然是世界上最大的发展中国家，还处于社会主义初级阶段。这说明相较于西方先进的发达国家，我们的环境保护事业还远远没有完成，我国的环境保护监督管理体制仍然存在诸多问题和不足，这些亟待解决的问题正是我们实现现代化，全面建成小康社会从而实现中华民族伟大复兴的突出短板。在党中央极力推进“三去一降一补”的今天，环境保护这样的事关全局性、长期性、基础性、根本性，而在发展与改革中又做得不到位的工作正是“补短板”的重要范畴。从40多年的改革和发展来看，我国目前的环境保护监督管理体制还存在以下几个方面的问题：

第一，环境保护监督管理体制设置不合理导致中央政府与地方政府之间存在矛盾。在中央政府层面，我国目前的生态环境保护职能在配置上存在两大比较严重的问题：一是各个部门的职能相对分散，在需要多部门联合行动时显得力不从心。例如，我国的自然资源和生态保护按其所属的资源门类分散在国土、农业、林业、水利等多个不同的部门，这样的机构设置虽然有利于根据不同资源特有的属性来进行专业化作业与管理，但同时也与生态系统本身的完整性有所冲突。并且不同环保职能部门的发展情况与完善程度也大不相同，各自为政的局面也造成了我国整体的生态环境保护政策存在一定程度的不平衡、不充分甚至存在政策手段相互冲突的局

① 汤清源．跨区域水环境监管法律机制研究［D］．长沙：中南林业科技大学，2018．

面。二是对资源环境的开发与保护往往是由同一个部门管理，缺乏有效的相互制衡的部门格局，而且在执行中对资源和环境的商业属性和公益属性没有做出明确区分，没有根据各类资源不同的产权性质进行分级分类管理，导致各项资源的产权归属不清楚、各关系人的权责不明晰。这种资产管理和行政监管纠缠在一起的混乱的管理体制，使得我国目前对公益性资源环境的保护和开发的监管明显缺位，从而导致“重开发、轻保护”或者以牺牲环境为代价的不可持续的发展等严重后果，这也正是我国在40多年的发展改革中所承受的。与此同时，在中央政府和地方政府之间的权力划分不明确也是当前我国生态文明建设中的一大阻碍。在推进“有法可依，有法必依”的法治改革的今天，中央政府关于环境保护改革的文件密集出台，相关文件的数量多且专业性较强，一些地方政府对中央政策的理解难免出现偏颇，或者是有选择性地推动改革，为了某些执行上的便利而采取“一刀切”的粗暴处理方式，特别是近年来改革力度加强，对地方政府的行政绩效制定了全新的评价体系，从而制约了地方政府的权力，这更加打击了地方政府治理污染、推进环保改革的积极性①。

第二，政府的环境保护监管职能与经济发展管理职能存在冲突。在我国发展的当前阶段，政府同时负担着经济管理职能与环境监管职能这两种职能。由于我国在改革开放早期的基本逻辑是以经济建设为中心，一切制度设定和政策实施都是以经济发展为目标的。而后来从计划经济体制向市场经济体制转变的过程中，各级人民政府大多延续了在计划经济体制下对地区经济发展的管理职能，而与之相适应的，在市场经济体制下，中央政府对地方官员，上级政府对下级官员，一直都在实行以GDP增长为核心的评价考核体系。这种片面强调经济发展，“唯GDP”论就直接导致了地方政府和地方官员为了实现高速的经济发展而不顾地方的环境保护，不惜以无法挽回的资源消耗和环境破坏为代价来发展经济，从而造成对我国生态

① 王尔德.新时代生态环境管理体制改革和完善治理体系的路线图——专访中国科学院科技战略咨询研究院副院长王毅[J].中国环境管理,2017(6):20－22.

系统的严重破坏[①]。党的十八大召开以后，在习近平总书记“绿水青山就是金山银山”的“两山论”发展理念的指导下，以GDP为核心来衡量地方政府和地方官员绩效的倾向开始有所转变，但在根本上，以GDP的增长率为核心的绩效考核评价体系仍未得到根本性的改变，管辖地方的GDP增长对地方官员晋升的影响仍然非常显著。其根本原因在于，在我国目前的经济社会发展管理体制下，地方政府的环境保护监管职能与经济发展管理职能这两种职能存在一定的冲突。虽然在理想的情况下，经济增长与环境保护并不存在冲突，实现长期的经济增长并不一定非要以环境污染和环境破坏为代价，经济与环境的良性发展、良性促进完全有可能实现。但在中国目前所处的新时期我们面对的现实是，过去40多年中粗放式的经济社会发展方式已经对生态环境造成了巨大的破坏，地方政府想要扭转局面，改变环境污染和环境破坏的现状，加大环境保护的监管力度，转变发展方式，就必然会在短期内降低GDP的增长率，从而对整个地区的经济发展不利。

第三，区域之间联合污染预防与治理机制不甚完善。一个地区的生态环境具有高度的统一性，不同行业、事项和部门之间互相影响，而且环境污染和环境破坏具有涉及面极广、流动性极强的特点，而我国现行的环境监管体制是按照行政区划来划分的，不能对多个地区的环境污染和环境破坏实施统一有效的监管[②]。同时，我国现有的环境保护的区域合作都不具有中央层面的强制性，且区域合作的范围小，更没有统一的经费支持和制度保障，使得环境监管的区域联合防治难以实现。在环境监测方面，我国目前实施的环境监测是区域性的局部监测，不同地区、不同地方政府有不同的监测方法和监测手段。以环境监测数据为例，我国目前各地区实现的环境监测数据的共享度较低，监测信息也相互独立，各地区的数据库系统各不相同，且各地方政府之间不愿相互分享各自的环境监测数据库，给全国的数据整合带来不便，也加大了环境数据统一监管的难度。

---

① 殷培红. 中国环境管理体制改革的回顾与反思[J]. 环境与可持续发展,2016(2):7-11.

② 李廷康. 人类命运共同体理念下的联合国集体安全机制改革[J]. 国际关系研究,2018(5):39-61,153-154.

第四，环境监管对象过分冗杂造成了监管不力。我国目前环境治理的基本原则是“谁破坏谁恢复，谁污染谁治理”①，也就是说，我国目前环境监管的对象是以生产产品的企业为主的可能对环境产生负面影响的各种相关主体。政府盯紧各大生产型企业，对其环境污染和破坏行为的事前、事中和事后实行全方位的监督和管理，对其环境污染和破坏行为施以处罚。但是，一旦在现实中实施起来，这种实施原则便会面临诸多具体障碍。地方主要的环境监督管理部门并没有足够的人力、物力和财力来对所有的环境参与主体实施全方位全天候的监管。目前，各级地方政府的环境保护部门都存在监管人员不足、经费短缺的现象，因此环境保护部门对所有环境参与者实施的监管实际上是心有余而力不足的，再加上在现代工商业高度发达的今天，企业生产所涉及的领域广泛、分工精细，环保部门不可能熟悉各大产业中所有企业的所有生产过程。此外，我国现行的经济社会管理体制呈现条块分割的样态，各个地方和部门的权力利益纠葛在一起，而环境保护机关作为地方政府的组成部门之一并没有高于其他部门的权威，在这种情况下，环境监督管理权在各个部门之间的合理有效分配就显得尤为重要②。在此基础上，各个环境监督管理部门依照有关法律法规的规定对其职权范围内的资源和环境实施监督管理。但这种职权分配有一个显而易见的问题，其中隐含的意味也非常清楚，即“铁路警察，各管一段”，哪个行业及事项的环境主管部门就只能负责这个行业及事项的环境监管。这不仅造成了“九龙治水”、各部门权责不清的问题，还大大限制了环境保护监督管理部门的权力和管辖范围，使得无法对全领域的整体生态系统实施有效的监督和管理，而且将环境监管的权力由政府让渡给各行业的主管部门，也会导致行业主管部门为了维护本部门的经济利益，维持本地区的高速发展，将公共利益和环境效益放到次要位置，甚至产生寻租行为，严重危害整个社会的生态环境。

---

① 尤艳馨. 我国国家生态补偿体系研究[D]. 天津：河北工业大学，2007.

② 史玉成. 流域水环境治理“河长制”模式的规范建构——基于法律和政治系统的双重视角[J]. 现代法学，2018(6)：95－109.

第五，环境保护监督管理部门的设置不够完善。目前，我国生态环境监督管理队伍的职业素质和水平参差不齐、执法装备和监测系统不够先进、执法手段较为原始，且信息化水平不高。部分监管部门执法队伍存在地方保护主义，致使整个生态环境执法行动的效率低下①。20 世纪以来，在我国长期的发展和改革中，政府在一定程度上轻视了环境保护队伍的建设，大量的人力、物力和财力向其他部门偏移，致使在环境保护执法过程中，各环境保护监督管理部门普遍缺乏经费保障，只能对环境监管对象实行"以罚代管"，依靠征收排污费等行政费用和罚款来维持部门日常的运转，这种状况的存在严重损害了环境执法队伍的公众形象，破坏了环境保护部门执法的公正性和客观性，使得环境保护部门无法从真正意义上独立地进行环境监管和环境执法。中央政府对环境保护工作的支持和鼓励无法从根本上避免地方保护主义对环境监管和行政执法的干扰。

第六，环境保护部门实行的"运动式"行政监管在短期可能成效显著而在长期则存在弊端②。改革开放 40 多年来，我国的政府管理职能从计划经济到市场经济、从微观执行到宏观调控、从单一的行政手段到综合运用经济法律等多种手段，政府职能的转变和优化一直是行政改革致力的方向。但与此同时，改革开放初期计划经济时代的"全能政府"的惯性仍然非常大，现阶段我国管控式的"大政府"治理模式仍大行其道。虽然早在 2005 年我国就开始建立现行的环境监管体制，但事实上"事前许可 + 事中监督 + 事后检查"的环保行政监管体制已经根深蒂固地延续了 30 年。其实，早在 1989 年第三次全国环境保护会议上，我国就开始推行了"老三项"制度（即环境影响评价制度、"三同时"制度和排污收费制度）、"新五项"制度（即环境保护目标责任制度、城市环境综合整治定量考核制度、排污许可制度、污染集中控制制度和污染限期治理制度）等措施③。

---

① 房临旭. 海洋环境执法的问题与对策[J]. 法制博览,2018(32):81－82.

② 赵旭光,李红枫. 从法治视角探究生态环境监管体制改革[J]. 中国特色社会主义研究,2018(4):91－96.

③ 李悦. 向环境污染宣战——第三次全国环境保护会议在京召开[J]. 中国环境管理,1989(3):32.

现如今的环境监管体制与30年前相比，最大的变化仅仅在于监管力度的加大，但在更为根本的监管体制和监管模式上，我们与30年前相比并没有太大的变化。环境监督和管理还是由政府做主导，并依靠国家强制力下达行政命令来进行直接管控，这种管控模式下的运动式监管、风暴式监管特征明显，在短期内能够发挥比较显著的作用，但却不能持久，从长期来看后患无穷。另外，行政监管追求的是令行禁止，实施的行动快速而高效，在一些突发性的环境危机和某一特定阶段或地区出现的持续性环境恶化治理方面具有无可替代的优势，但是这种行政管控型的监管措施由于手段的刚性和权宜性，往往会在一定程度上忽视公平正义，给政府造成信任危机。

第七，社会监督的软弱无力导致环境监管未能充分发挥作用。与政府的行政监管相对应，社会监督是一种自下而上的监督方式，包括公众监督、新闻舆论监督等多种具体的监督方式。广泛的社会监督是广大民众真实表达民意、积极参与政治生活的重要方式和有效途径之一，民众可以通过监督包括环境保护行政权力在内的国家权力来行使公民责任①。可以说，社会监督是民主政治发展的客观要求和必然趋势。然而，在环境保护领域的发展和改革历程中，我国一直以来都极力强调政府在环境保护领域中的核心地位不可动摇，政府在环境保护工作中同时担任着组织者、动员者、促进者、协调者、监督者和仲裁者等多重角色。公民的各项环境权利主要依靠政府来维护，公民在环境保护中权利的行使会受到国家行政管理部门的监督，甚至在各项有关环境保护的法律法规中也只重视政府有关保护环境权力的规定，而大大忽视了人民群众参与国家事物监督管理的权利。环境保护的公众参与形式单一、地位不明、缺乏具有可操作性的各种规定等不足，导致公众的社会参与积极性不高、难度大且成本高。从严格意义上来说，在我国的各项有关环境保护的法律法规体系中并没有成熟的公众参与制度的规定，同时也缺乏公众参与环境保护的保障机制，导致在实践中公众不能有效地参与对环境行政权的监督。目前，我国作为社会喉舌的新

---

① 张文波. 我国环境行政执法权配置研究[D]. 重庆：西南政法大学，2017.

闻媒体机构尚未充分发挥其应有的披露监督管理作用，由于我国的各大具有影响力的报纸、电视、电台等媒体都是由国家和政府开办的，因此政府在加强行政权力对新闻媒体的控制，保证新闻传播正确的舆论导向的同时，也丧失了新闻媒体机构的社会监督职能①。本应作为社会监督者的新闻媒体公开的主动权都掌握在政府机关的手中，信息公开的程序和内容都要受到政府相关部门的严格审查，而政府部门有时难免会借助其拥有的特殊权力对新闻媒体实施制约，剔除对自身不利的言论。通过这一环节使许多对政府行为不利的环境保护信息被截留，环境信息的发布总是一些无关痛痒的泛泛之谈，而且地方媒体容易成为地方政府昭显政绩、讳疾忌医的自我宣传、自我保护，甚至成为当局控制舆论的工具。再加上我国关于新闻出版等媒体行为的相关法律还尚不健全，新闻媒体社会监督的地位、范围、权限、方式和独立性都缺乏相应的法律保障，从而使得处于信息资源不对称的弱势地位的公众知情权无法得到充分的保障，对环境行政权实施广泛的社会监督也就成为无法发挥实际效用的监督方式。

在追求经济中高速发展的同时，我们也要充分认识到绿色发展中存在的问题，并积极寻求解决方案，致力于贯彻绿色发展的观念，走绿色发展、循环发展和低碳发展之路。

第四节 新时代推进中国环境监管体制创新的建议

当前，我国环境问题已经开始凸显，多种污染物的排放量已接近环境所能容纳的阈值，造成近些年来污染天气和极端天气频繁。可以说，我国正处于环境问题亟待解决的关键时期。在新时代，我们不仅要继续大力推进经济建设，实现物质财富和精神财富的稳步提升，更要使生态文明建设紧随其后，做好环境污染和环境破坏的防治工作，使我国的经济发展与生态建设相互统一、相互协调，进一步建设具有绿色、节能、低碳、环保的

① 章瑞. 舆论监督问题与对策研究[D]. 北京：中共中央党校，2010.

现代化产业格局。低污染、低能耗不仅是当今社会可持续发展要求，更是全球气候问题的优化解决途径之一。为了促进低碳社会建设，加快实现绿色发展，就需要改变原有的粗放式的生产和生活方式，不断优化绿色技术，提升能源和资源的利用率，改善能源结构，减少化石燃料的使用，转而多采用清洁能源，并使清洁能源逐步普及到日常生活中，这就对当前的环境监督管理体制提出了更高的要求。因此，我们迫切地需要结合当前中国的基本国情与现代化社会经济、政治、文化、民生、生态等多维度发展的需要，将环境监督管理体制继续向前改革推进，最终实现绿色发展，在全社会树立社会主义生态文明观，进而推动建立人与自然和谐发展的现代化建设新格局。为此，我们提出以下几点关于推进中国环境监管体制创新的建议：

第一，进一步建立完整的环境监管法律体系。环境监管机构依法行使对环境经济行为的监管职能，其所依据的相关法律法规，必须是出于保护公共利益和生态环境不受侵害的目的，因此，相关的法律法规必须要明确不同经济主体各自的权利和义务，以公平公正的态度对待所有利益相关主体的正当诉求。在法律法规的具体条文中，有关环境影响评价的审批制度和流程、污染源排污达标的监测和判断标准、企业违规处罚的依据和力度等各方面的规则必须明文注明，法律依据必须清楚明确，环境监管的相关程序必须合法且有据可查，从事实上做到环境保护工作的“有法可依”。同时，环境监管机构要确保相关的法律法规得到规范的执行，对符合法律规定的行为，不能随意干预，对违反法律规定的行为，不能视而不见，以此来做到环境监督管理的“有法必依”。这是新时代现代化的环境监管机构不同于传统的行政管理部门的最重要特征之一。

第二，进一步健全环境监管组织体系。在环境监管组织体系的建设上，地方政府层面的环境监管机构改革与完善是我国环境监管体制改革的重点，其改革的核心在于提高地方政府环境监督管理职能的独立性和能力提升①。要实现这一目标，可以通过创新性建立“省级以下环境监测监察垂直管理”的管理模式来从一定程度上增强地方政府环境监管机构的独立性。但是，在具体操作的过程中，必须要妥善处理“垂直管理”与“监管属地化原则”和“分权化趋势”之间的关系。同时，我国环境监督管理机构设置的另一大问题是环境监管的统管部门与行业分管的主管部门之间存在职能交叉，同时在统管机构和分管机构之间又缺乏制度化、程序化、规范化且有约束力的沟通协调机制，使得在环境监管的实际工作中经常出现相互推卸责任来回“踢皮球”的现象，难以真正实现有效的环境监管。从世界各国的经验来看，政府机构之间跨部门的沟通协作是一个普遍的难题，而所谓的“部门联合”仍然存在一定的职能边界，无法真正实现将所有与环境保护相关的事项统一集中到一个部门。要想解决这一突出难题，国家和政府应该通过构建制度化的跨部门协作机制，进一步明晰各利益相关部门的职责边界，健全多部门协作的环境监管组织体系，进而解决跨部门作业的协调问题。同时，在环境监管机构内部，环境监管机构内设部门的监督管理程序与环境要素管理之间要进一步匹配。另外，地方政府应该进一步明晰不同环境监管部门所负责的环境监管事项和监管权力，对部门之间的监管权适度整合，对存在交叉管理的环境事项更要尤为关注，使不同部门间的信息共享、监管协同进一步的法制化、规范化、程序化。在环境监管机构内部也要平衡各个部门之间的权力，避免某个单独的环境监管部门所拥有的监管权力不断膨胀而其他监管部门形同虚设，这样不仅环境监测信息难以共享，甚至会导致环境监管部门之间的冲突，从而加剧了环境监管程序与工具之间的不匹配、不协调。因此，政府也应该通过优化政府自身内部的机构设置和建立部门之间的协调机制来解决环境监管机构内部跨部门的信息共享、有效沟通与协作的问题。同时稳妥推进“省级以下环境监测监察垂直管理”制度，并且在加强中央政府环境监管部门收集和发布环境信息的权力同时进一步保障基层的环境监管权力。

---

① 杨珊. 公众参与环境管理现状及对策研究[J]. 环境与发展,2018(7):190 - 192.

第三，进一步规范环境保护的监管程序以提高监管能力。中央和地方的环境监管机构应当按照明确的监督管理规则，透明化、独立化和专业化地行使环境监管职能，环境监督和管理不应受到包括地方政府在内的各种外部干预。要确保环境监管的有效性和高效性，就是要通过法制化的监管程序，使环境监管的标准和规范得到有效执行，对违反相关环境监管程序的行政管理部门进行行政处罚。同时，进一步规范环境监管的监管手段，提高人员、技术、设备等多方面的监管能力，保障环境监管机构具备履行职责的专业能力和先进手段，进一步加强基础环境监管能力建设①。同时，在监管方式上，强化排污单位自行监测、自觉防治的环境保护意识，由排污单位主动公开、上报其排污情况，并接受政府部门监督和管理。

第四，进一步加强环境监管问责体系建设。目前，我国迫切地需要建立一个对环境监管机构进行问责的有效机制，使环境监管主体对政府负责、对受环境监管决策影响的利益相关者负责。改革开放以来，我国的环境监管体制中长期缺乏对环境监管者的监管，这是造成监管失灵的重要原因。在新时代，要提高环境监管的有效性，实现环境监管体制的现代化，核心问题是要使整个环境监管体系实现可问责，这也是目前世界范围内政府现代化监管机构必须遵循的基本原则之一。在环境监督管理制度的设计上，必须要建立合理且规范的行政执行程序，特别是建立透明化的政府问责机制，以此来监督环境监管机构有效履行行政职责，避免环境监管机构不作为和乱作为。

第五，进一步完善区域生态环境保护治理的合作机制。首先，突破传统的以行政区划为主的环境监管体制，建立跨区域的生态环境综合治理管理机构，以打破条块分割和壁垒森严的地方行政体制对区域生态环境保护治理的掣肘。当前，我国的部分地区已经设置了类似的生态治理管理机构，但是这种跨区域跨流域的试点还很不完善。国家和政府应进一步构建更加完善的区域生态治理法律体系框架，规范和调整各级地方政府在合作

① 朱国华. 我国环境治理中的政府环境责任研究[D]. 南昌:南昌大学,2016.

治理中的权限，同时，建立健全相应的法律法规，确保新建立的区域生态综合治理管理机构能够富有成效地运行，使区域生态合作治理朝着常态化、制度化、规范化方向发展。其次，推动建立和完善区域生态治理的信息共享制度。区域内部的政府部门应建立环境管理信息应用系统和环境基础信息数据库，定期将空气质量、饮用水源水质、建设项目环保审批情况等环境治理信息相互通报，实现环境治理信息资源共享，以及时有效地沟通、交流与协调，妥善处理生态环境问题，促进区域生态环境的整体优化。最后，建立和完善利益补偿制度①。

第六，进一步建立企业履行环保职责的自律机制。继续推进排污许可证市场化改革，健全排污许可的市场管理制度，将多种重要污染物的排放总量控制指标纳入排污许可管理中，实行一证式管理②。同时，改革环境污染的监管执法方式，在污染源处设立环境指标监测系统，从环境污染的源头控制污染的排放，确立排污者的环保主体责任制，以环保执法责任制监督为核心，构建监管执法一体化的规范和监督机制。

第七，进一步完善环境监管的公众参与机制。除了政府主导的行政手段外，公众参与也是环境监管的重要方式之一。在新媒体、自媒体高度发达的今天，我们可以运用新媒体、“互联网 +”等多种方式深化环境保护的平台式宣传，加强新媒体的舆论阵地建设，为社会公众普及环境保护知识和环境保护建设，提高社会公众的生态文明意识。同时，政府应该完善中小学生的生态文明教育体系，推动环境保护宣传教育进学校、进社区，帮助社会公众普及环境保护知识，建立环境保护意识，发挥“小手拉大手”作用，也可以发动义工及环保公益组织等宣传推广活动，努力形成政府引导、市场推动、企业实施、社会协调、公众参与的全方位多层次的生态文明体系，营造生态文明建设社会氛围。

在环境问题日益严峻的今天，节约能源，保护环境，实现可持续发展

---

① 张红兵，张淑莲. 论京津冀生态环境协同发展的问题与对策[J]. 河北青年管理干部学院学报，2018(6)：84－89.

② 林永生，吴其倡，袁明扬. 中国环境经济政策的演化特征[J]. 中国经济报告，2018(11)：39－42.

的观念已经深入人心。要实现我国国民经济的稳步健康增长，就必须意识到当前环境保护监督管理体制上的不足，明确环境保护监督管理体制强化的现实意义，从经济政策、法律规范、行政监管、生态环境改善等多个层面上进行环保创新与改革，真正找到既符合我国国情又能促进我国经济发展的环境保护创新管理方法，实现社会的和谐、稳定、绿色发展。

第四篇

绿色发展承诺的政治经济学阐释

第十章　人类命运共同体背景下中国参与全球气候治理的战略选择

“贫困是分层的，而雾霾是平等的”——应对气候变化是全人类面临的共同挑战，没有任何国家可以独善其身。我国从20世纪90年代开始正式参与全球气候治理，在近30年的治理进程中实现了治理角色从参与者、贡献者向引领者的转变。当前全球气候治理仍面临着严峻的现实：一方面2018年全球CO_2排放量再创新高，带来了巨大的减排压力，加大了实现《巴黎协定》确定的2℃温控目标的难度；另一方面当前全球气候治理体系仍存在缺陷，再加上美国退出《巴黎协定》给全球气候治理造成的不利影响，使得全球气候治理的前景充满不确定性。因此，在这种情况下，中国应当继续彰显负责任的大国形象，积极参与国际气候谈判，通过中国行动为全球气候治理做出中国贡献。人类命运共同体的理念是我国参与全球气候治理的中国智慧和中国方案。在这一思想的指导下，我国一方面将国际政策与国内政策相对接，提高应对气候变化的能力和在全球气候治理体系中的话语权；另一方面积极开展各种国际交流活动，始终坚持参与《联合国气候变化公约》基础上的国际气候谈判，与世界各国一起构建公平合理、合作共赢的全球气候治理体系。

第一节　全球气候治理的文献综述

一、中国与全球气候治理

中国在全球气候治理中的角色从参与者、贡献者逐渐向引导者、引领者转变。薄燕（2013）从合作意愿和合作能力的角度出发对中国参与全球气候治理及其影响因素进行分析，发现合作意愿和合作能力的提升使得中国积极参与全球气候治理相关事务和议程，但因为合作能力的有限性，我国目前还不能按照发达国家确立的时间表承担具有国际约束力的减排义务①。许琳（2013）在多维权力的框架下分析了世界主要国家在全球气候治理中的地位及变化问题，认为发展中国家的结构性权力和话语权呈上升趋势，但仍和发达国家存在较大差距。在此情形下，我国参与全球气候治理时应当通过走“绿色强国”的可持续发展之路来增强自身的治理能力、提高治理水平②。钮松（2013）从组织机制的角度出发，详细阐述了中国参与全球气候治理的战略选择：在参与全球气候组织的建立和运行中发挥积极主导作用、同发达国家建立全球气候治理组织以及通过全球气候治理组织的平台作用广泛开展环境外交等③。李慧明（2015）指出在全球气候治理制度碎片化和国际领导缺失的时代，中国实质上已经被推到了全球气候治理舞台的中央。因此，中国需要制定自己的绿色气候大战略，承担适当的全球气候治理的领导责任④。李昕蕾（2017）提出在全球气候治理领导权力格局变迁的大背景下，中国想要保持在气候治理中的引领作用，就

① 薄燕．合作意愿与合作能力——一种中国参与全球气候变化治理的新框架[J]．世界经济与政治,2013(1):135－155,160.

② 许琳．全球气候治理与中国的战略选择[J]．世界经济与政治,2013(1):116－134,159.

③ 钮松,王九思．全球气候变化治理组织与中国在气候治理中的角色[J]．中国软科学,2013(5):10－17.

④ 李慧明．全球气候治理制度碎片化时代的国际领导及中国的战略选择[J]．当代亚太,2015(4):128－156,160.

必须提升绿色实力和强化政策创新[①]。

二、人类命运共同体与全球气候治理

人类命运共同体的理念是我国参与全球气候治理的中国智慧和中国方案。冯存万[②]（2017）提出了“人类命运共同体”和全球气候治理之间的互动关系：人类命运共同体的理念是全球应对气候变化的主要原则和共识，而参与全球气候治理、开展气候治理援助则是实践和提升人类命运共同体理念的重要路径。彭本利（2018）指出习近平主席提出的人类命运共同体理念为完善环境治理及全球气候治理指明了方向，中国在人类命运共同体理念的指导下参与全球气候治理时应加强气候变化的国际合作，与世界上其他国家一起共同促进全球气候治理体系变革[③]。杨永清等（2018）指出将“人类命运共同体”理念融入全球气候治理进程具有深刻的理论意义和实践价值，进一步提出“人类命运共同体”理念下全球气候治理国家的责任构建路径：发展中国家优先发展经济，先保障自身基本权利的实现；发达国家应当和发展中国家一起共同应对全球气候变化带来的挑战；大国应当积极主动承担起全球气候治理的责任[④]。李慧明（2018）认为全球气候治理是当今最能够体现人类共同命运的问题，深度参与并积极推动全球气候治理体系改革和建设为人类命运共同体的构建提供了重要的实践机遇[⑤]。

---

① 李昕蕾．全球气候治理领导权格局的变迁与中国的战略选择[J]．山东大学学报(哲学社会科学版),2017(1):68－78.

② 冯存万．人类命运共同体理念视角下的中国气候治理援助[J]．领导科学论坛,2017(21):8－14.

③ 彭本利．习近平共同体理念下的环境治理和全球气候治理[J]．广西社会科学,2018(1):1－5.

④ 杨永清,李志．“人类命运共同体”理念下全球气候治理的国家责任[J]．哈尔滨师范大学社会科学学报,2018(4):24－29.

⑤ 李慧明．构建人类命运共同体背景下的全球气候治理新形势及中国的战略选择[J]．国际关系研究,2018(4):3－20,152－153.

第二节　全球气候变化的现实和影响

《IPCC 第五次评估报告》认为，人类活动是造成 20 世纪 50 年代以来一半以上全球气候变暖的主要原因，这一观点的可信度达到 95% 以上。虽然特朗普认为气候变化是“骗局”并以此作为退出《巴黎协定》的依据，但美国国内的气候研究却得出相反的结论。2018 年 11 月，由美国国会牵头，包括美国农业部、NASA 在内的 13 个联邦政府和部门联合发布的《第四次国家气候评估》第二卷中指出，人类活动是造成了全球气候变暖的根本原因，同时气候变暖将会对健康、基础设施和农业生产等社会生活的方方面面都产生不利影响，产生的经济损失也将高达数千亿美元。

一、全球气候变化的现状

全球气候正在变暖的观点越来越得到国际社会的广泛认同。世界气象组织（WMO）发布的《2018 年临时气候状况说明》指出 2018 年气候长期变暖的趋势仍在继续，且前 10 个月的平均气温比工业化前高出 1℃左右。2018 年 10 月 IPCC 发布的《全球升温 1.5℃特别报告》指出，到 2100 年，全球升温应当控制在 1.5℃而不是 2℃（相对于工业化前的水平而言）范围内，否则将会对生态系统、人类健康和经济发展造成严重的不利影响。2018 年我国的气温也处于偏高状态，平均气温比 2017 年高 0.5℃左右。

从造成全球变暖的主要原因——温室气体的排放来看，1970—2012 年，全球温室气体排放量有增有减，但呈现出明显的增长趋势；中国的温室气体排放量一直呈上升趋势，分别在 2001 年和 2005 年超过欧盟和美国并保持至今；欧盟的温室气体排放量逐渐下降；美国的温室气体排放量先增加，基本上到 2004 年以后保持缓慢的平稳下降趋势（见图 10 - 1）。2018 年的全球碳排放量再创新高，达到 331.43 亿吨，中国和美国分别为全球碳排放第一大国和第二大国，尤其是中国的碳排放量增长迅速，一年时间内增加了近 5 亿吨的碳排放量。

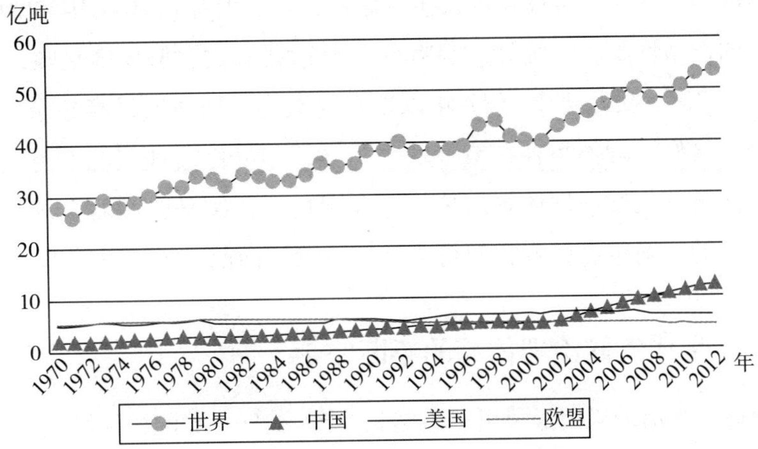

图 10－1　1970—2012 年中国、美国和欧盟温室气体排放量

资料来源：世界银行数据库。

二、全球气候变化的影响

气候变化会对粮食安全、淡水资源、生态系统、人类健康和贫困人口等产生影响。2018 年，气候变化带来的海冰和冰川融化、海平面上升、海洋升温和酸化的不利影响越来越明显，极端天气的地理范围、持续时间和破坏力度都在增加。2018 年世界卫生组织发布的《健康与气候变化》报告指出，气候变化和健康之间存在显著的相关关系，气候变化通过影响保持健康的基本因素（清洁的空气、安全的饮用水等），进而对人类生命和健康产生严重的不利影响。

第三节　全球气候治理的现状

从 20 世纪 70 年代末气候变化问题受到国际社会关注以来，全球气候治理取得了显著成果。全球气候治理主体范围的不断扩大和机制体系的逐步建立完善，在一定程度上减缓了全球变暖的速度。然而，当前全球气候治理仍面对诸多严峻的现实：一方面是温室气体排放量不断攀升带来的巨大减排压力。2014—2016 年，全球碳排放相对保持平稳，但却在 2017 年和 2018 年出现连续的强劲反弹。据统计，2018 年全球碳排放高达331.43 亿吨，较 2017 年增长 1.7%，更是创下 2013 年以来全球碳排放增速的最高纪录。另一方面，全球气候治理体系存在诸多现实困境，如气候治理问题本身具有复杂性，当前全球气候治理体系的缺陷，大国行为特别是美国对全球气候治理体系产生的不确定性影响，使得全球气候治理的前景依然不明朗。

一、全球气候治理体系的不断完善

全球气候治理机制最早可以追溯到 1979 年第一次世界气候大会的召开。在这次大会上，气候变化第一次作为热点问题受到国际社会的广泛关注。此后，历经多次艰难的国际气候谈判（见表 10－1），全球气候治理体系逐步建立并不断完善。而在全球气候治理体系建立完善的过程中，存在多个具有里程碑意义的突破点或转折点，对整个治理体系框架的构建具有十分重要的作用。

首先，具有十分重要意义的就是 1992 年的联合国环境与发展大会。此次大会上通过的《联合国气候变化公约》（以下简称《公约》），是世界上第一个为全面控制二氧化碳等温室气体排放，应对全球变暖给人类经济和社会带来不利影响的国际公约。《公约》最重要的意义在于它奠定了此后世界各国参与国际气候谈判的基础，其体现的“共同但有区别的原则”成为应对气候变化的法律框架和基础性机制。此外，《公约》也初步构建起国际社会在应对气候变化问题时的一个基本合作框架。

1997 年，COP3 通过了《京都议定书》。它于 2005 年正式生效。《京都议定书》是第一部以法规形式限制温室气体排放的法律文件，它的签署标志着全球气候治理迈“后京都时代”。《京都议定书》在合作机制上确立了包括国际排放贸易机制（IET）、清洁发展机制（CDM）和联合履行机制（JI）在内的三种温室气体减排的合作机制；在减排机制上确定了“自上而下”的强制减排模式。

2005 年，COP11 通过了“蒙特利尔路线图”。“蒙特利尔路线图”确立了气候谈判的“双轨制”：一方面在《京都议定书》框架下，157 个缔约方启动《京都议定书》2012 年后发达国家温室气体减排责任的谈判进程；另一方面，在《公约》的基础上，189 个缔约方也同时就探讨控制全球变暖的长期战略展开对话，以确定下一步应对气候变化必须采取的行动。

2007 年，COP13 通过了“巴厘路线图”。《巴厘行动计划》是“巴厘路线图”的重要内容，主要包括减缓、适应、技术和资金四个方面的内容。“巴厘路线图”中特别强调长期的国际合作，并为下一步气候变化谈判设定了原则内容和时间表。

2009 年，COP15 通过了不具有法律约束力的政治协议——《哥本哈根协议》。它的重要意义在于世界各国在应对气候变化方面加强国际合作的政治意愿得到进一步加强。

2015 年，COP21 通过了《巴黎协定》。《巴黎协定》是继《京都议定书》后通过的第二份具有法律约束力的文件，它的签署标志着全球气候治理进入新阶段：在行动目标上，《巴黎协定》对 2020 年后全球应对气候变化做出行动安排，提出了 2℃的温控目标，即将 21 世纪全球平均气温上升幅度控制在 2℃以内；在减排机制上，《巴黎协定》提出了“自下而上” + “定期盘点”的减排机制，其不同于《京都议定书》确定的“自上而下”的强制减排模式；在参与主体上，《巴黎协定》还首次将发展中国家纳入强制减排范围，确立了国家自主贡献在全球温室气体减排中的法律地位。

二、全球气候治理的现实困境

联合国气候变化谈判是一个长期且艰巨的过程。在这漫长的历史中，发达国家和发展中国家之间，以及发达国家和发展中国家内部存在立场对立和利益冲突的现实，使得从 1992 年联合国环境与发展大会上《公约》的通过开始到 2018 年 COP24 中，谈判崩盘、会议延迟和部分国家退出谈判的情况屡见不鲜。在 2018 年刚结束的 COP24 上取得的成果有限，加强减排抱负等众多实质性议题被留到了 2019 年的峰会。

（一）气候治理问题的复杂性

联合国气候变化谈判举步维艰，各国在应对气候方面难以达成共识的一个重要原因是气候问题本身具有复杂性。气候变化带来的问题不仅存在于自然生态领域，还表现在社会发展的经济、政治和国家安全等多方面。气候问题反映在经济上就是各国在以发展权为核心的气候谈判和博弈过程中存在立场对立和利益冲突的现实问题，要以牺牲经济发展的权利来解决还面临很大的困难。另外，WTO 框架下与气候变化相关议题（比如环境产品清单、碳关税）的谈判是气候问题在国际贸易上的表现；关于贸易隐含碳排放的测算与研究也是促进全球碳减排责任合理划分重要途径。气候问题在政治上表现为地缘政治，之前有研究认为①气候变化改变了地缘政治争夺的手段、范围和内容，发达国家以碳排放空间、新能源技术为新手段进行地缘政治竞争。在安全问题上，气候变化带来的安全问题不仅局限于本国的国家地理范围，还可能进一步上升到国际社会安全的层面。例如，发达国家和发展中国家在气候谈判上的分歧可能进一步加大南北国家之间的矛盾冲突，给国际社会带来诸多不稳定的因素。

（二）当前全球气候治理体系的缺陷

现有的全球气候治理体系并非完美无缺，相反还存在诸多缺陷，如全球气候治理体系存在明显的激励和约束力不足的问题。贯穿国际气候谈判的一个核心问题就是资金问题，即发达国家要通过为发展中国家提供资金和技术支持来帮助发展中国家提高应对气候变化的能力。“绿色气候基金”在 2010 年的哥本哈根会议上正式成立，并在 2015 年年底完全投入运作。根据 COP16 的决议，发达国家应在 2010—2012 年出资 300 亿美元作为“绿色气候基金”的启动资金，并在 2013—2020 年每年向发展中国家提供 1000 亿美元的资金支持以帮助发展中国家积极应对气候变化。但由于资金

---

① 王礼茂，李红强，顾梦琛．气候变化对地缘政治格局的影响路径与效应[J]．地理学报，2012(6)：853－863.

的落实与执行困难重重，至今仍未实现当初的注资承诺，并且和预期目标还存在很大差距。据统计，截至2016年年底，美国承诺负担的30亿美元气候资金援助只完成了9.98亿美元，资金执行情况严重落后。此外，温室气体减排工作的进展也十分缓慢。根据联合国环境规划署发布的《2018年排放差距报告》，已经达到峰值的49个国家的碳排放量仅占全球的36%。如果维持当前的减排行动不变且所有国家都履行减排承诺，那么到2030年也只有57个国家能达到峰值，这57个国家的碳排放量占全球的比重为60%。

（三）美国对全球气候治理的不确定性影响

美国在全球气候治理格局中起着至关重要的作用，然而美国政府尤其是特朗普上台之后对气候变化“反复无常”的立场增大了全球气候治理前景的不确定性。2017年6月，特朗普政府以损害美国经济发展、给美国财政造成沉重负担为由单方面宣布退出《巴黎协定》，此后又逐步取消了奥巴马政府时期出台的多项关于应对气候变化的政策（比如降低汽车油耗和碳排放量、遏制油气设备甲烷泄漏等），给温室气体减排带来极大的负面影响。但2018年10月，特朗普又松口称气候变化并非是一场“骗局”，但仍不承认气候变暖是人为导致，而且认为气候会“自我实现”恢复到正常状态。美国退出《巴黎协定》会产生两方面的影响：一方面，美国是“绿色气候基金”的最大资金来源国，其停止向“绿色气候基金”注资可能会增加其他发达国家的资金援助压力，同时也可能会使发展中国家应对气候变化的政策陷入停滞状态；另一方面，根据《巴黎协定》的规定，美国在2020年底才能完全实现从“退群”到“退出”的转变，在此期间美国将一直保持“退群而不退出”的状态。也就是说，美国仍可对当前国际气候谈判的进程产生影响，但目前无法判断此影响是好是坏。

第四节　中国参与全球气候治理的战略选择

20 世纪 90 年代初，中国就开始参与全球气候治理，并且始终把应对气候变化视为自身可持续发展的内在要求和构建人类命运共同体的责任担当。也就是说，在全球气候治理启动伊始中国就参与其中，虽然参与程度较低、能力有限，但始终扮演着一个积极的全球气候治理参与者的角色。此后，随着经济实力的增强和国际地位的提高，我国参与全球气候治理的能力不断增强，参与程度也在逐步加深。从《公约》《京都议定书》《哥本哈根协议》到《巴黎协定》，再到人类命运共同体的全球治理理念的提出和美国退出《巴黎协定》，中国在全球气候治理中的角色定位逐渐从参与者向贡献者乃至引导者、引领者转变，成为国际气候治理和气候正义的希望，不断为全球气候治理贡献中国智慧、中国方案和中国行动。目前中国在全球气候治理中的战略选择主要从三个方面出发：①国内政策和国际气候机制对接；②采取应对气候变化的国内行动；③广泛开展国际交流与合作。

一、国内政策和国际气候机制对接

中国参与全球气候治理的政策导向是将气候治理的国际政策与机制内化到国内政策之中，从而为气候治理的国家与地方行动、社会的广泛参与提供政策支持和指引。

（一）人类命运共同体的历史背景

人类命运共同体是指导当前中国深度参与和引领全球治理进程的重要思想。2012 年，党的十八大报告中提出，我国主张在国际关系中弘扬平等互信、包容互鉴和合作共赢的精神，共同维护国际公平正义。所谓合作共赢，就是“要倡导‘人类命运共同体’意识，在追求本国利益时兼顾他国合理关切，在谋求本国发展中促进各国共同发展，建立更加平等均衡的新型全球伙伴关系，同舟共济，权责共担，增进人类共同利益”①。这也是“人类命运共同体”概念首次出现在党的正式文件中。在全球气候治理方面，报告首次将“生态文明建设”纳入中国特色社会主义总布局，并指出“在共同但有区别的原则、公平和各自能力原则下，与世界各国一起积极应对气候变化”是我国大力推进生态文明建设的重要内容。

2013 年，习近平主席在莫斯科国际关系学院发表演讲，主张发展成果应该由世界人民所共享，并且每个国家在谋求自身发展的同时也能够促进其他国家的发展。这次演讲也是中国首次向国际社会阐释人类命运共同体的理念，对提高中国参与全球治理能力具有重要作用和意义。

2015 年，习近平主席在第 70 届联合国大会上首次阐述了人类命运共同体的“五位一体”的内涵，包括伙伴关系、安全格局、发展前景、文化交流和生态建设五个方面。其中，构筑尊崇自然、绿色发展的生态体系要求之一为：发达国家在履行减排承诺的同时帮助发展中国家适应和减缓气候变化，提高发展中国家应对气候变化的能力。

2017 年，党的十九大报告把“坚持推动构建人类命运共同体”作为新时代中国特色社会主义思想十四条基本方略之一，在开展外交活动时要“坚持和平发展道路，推动构建人类命运共同体”②。全球气候治理方面，报告认为人类面临着气候变化等非传统安全威胁持续蔓延的共同挑战，因此各国应该合作应对气候变化，保护好人类共有的地球家园。

2019 年，习近平主席在中法全球治理论坛上的讲话提出要“坚持共商共建共享的全球治理观，积极推进全球治理规则民主化”“共同推动构建人类命运共同体”“构建命运与共的全球伙伴关系”③。在气候治理领域，

---

① 胡锦涛．坚定不移沿着中国特色社会主义道路前进 为全面建成小康社会而奋斗——在中国共产党第十八次全国代表大会上的报告[EB/OL]. http://cpc. people. com. cn/n/2012/1118/c64094 - 19612151 - 11. html,2012 - 11 - 08.

② 习近平．决胜全面建成小康社会 夺取新时代中国特色社会主义伟大胜利——在中国共产党第十九次全国代表大会上的报告[EB/OL]. http://cpc. people. com. cn/n1/2017/1028/c64094 - 29613660. html,2017 - 10 - 28.

③ 习近平．为建设更加美好的地球家园贡献智慧和力量——在中法全球治理论坛闭幕式上的讲话[EB/OL]. http://cpc. people. com. cn/n1/2019/0327/c64094 - 30997013. html,2019 - 3 - 27.

我国要加强和法国的气候变化合作，共同助力《巴黎协定》的尽快推进和全面落实。

（二）顶层设计的政策选择

我国实施积极应对气候变化的战略，采取一系列政策和措施来减缓和适应气候变化，以实现与当前全球气候治理体系的对接。2007 年，我国制定了《应对气候变化的国家方案》（以下简称《方案》），这不仅是中国第一部应对气候变化的政策，还是发展中国家第一部应对气候变化的国家方案。《方案》提出我国应对气候变化的目标是：到 2020 年，在控制温室气体排放、增强适应气候变化能力、加强科学研究与技术开发、提高公众意识与管理水平等方面取得显著进展。

2008 年，国内已有关于为气候变化立法的研究；2009 年，国家开始着手制定《应对气候变化法》；2010 年，正式启动《应对气候变化法》的起草项目；2012 年，《应对气候变化法》草案意见稿全文公布。目前，《应对气候变化法》的初稿已经完成，最终稿还在进一步的完善中。《应对气候变化法》是我国第一个专门关于“应对气候变化”主体的系统法律文本：一方面为我国应对气候变化提供了法律依据；另一方面也能与国际应对气候的法律对接和协调，有助于提高我国应对气候变化的能力和在全球气候谈判中的话语权。

2013 年，《国家适应气候变化战略》出台，标志着国家首次将适应气候变化提升到国家战略的高度。同时，它还是我国第一部关于适应气候变化的战略规划。《国家适应气候变化战略》的最大特点在于开展试点示范工程，然后再进行推广工作。

2014 年，国家颁布《国家应对气候变化规划（2014—2020 年）》，提出应对气候变化的目标是：到 2020 年实现单位 GDP 碳强度比 2005 年下降 40% ~45%；非化石能源占一次能源的消费比重达到 15% 左右；森林面积分别比 2005 年增加 4000 万公顷，森林蓄积量比 2005 年增加 13 亿立方米。这一目标早在 2009 年哥本哈根会议上就提出，这次内化在应对气候变化的国家规划中。

2015 年 6 月，我国向联合国秘书处正式提交应对气候变化国家自主贡献文件——《应对气候变化——中国国家自主贡献》。其中，中国确定的自主行动目标为：CO_2 排放在 2030 年前后达到峰值并争取尽早达到峰值；单位 GDP 碳强度较 2005 年下降 60% ~65%；非化石能源占一次能源的消费比重达到 20%；森林蓄积量比 2005 年增加 45 亿立方米。与此同时，2015 年 10 月国家制定的《"十三五"控制温室气体减排方案》最重要的目标就在于推动 CO_2 排放在 2030 年前后达到峰值并争取提前达到峰值，实现《国民经济和社会发展第十三个五年规划纲要》（以下简称《"十三五"规划》）确定的低碳发展目标。《"十三五"规划》中提出我国要积极应对气候变化、提高我国应对气候变化的能力和全球气候治理的深度参与，可以从有效控制温室气体排放、主动适应气候变化和广泛开展国际合作三方面着手来减少碳排放，从而达到改善生态环境的目的。

二、应对气候变化的国内行动

我国应对气候变化的国内行动从多个方面出发，比如，在政府职能设计上，原来隶属于发改委的应对气候变化司现在是环保部的内设机构。这一转变有利于整合各方力量和资源，从而增强应对气候变化和环境污染防治的整体协同能力，生态环境保护的整体性也得以保持；在社会广泛参与上，开展多种形式的宣传教育活动，提高公众参与的积极性、形成多方参与的绿色低碳发展格局；在统计制度上，建立健全温室气体排放核查和监管制度，为应对气候变化提供科学的数据支持。国内行动的重点可分为产业结构和能源结构的优化调整、碳交易市场建设以及地方层面应对气候变化的行动三个方面。

（一）优化产业结构和能源结构

产业结构和能源结构对碳排放有着重要影响。2018 年全球碳排放出现强烈反弹的根本原因是可再生能源的供给与需求出现极大偏差。也就是说，可再生能源的增长并未赶上能源需求的增长速度；化石能源在整个能源结构中仍占据重要地位。数据显示，2018 年可再生能源的增长量仅占世界能源需求增长量的 4%，而火力发电的碳排放量更是首次超过 100 亿公吨。[①] 截至 2018 年年底，我国单位 GDP 碳强度比 2005 年下降约 45.8%，已提前超过 2020 年下降 40% ~45% 的目标。同时，非化石能源占一次能源的消费比重达到了 14.3%，距离 2020 年 15% 的目标还有一定差距。根据《2018 年国民经济和社会发展统计公报》，2018 年我国第一、第二和第三产业分别增长 3.5%、5.8% 和 7.6%，占 GDP 的比重分别为 7.2%、40.7% 和 52.2%，产业结构得到进一步优化。同时，当年的战略性新兴服务业营业收入和高技术产业投资都得到了快速增长，分别比上年增长 14.6% 和 14.9%。优化产业和能源结构还在一定程度上遏制了温室气体的快速增长，自 2013 年起，我国碳排放增速基本降为零。[②]

（二）建设全国统一的碳交易市场

碳交易市场的建设有利于和国外相对成熟的碳交易市场（EUETS 等）接轨，提高我国在国际碳交易市场的地位、竞争力和话语权。2011 年，国家在北京、天津、上海、重庆、湖北、广东和深圳 7 个省（市）进行碳试点建设；2014 年，7 个试点全部启动上线交易，目前共纳入近 3000 家重点排放单位和企业，涉及电力、钢铁、水泥等多个工业行业；2017 年底，在碳试点取得积极进展和借鉴国外碳市场先进经验的基础上，国家又正式启动了全国统一的碳排放交易市场建设。截至 2018 年 10 月，7 个试点地区的累计碳配额成交量突破 2.5 亿吨，交易总额约为 60 亿元。[③]

（三）地方层面的应对气候变化行动

2008 年，我国正式启动省级层面应对气候变化方案项目。目前，各省份都根据本地区基本情况和可持续发展战略的要求，出台符合本地区发展

---

① 资料来源:《全球能源与碳排放状况年度报告》。

② 资料来源:《全球生态遥感监测 2018 年度报告》。

③ 资料来源:《中国应对气候变化的政策与行动 2018 年度报告》。

的《"十三五"控制温室气体排放工作方案》，部分省份在温室气体减排方案中还提出了明确的碳排放达到峰值的时间。2010 年，我国开始进行低碳省份和低碳城市试点工作，其中第一批试点（2010 年，5 个省份和 8 个城市）、第二批试点（2012 年，1 个省区和 28 个城市）和第三批试点（45 个城市）加起来共有 87 个低碳省份试点，在推动绿色低碳发展上面取得了积极成效。此外，我国还在 2017 年启动了 28 个气候适应型城市试点建设，探索城市适应气候变化规划建设管理模式，以期形成一系列可复制和可推广的经验。

三、积极参加国际交流与合作

除上述所说的国内行动以外，积极参加国际交流与合作也是中国应对气候变化的重要途径之一。首先，我国始终积极参与建立在《公约》框架基础上的国际气候谈判，在公平、共同但有区别和各自能力的原则的指导下，与世界上其他国家共同构建公平合理、合作共赢的全球气候治理新体制；其次，不断加强与其他国家或区域在应对气候变化领域的国际合作；最后，继续推进和落实绿色"一带一路"建设，从而促进全球气候治理的发展。

（一）积极参与气候治理的国际谈判

中国作为《公约》最早的 10 个缔约方之一，在应对气候变化领域始终彰显着负责任的大国形象。我国积极参加《公约》基础上的国际气候谈判，坚持"共同但有区别的责任"原则，是发展中国家集团谈判的重要声音，在全球气候治理中也发挥着日益重要的作用。中国继续积极地参与《巴黎协定》后续相关谈判，促进和推动《巴黎协定》相关细则尽快落实，与各国携手共建公正合理、合作共赢的全球气候治理体系。此外，中国在国际气候谈判中起着"黏合剂"的作用。比如在 COP21 中，中国为了弥合各方谈判分歧提出了多项建议，这些建议还被纳入谈判进程中，对谈判的继续进行起到了促进作用。

(二) 全球气候治理领域的国际合作

中国在全球气候治理领域的国际合作有效推动了全球气候治理的进程。在参加除《公约》外气候变化的多边议程方面，2017—2018 年中国相继参加了部长级会议、金砖国家领导人非正式会晤和 G20 峰会（见表 10 - 1）。此外，中国还加强与发达国家的气候合作，如美国、加拿大、欧盟等：中美双方于 2014 年签署《中美气候变化联合声明》之后，又分别于 2015 年和 2016 年签署《中美元首气候变化联合声明》；中加在 2017 年举行了第二次中加环境部长级对话和第一次中加气候变化部长级对话，先后通过了《中国—加拿大气候变化和清洁增长联合声明》和《中华人民共和国生态环境部与加拿大环境部关于气候变化合作的谅解备忘录》；中欧在 2015 年签署《中欧气候变化联合声明》之后，在 2016 年通过了《中欧能源合作路线图》，2018 年又发表了《中欧领导人气候变化和清洁能源联合声明》。

表 10 - 1　2017—2018 年中国参加除《公约》外的气候变化多边议程或行动

时间	会议名称	会议成果或意义
2017 年 4 月	第二十四次“基础四国”气候变化部长级会议	发布《第二十四次“基础四国”气候变化部长级会议联合声明》，就气候谈判中的重要问题达成共识
2017 年 9 月	加拿大、中国、欧盟第一次气候行动部长级会议	讨论了《巴黎协定》实施的后续实施细则和气候行动实施等重点问题
2018 年 6 月	加拿大、中国、欧盟第二次气候行动部长级会议	通过多边方案寻求解决办法，需要在此次会议上取得符合巴黎精神的全面、平衡和有效的成果
2018 年 9 月	全球气候适应委员会	包括中国在内的 17 个国家共同发起成立，推动适应气候变化的国际合作与交流取得积极进展
2018 年 11 月	金砖国家领导人非正式会晤	发布《金砖国家领导人布宜诺斯艾利斯非正式会晤新闻公报》，其中特别强调绿色气候基金的重要性和紧迫性
2018 年 12 月	二十国集团（G20）领导人第十三次峰会	通过 G20 宣言，此次峰会上“打击气候变化”成为关注各国焦点

除与发达国家之间的气候合作外，中国也不断开展与发展中国家的气

候合作。其中，“气候变化的南南合作”是最典型的中国与发展中国家开展国际合作的例子。2011 年，中国开始积极开展应对气候变化的南南合作。2012 年，国家开始实行为期三年的气候变化南南合作项目，预计每年提供 1000 万美元的资金安排来帮助和支持其他发展中国家应对气候变化。2014 年，中方在联合国气候峰会上承诺从 2015 年起实现这一数额翻番，即每年的资金支持可达 2000 万美元；同时，还提供 600 万美元的资金来支持联合国秘书长推动应对气候变化南南合作。2015 年，中国政府宣布出资 200 亿元成立“中国气候变化南南合作基金”，提高其他发展国家应对气候变化的能力。2016 年，为进一步加强南南气候变化气候合作，我国又启动了气候变化南南合作“十百千”项目（10 个低碳示范区，100 个减缓和适应项目，1000 个应对气候变化培训名额）。2001—2017 年前三季度，我国已与 27 个发展中国家签订物资赠送谅解的备忘录，累计安排 7 亿多元的资金安排，以通过为最不发达的国家、小岛屿国家和非洲国家等提供资金、技术和能力建设等来提高其应对气候变化的能力。2017 年，共有 55 名国际学员参加了两期适应气候变化国际培训班，其中第一批的 29 名学员来自 22 个国家和地区，第二批的 26 名学员来自 17 个国家和地区。

（三）推进绿色“一带一路”建设

“一带一路”成为中国参与全球气候治理的重要平台。绿色“一带一路”的相关政策文件中都包括了气候治理的内容。因此，我们只要落实和坚持这些政策文件中的核心观点和原则，继续推进绿色“一带一路”的建设，就能够对全球气候治理起到促进作用。

2015 年 3 月，三部委联合发布《推动共建丝绸之路经济带和 21 世纪海上丝绸之路的愿景》，提出要同沿线国家和地区共建绿色丝绸之路，也就是说，在投资贸易中要突出生态文明的理念，加强与沿线国家和地区的生态环境合作、生物多样性合作和应对气候变化合作。2017 年 5 月，四部委联合发布《关于推进绿色“一带一路”建设的指导意见》，把继续推进绿色“一带一路”建设作为全球环境治理的重要实践内容，强调在强化企业绿色指引的同时，要积极引导企业加大在应对气候变化领域的技术研发投入。2017 年 5 月，推进“一带一路”建设领导小组办公室发布《共建“一带一路”：理念实践与中国贡献》，提出在加强生态环保合作、应对气候变化时，要积极开展气候变化的南南合作。因此，“一带一路”将成为气候变化南南合作的重要载体。2017 年 10 月，环保部发布《“一带一路”生态环境合作保护规划》，指出在沿线国家和地区进行基础设施的建设、运营、管理和维护的全流程中要保持绿色化和低碳化水平。2018 年 11 月，中英联合发布《“一带一路”绿色投资原则》，目的在于确保“一带一路”沿线投资建设的项目具有环境友好、气候适应和社会包容等属性。

截至 2018 年 10 月，中国在“一带一路”沿线国家和地区共投资清洁交通项目 20 个，清洁能源项目 31 个。这些项目不仅可以解决当地经济的发展问题，提高当地居民的生活水平，还可以改善当地的气候条件。

第十一章　碳定价影响绿色发展的国际研究比较

第一节　背　景

现阶段，全球气候变化是人类可持续发展所面临的最严峻挑战。全球温室效应的主要来源是二氧化碳的大量排放，致使全球气温持续上升。在全球工业化出现之前，二氧化碳占大气的含量大约为280ppm，到如今已达到380ppm①。如果不遏制此趋势，当大气中二氧化碳的含量变为工业化出现之前的两倍时，全球的平均气温将会比过去高3℃～4℃。全球学者普遍认为，如果大气中二氧化碳含量高达700ppm或更高水平时，人类的生存环境将会恶化。因此，当前各成员国已达成普遍共识：减少二氧化碳排放，积极推行低碳经济，控制温室气体的存量已经成为解决全球气候问题的重要措施。

国际上关于二氧化碳的减排协议很早就进行了探讨与制定：1992年在联合国大会上，各成员国一致通过了《联合国气候变化框架公约》，明确了国际各国在应对气候变化时，如何互相合作的基本原则与立场，同时明晰了发达国家应率先进行减排的责任以及相应地为发展中国家提供减排技术支持与资金帮助的义务。1997年国际各国又签订了《京都议定书》②，

① 李伯涛．碳定价的政策工具选择争论：一个文献综述［J］．经济评论，2012(2)：153－160.

② 资料来源：http://www.tanjiaoyi.com/article－25361－1.htm。

此合约中提出了联合履行机制（JI）、排放贸易机制（IET）和清洁发展机制（CDM）三种减排履约的机制，并提供了一种新的措施，即承诺国可将超额或剩余的碳排放额进行相互交易以达到资源合理配置①。2015 年第二十一届联合国气候变化大会在法国巴黎举行，参会各成员国一致通过了《巴黎协定》，对世界各国各自的减排量做出相应安排，明确相应的职责与义务。2018 年 12 月 15 日，联合国卡托维兹气候变化大会对《巴黎协定》中的实施细则进行了深入的探讨，最终通过了包括各国制定自主贡献的细则，减排数据透明度框架的设计步骤，关于 2020 年后减排速度保持和相关资金支持的信息披露机制，明确 2025 年后气候变化资金新目标推进与实施框架，大力发展评估技术和转让细节的实行进展以及实施 2023 年全球碳排放盘点机制等。此次大会的成果，意在说明各国在应对气候变化的减排框架与实施细则是切实可行的，同时也表明促进全球绿色低碳发展是未来各国经济发展的大势所趋。

从上述的国际公约或协定可以看出，虽然其还不具有完全的强制力以及没有形成一个国际上公认的准则，但对全球碳交易市场和低碳经济发展模式有一定的促进与引导作用。回顾全球碳市场发展的历史进程，早期以美国为核心的伞形集团希望凭借其资金、技术、制度方面的优势来明确未来低碳经济的发展方向，借此期望在日后国际气候问题协作和谈判中占据主导地位。随着气候问题的不断变化与更新，欧盟在解决气候问题上占据先机，具有先发优势，不断领导欧盟各成员国进行碳排放交易市场机制的实施，最终形成 EU - ETS 市场机制，使得欧盟成为全球碳市场发展模式中的引领者并占据主导地位。然而我国的全国统一性碳市场（发电行业）2017 年 12 月正式启动，其中可纳入的碳排放量预计将超过 30 亿吨，故将一跃成为全球最大体量的碳市场，并且超过欧盟碳交易体系（EU - ETS）。与此同时，中国大力倡导“一带一路”政策，使得中国与沿线各国以及欧

① 王文举，赵艳．全球碳市场研究及对中国碳市场建设的启示［J］．东北亚论坛，2019（2）：97 - 112，128.

洲国家的经济合作不断深入，其中也包含了诸多关于碳排放的经济合作项目，故借此契机将使得以中国为首的发展中国的话语权家在全球碳市场的发展进程中不断增强。与此同时，世界各国都在积极地推行各国经济绿色发展，并且将节能减排列为各国发展经济的首要目标。因此实行碳定价举措，减少二氧化碳排放，实现各国经济的绿色发展，成为世界各国关注的焦点。

第二节　碳定价机制的理论分析

碳定价主要根据市场机制来减缓气候变化，已成为减少二氧化碳排放的重要手段之一。传统的经济学理论认为二氧化碳等温室气体排放造成的环境问题是负外部性的市场问题。根据理论知识可知，传统负外部性问题的解决主要是依据政府的管制：一是政府直接管制，即政府强制设定一个企业排放量的总额，不允许超过其设定的限额；二是政府向企业征收排污税费，即企业的排放量由其自己决定，不受到政府管控，但政府会规定每排放一单位污染物所需要依法缴纳税款的额度，此为碳定价理论的理论根基①。

碳定价一般由上述碳税和碳交易两种手段组成。从短期来看，碳税的执行效果要优于碳交易，因为其可以通过收税的方式促使碳高耗、能源密集型企业自觉达到自身最大减排水准，从而完成企业减排任务；但从中长期来看，碳交易市场的执行效率是高于碳税的，究其原因可知，碳市场是基于总量控制为基础的市场调节手段，利用成本—效益的分析方法来达到企业碳排放的最小成本与最优效益的结果，达到减少碳排放的目的。此外，碳定价还能够实现相应的社会目标与责任：首先，碳定价能够促进企业为降低其生产成本，通过研发技术改进现有的生产流程，使工业框架得

① Asane - Otoo E. Competition policies and environmental quality: Empirical analysis of the electricity sector in OECD countries[J]. *Energy Policy*, 2016, 95: 212 - 223.

到优化升级；其次，碳定价可以提升企业以及公众保护环境的意识，对温室气体的排放有深刻的了解；最后，碳定价还可以促使一部分环境问题得到解决，如加拿大将碳税作为环境税的一部分来降低化石燃料的使用对自然环境及人类健康的负面影响。

根据相关的研究文献并结合国际上已有的定价方式，将碳价格机制归纳为图 11－1 所示的两种模式：直接定价和间接定价，其中直接定价主要是总量—交易机制，间接定价包含两个机制，分别为项目抵消机制和碳税。图 11－1中用“＊”标识出来的为目前国际各国应用最广泛的定价机制。

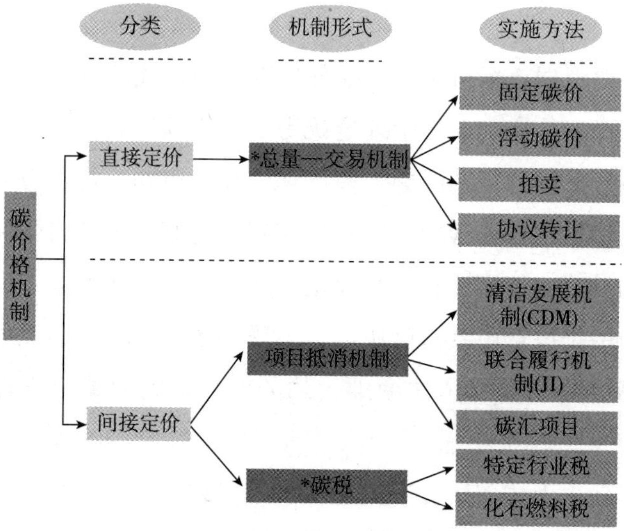

图 11－1　碳价格机制梳理

回顾碳定价的历史发展进程，总量—交易机制是起源较早且现如今应用最广泛的定价机制。欧盟碳交易体系（EU－ETS）、韩国、新西兰、美国加利福尼亚州、加拿大魁北克、安大略省碳市场以及中国全国性统一碳交易市场均采用此模式。因为此机制建立在市场化的基础之上，同时在配额总量确定的情况下，各企业可以通过分配剩余或不足的配额实行配额交易的方式进行买卖，实现市场资源的最优化配置。碳交易价格的定价主要有以下三种方式：固定价格、浮动价格、竞价拍卖。固定价格即是由各国政府强制规定一个交易价格的固定值，价格的变化由政府掌控；浮动价格本质上也由政府来进行设定，不同的是政府只设定一个最高售价或最低售价，碳交易价格只能在此浮动区间内进行变动；竞价拍卖本质上就是市场化的拍卖，只不过政府有时会在拍卖前规定起拍价，然后根据最终拍卖价格来决定碳价格。

一、总量管制与贸易体系（Cap – and – Trade System）

总量管制是科斯定理在环境经济学的基本应用。科斯认为，如果产权界定清晰，市场上允许商品自由流通，那么此市场可以达到帕累托最优效用。因此，总量管制的实质就是通过明确碳排放产权的界定，将碳排放产权放置在碳市场上，由参与者自由进行排放权的交易，最终达到社会总效用的最大化。

这个体系中最重要的两个环节分别为总量设定和分配方式。由于碳配额总量的设定是在碳核算的基础上进行的，碳核算必须要保证精准且有效。精准的碳核算跟所包含的行业有直接的关系，因为在核算体系中并非所有行业和企业都可以被纳入碳配额体系中，所以在进行碳核算时，必须要对行业和企业范围进行界定，如中国统一的碳市场目前只有电力行业①。因此，我们有必要了解一下世界各国的碳市场交易体系中所包括的行业范围，如表 11 – 1 所示。

表 11 – 1　现有碳市场交易体系所覆盖的行业

碳市场交易体系	电力	工业	建筑	交通	航空	废弃物	林业
欧盟碳排放权交易体系	√	√			√		
瑞士		√					
美国加利福尼亚州	√	√	√	√			
加拿大安大略省	√	√	√	√			
加拿大魁北克省	√	√	√	√			
美国马萨诸塞州	√						

① 陈红敏. 国际碳核算体系发展及其评价[J]. 中国人口·资源与环境,2011(9):111 – 116.

续表

碳市场交易体系	电力	工业	建筑	交通	航空	废弃物	林业
区域温室气体倡议	√						
新西兰	√	√	√	√	√	√	√
韩国	√	√	√	√	√	√	
中国北京	√	√	√	√			
中国深圳	√	√	√	√			
中国上海	√	√	√		√		
中国广东	√	√			√		
中国福建	√	√			√		
中国重庆	√	√					
中国湖北	√	√					
中国天津	√	√					
中国	√						
哈萨克斯坦	√	√					
日本琦玉		√	√				
日本东京		√	√				

资料来源：根据ICAP《2018全球碳市场进展报告》整理而成。

由表11-1可知，世界各国的交易体系中所覆盖的行业基本上都不同，而且部分交易体系只包含一到两个行业。虽然覆盖的行业有限，但碳交易市场的体量却是巨大的。随着现有碳市场的不断发展，机制的不断完整，政策制定的不断成熟，所覆盖行业范围的不断扩大以及如中国等发展中国家的新兴碳市场的不断创建，全球碳交易市场的碳排放体量势必会不断扩大。在明确了行业覆盖范围之后，由于交易体系中企业的门槛也是一个重要的衡量标准，各国的碳市场对企业的门槛也进行了不同的设定。当这两部分都设定之后，碳交易体系才进入到最终的碳核算阶段。核算方式是通过核查每年的行业报告或企业数据报告，按比例对各行业或企业的碳配额总量进行设定。

碳配额总量设定的原则为“适度从紧、循序渐进”①，即不但要考虑历

① 张益纲，朴英爱．世界主要碳排放交易体系的配额分配机制研究［J］．环境保护，2015(10)：55-59.

史的发展水平，而且要着眼于未来经济的低碳发展，设定一个合理的总排放量。同时，碳配额总量设定方式有以下两种形式：一是“自下而上”的设定方式，即从微观层面到宏观层面的考虑。首先了解企业实际的减排承受能力，然后根据企业到行业的碳排放量需求进行汇总，将汇总结果交付到碳交易体系的政府主管部门，最终由其设定一个碳排放总量值。二是“自上而下”的设定方式，即从宏观层面到微观层面的考虑。首先由碳交易体系的政府主管部门先考虑在碳减排总量值的情况下，确定理应减排的总量，然后按比例分配到各行业，最终再到各企业。目前，国际上普遍认为第二种设定方式要优于第一种设定方式，因为能够避免各企业以及各行业为提高自身利益，虚假夸大自己的碳排放量，从而导致政府部门设定的总量过于宽松，引发碳交易市场流动性不足等问题，同时又能充分协调各交易主体之间碳排放权的分配问题，使碳交易市场变得更加有效率、更加有活力。

碳配额总量在设定时，不同的交易体系在建立之初所承担的减排目标与责任不同，因此在制定其减排总量时也各不相同，但基本上都应用年度线性减量因子来调节总量碳配额的上限。这说明碳配额在设定时，存在多样性的原则。例如，欧盟碳排放权交易体系将以 2005 年排放量的 57% 为目标，在 2021—2030 年将实施 2.2% 的年度线性减量因子[①]。从以下四个碳交易体系所得的结论中也可以看出总量设定呈现多样化的趋势，如表 11 -2 所示。

表 11 -2　四个相对成熟的碳交易体系总量设定状况

碳排放交易体系	欧盟碳排放交易体系	区域温室气体倡议	西部气候倡议	韩国碳排放交易体系
体系所覆盖司法管辖的排放百分比	45	20	85	68
2018 年较 2017 年的总量下降率	1.79	3.38	3.52	2.27

资料来源：根据 ICAP《2018 全球碳市场进展报告》整理而成。

根据上述的分析可知，当碳配额总量确定之后，碳交易体系的政府主

① 陈婉 . 2018 年度全球碳市场进展报告[J]. 环境经济,2018(5):44 -47.

管部门就要对体系中的减排企业进行碳排放权分配。由图 11 －2 可知，碳配额分配分为：免费配额和有偿配额。免费配额包含以下三种方法：历史法、基准线法和历史强度下降法；有偿配额包括下面三种方法：拍卖、固定价格出售和委托拍卖。在现实的各交易体系运行过程中，碳配额的分配方式并非采用一种分配方式，而是运用多种分配方式相结合来处理实际问题。

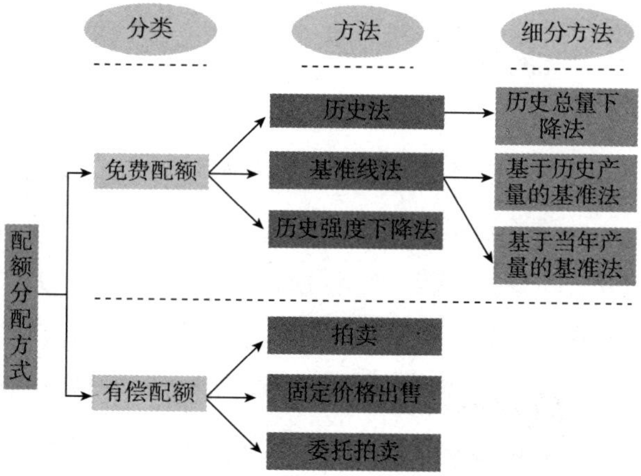

图 11 －2　碳配额分配方式梳理

根据历史经验，在体系建设的初期阶段都会使用免费配额的方式来确定碳配额的分配，我们可根据欧盟碳交易市场的历史进程证明该结论。众所周知，在欧盟碳市场的第一阶段与第二阶段均采用的分配方式是免费配额法，具体的操作方法是历史法，即核算企业过去 3 ~5 年的历史碳排放量来对以后的碳排放权进行按比例分配。总体来说，历史总量下降法本质上就是根据历史平均碳排放量的值与年度下降系数的乘积来明确企业的碳排放配额数量。而当欧盟的碳市场体系进入到第三阶段，欧盟采用的分配方式是基准线法。其方法是根据碳排放主体以前年度的产品碳排放效率最大的 10% 作为基准线，来确定排放主体的基准排放量，从而按照产量与基准排放量的乘积分配碳排放权配额。从实际来看，由于有些减排企业产量波动幅度变化很大，利用以上两种方法在分配碳排放额时，容易出现不公平性的现象，尤其对于那些能源消耗高、市场份额占有率大的企业来说，很可能会出现“鞭打快牛”的现象①。

随着碳交易市场的逐步发展，免费配额的方式在各行业的应用比例中开始慢慢下降；有偿分配方式开始在实践中得到普遍应用。在实践中，例如美国碳交易体系实行的是免费分配与拍卖相结合的方式，而欧盟碳交易体系的第三阶段对电力行业采取了全部拍卖的分配方式。根据现实的情况可以看出：拍卖方式简单易行，不需要过于纠结效率和公平之间产生的问题。这种方法更有助于碳交易体系的稳定运行。因此，该方法得到越来越多碳交易体系的应用。然而，并不是此方法对所有行业都适用的。例如，对贸易极其敏感的某些工业部门来说，应该谨慎使用拍卖法。因为当企业运营成本增加时，很可能会使企业的生产环节移往国外，从而减少企业在本国产业的竞争力，同时还会存在碳泄漏问题的发生。固定价格出售是一种用于过渡的分配方式：当碳交易市场机制还不够完善时，市场还不能达到自由化，故政府主管部门可以固定的价格向碳排放权需求的企业出售相应的配额。实践表明，这种方法对市场碳价有轻微的反馈作用，通常在碳市场构建的初步阶段来采用实行。第三种方式是由美国加利福尼亚州实行的一种叫作碳配额委托拍卖的方法。具体操作流程骤为：先将碳配额免费分发到各企业，然后当地政府将代表企业来参与配额拍卖的过程，最终政府将拍卖配额所得到的收入分给企业。我们可根据《2018 全球碳市场进展报告》看出，有偿分配方式比例正在逐年增大，如表 11 -3 所示。

表 11 -3　四个相对成熟的碳交易体系非免费配额占比状况

碳排放交易体系	欧盟碳排放交易体系	区域温室气体倡议	西部气候倡议	新西兰碳排放交易体系
非免费配额占比	57.0	100.0	58.0	77.5

资料来源：根据 ICAP《2018 全球碳市场进展报告》整理而成。

① 钱浩祺，吴力波，任飞州．从“鞭打快牛”到效率驱动：中国区域间碳排放权分配机制研究［J］．经济研究，2019(3)：86 -102.

二、碳税（Carbon Tax）

碳税的经济学理论基础是庇古税。1920 年庇古向外界提出一个观点，即政府应该向企业征收庇古税，以期望用修正税来拉平私人成本与社会成本，从而以解决负的经济外部性。碳定价的实质就是通过解决二氧化碳排放的负向外部性，将外部成本转化为内部成本，进而达到温室气体减排的目的。碳税是通过控制碳价格从而达到碳定价的目的，即政府在某个特定时刻开始对排放二氧化碳的企业施加固定税率，将所征税的水平设定为碳价格。从减排的措施方面来说，碳税的实质是碳交易机制调控市场碳价格的一种补充手段。例如，当前应用广泛的化石燃料税，其征收的标准主要是按照石油、天然气、煤炭等化石燃料中含碳量的比例进行征税，从而提升此类企业的成本，达到减少使用化石燃料的目的，以减少二氧化碳的排放。

碳税控制碳价的途径主要是通过税收的不同税率水平来体现的。相较于总量—交易机制，征收企业碳税对于政府部门来说管理成本相对较低，政策的可操作性更强，但唯一的缺点在于最优税率水平不好确定，选择的税率水平不当还会阻碍国家的经济发展形势。就目前各国的实践状况而言，碳税的优点有：增加政府的财政收入，并且可对市场出现的扭曲现象进行修正；政策可操作性强；企业的减排成本可以明确通过计算获得。缺点有：假设碳税税率偏离最优的水平时，碳税对于减排的有效性将大大下降；推行碳税的阻力较大，部分企业与行业并不赞同；实行碳税并不能完全确保具有长期减排效果。

总之，实行碳税能够在一定程度上使市场资源得到合理配置，降低由市场失灵造成的市场效率损失。迄今为止，征收碳税国家主要有法国、瑞典、瑞士、西班牙、爱尔兰、丹麦、加拿大 BC、Norwegian 挪威离岸工厂、澳大利亚。

三、基准与排放额度（Baseline - and - Credit）

B&C 的碳减排模式是以项目机制为基础的。政府部门对每一个行业的相关部门都设定碳排放的基准（Baseline），若单位经济产出的碳排放强度低于基准线，则政府部门可拿到相应的碳信用，将其出售给排放超标的项目和企业。该机制的优点有：淘汰产能落后的产业，促进产业结构的优化调整与升级；促进产业结构升级调整的同时不会妨碍当地经济的快速发展。缺点包括：当地政府没有相应的财政收入；相对数量上的控制，总量减排要求可能无法达到预期目标；如果等价关系偏离均衡状态，行业经济可能会出现扭曲现象。

四、项目机制（Project Mechanism）

项目机制俗称项目抵消机制，其通常的交易形式为期货交易。最初该机制源于《京都议定书》所约定的清洁发展机制下的核证减排量（CER）、联合履行机制下的项目减排单位（ERU），并且约定发达国家向发展中国家提供资金支持和技术帮助，共同开展合作项目，以实现碳减排的目标，从而抵消发达国家的碳减排任务。但是在实际的操作过程中，由于项目机制的核证较为复杂、定价困难，并且后来又发展出各种自愿减排计划和森林碳汇项目，此机制最终实施较为困难①。项目抵消机制有着明显的优缺点，其优点为：履约的方式更加灵活多样；发展中国家有机会同发达国家一起参与国际碳市场的讨论。缺点是：后京都议定书时代具有不确定性，同时意味着项目灵活机制有失效的可能性出现，存在市场风险；对于排放量的测量、核证相对复杂难以计算，还需专家小组的评估认证，这其中掺杂了人的主观因素；项目机制的核证减排量定价困难。故在国际上实行项目机制的包括 CDM 清洁能源发展机制、各种自愿减排计划（如航空碳抵消计划）、发展中国家为

① 梁姣．低碳经济国际合作博弈分析与机制研究[D]．成都：西南交通大学，2011.

提高森林的管理而进行的 REDD + 支付（如印度尼西亚、加纳）。

第三节 碳税及碳排放市场交易运行机制

一、各国实行碳税的发展现状

碳税以及相关环境政策在世界上部分国家及地区已经实施多年，各个国家及地区的实施方式和实施效果也存在明显的差异。目前全球 20 多个国家和地区已经实施了碳税或正在筹划推出碳税政策（见图 11 -3），与此同时各个国家推出碳税的时间、税率水平和执行情况也各有差异（见图 11 -4）。

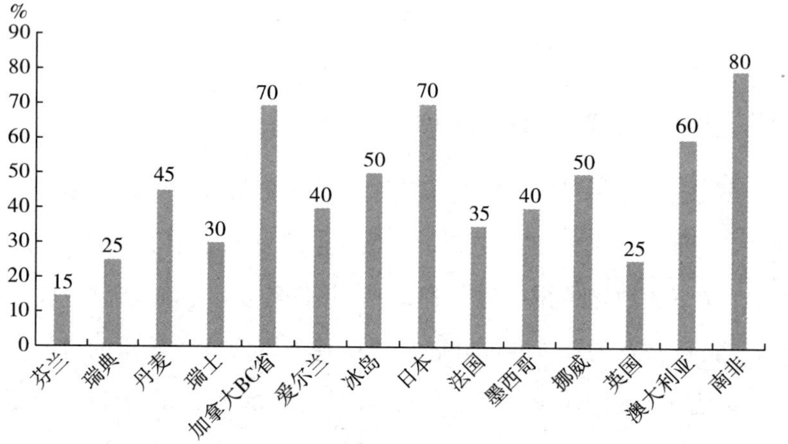

图 11 -3 全球主要国家碳税征收行业覆盖的温室气体占其全国温室气体的比例

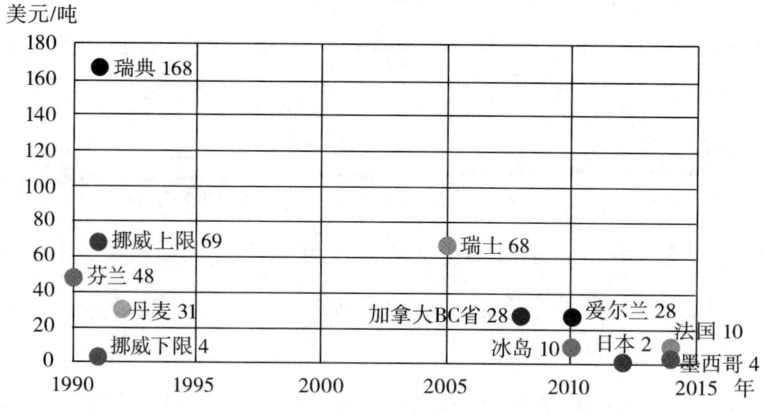

图 11 -4 全球主要国家碳税推出时间及 2014 年的税率

（一）欧洲国家

欧洲许多国家实施碳税的途径主要是通过改革环境生态税。欧洲各国中北欧国家为实施碳税的代表，芬兰于1990年率先推出碳税制度，随后荷兰（1990年）、瑞典（1991年）、挪威（1991年）和丹麦（1992年）相继开始征收碳税。上述北欧五国在实施碳税的力度方面都比较大，基本上到20世纪末，各国都建立了较为完善的碳税制度。这些国家实施碳税的特征可以总结为以下三点：①各行业部门之间税率相差较大，且随着时间的推移税率水平不断提高，但工业部门税率差异则不明显；②征收碳税时采取混合征收的方式，即税率在设计时需要对燃料碳含量、不同燃料之间的价格进行对比、不同行业的燃料耗费成本比重等因素进行考虑；③实行不同用途的差别税率政策，其目的是以环境保护与工业经济发展同时推进为目标。

回顾碳税发展的历程，欧盟一直主张采用统一性质的能源税或碳税来进行减排。从1992年起，欧盟已数次试图引进统一的碳税，但各成员国担心引入碳税会损害本国的国际竞争力，从而此提议屡屡遭到各成员国的反对，最终迫使欧盟从2005年开始实施另外一项减排的政策措施，即碳排放交易体系，也就是如今具有很大国际影响力的欧盟排放交易体系（EU－ETS）。由于EU－ETS在实际的实施过程中出现诸多缺陷，有部分欧盟成员国又转而开始考虑实施碳税。截至目前，实施碳税的国家有阿尔巴尼亚、捷克、爱沙尼亚、德国、意大利、瑞士、荷兰、英国、法国和爱尔兰等。尽管如此，欧盟中许多国家仍对碳税的征收表示质疑。

（二）北美经济发达国家

美国到目前为止还未推出任何国家范围内的碳定价机制，但其内部各州均可以自主决定采取何种减排机制来应对气候变化问题。即便美国国内经济发生衰退，能源存在短缺以及要面对国际社会对其消极应对气候问题的舆论压力，美国政府仍然十分坚定地只在州、市一级的行政区域实践碳税及碳交易体系。2007年、2008年和2010年，美国分别在科罗拉多州的博尔德市、加州港湾地区空气质量管理区和马里兰州蒙哥马利县开始执行碳税。

近几年，美国各界群体对 CO_2 征税表达了高度的热情。其中包括民间组织、科研机构、官方智库以及参众两院在内的众多机构都为美国碳税的实施方案、征收碳税的潜在收入和环境效益、税收收入的分配方式以及如何进一步推进碳税的实施和退税制度进行了热烈的探讨与研究。但是，迄今为止，美国各界对是否征收碳税仍然存在很多不同的意见：支持者认为近年来国内气候灾害频发，人类的生存受到威胁，美国政府需要出台碳税的相关政策来解决环境问题与生存问题，相对而言，碳税的管理比较容易，开征碳税能为能源清洁项目提供新的融资渠道，并且可以改善美国政府的财政状况同时达到减少碳排放的目的；而反对者则认为合理的碳税税率难以设定，而且开征碳税对减缓气候变化问题几乎起不到正向作用，反而会抑制美国出口进而阻碍美国经济的发展。自 2009 年以来，美国国会议员接连地提出利用碳税来减少温室气体排放或者增加政府的财政收入的提案。截至目前，关于碳税的任何提案最终都没有通过议会审议；白宫方面也未提出过与碳税有关的政策意见。不过其未来的发展动向还是值得人民持续地关注。

北美经济体中，除美国外，加拿大的魁北克省和不列颠哥伦比亚省（BC 省）分别于 2007 年和 2008 年起开始征收碳税。BC 省征收碳税遵循以下原则：①碳税所有税收收入通过减免其他税种的方式均返还给民众；②起初的碳税税率相对而言为比较低的，随后每年将以 5% 的速度逐步开始提高，为家庭和相关企业留出足够的调整适应时间；③保护低收入的个体和家庭，设计相应的退税机制，帮助低收入个体和家庭抵扣相应的碳税税收；④尽量扩大碳税的征收税基，覆盖加拿大所蕴藏的所有种类化石燃料；⑤碳税与其他减排措施相互配合实施，从而实现二氧化碳的减排目标，如总量控制与交易体系①。

① 毛涛．加拿大魁北克省与英属哥伦比亚省碳税立法比较研究[J]．时代法学，2013(4)：99－107.

（三）亚洲和非洲国家

2010 年，印度向所有国产和进口的煤炭征收相应的碳税，成为全球第一个在国家层面上实施征收碳税的大型经济体。印度碳税的税收主要用于资助研究新能源技术和可再生能源相关的创新项目，以便减少日后经济发展对化石燃料的依赖性①。印度国内批评者认为碳税会提高印度人民的生活成本，因为印度 1/2 的电力是依靠煤炭发电。外界也质疑征收碳税并不能使印度降低其经济对碳的依赖程度，鉴于印度的煤炭发电比重之大，无论额外的碳税收入会如何加速印度可再生能源技术的发展，低碳能源的发展都要依靠煤炭燃料，这个发展路径是不可持续的。

早在 20 世纪 90 年代，日本环境省就专门对碳税在日本实施的可行性进行了深刻的探讨研究。在这过去几十年里，碳税方案数次被提出，但屡屡遭到议员的反对，最终在 2012 年日本正式开始征收碳税。日本征收碳税的原则为所有人应该公平地承担化石燃料燃烧所造成的环境负担问题，故碳税征收范围非常广泛，既包括工厂企业，又包括家庭和办公场所；既对上游生产环节进行征税，也对下游消费环节进行征税。

非洲国家征收碳税的例子：2012 年南非正式宣布，为减少 CO_2 的排放，南非将从 2013 年开始向各碳排放企业征收相应的碳税。这一计划提出之际，受到了南非商业和环保主义者的共同欢迎，但同时也遭到钢铁巨头、商业群体和一些能源密集型用户的强烈反对，故碳税征收这一计划就被一拖再拖。最终，在 2016 年年初南非政府决定开始实施碳税，为给社会各界群体留出足够的适应时间，规定以后每年将以 10% 的速度来增加税率。

（四）澳大利亚

碳税近年来已成为澳大利亚的政治核心话题。在澳大利亚，碳税政策与其说是环保和经济话题，不如称其为政治话题。2012 年 7 月 1 日，在时

---

① 郭冬梅．印度低碳经济对策及对中国的启示[J]．东南亚纵横，2010(4)：107－111.

任澳大利亚总理吉拉德的促使之下，备受各方争议的碳税在澳大利亚正式开始实施，此政策要求对全国500家最大污染企业实施强制性的碳税征收举措。同时政府为了避免征收碳税对相关产业带来沉重的打击和阻碍国家的经济发展，在碳税案中政府承诺对相关产业进行数十亿澳元的经济补偿，同时面向普通民众推出相应的减税和补偿举措。然而尽管如此，在碳税的实施过程中还是遭受到了相关产业巨头和普通民众的强烈反抗和示威游行，最终导致吉拉德在2013年的党内选举中败给陆克文，后者上台后第一项决定便是宣布将于2015年实施的碳排放交易计划提前1年实施。2014年7月17日，澳大利亚阿博特政府进行投票，一致通过了废除碳排放税的法案，同时取消了原定于2015年开始逐步建立碳排放交易体系的计划。自此，为期三年的碳税改革在澳大利亚以失败告终。

二、国际碳交易市场的发展现状

2017年12月，在《巴黎协定》形成的两周年之后，由法国与联合国、世界银行共同举办的“一个星球”气候行动融资峰会在法国巴黎举行。此次峰会目的在于进一步推动全球气候治理，促使世界各国加速实施《巴黎协定》中相应的责任与义务。与此同时，截至2019年，已有88个相关方正在考虑采用碳定价作为实现碳减排的承诺工具，并有51个国家和地区已经实施或计划实施相应的碳定价解决方案，其中包括25个碳排放交易体系和26个碳税体系。这些解决方案包涵了相当于110亿吨等量的二氧化碳，占全世界温室气体排放总量的20%，较2017年的80亿吨等量和15%占比有所增长。

到目前为止，碳定价影响力最广泛与最重要的实践活动位于欧洲。EU-ETS是如今世界上第一个多国参与的碳排放交易体系，是欧盟气候政策的关键部分。其以规定的交易额为基础进行交易，提供了一种经济成本最低的方式来实现减排。当前EU-ETS正处于运行的第三阶段。

在第一阶段中，由于当时总量设定过于松散和排放权存在跨期问题，最终导致碳交易市场出现失灵，EUA的价格大幅下跌将近跌至0；而在第二阶段，碳交易体系引入如清洁能源机制（CDM）等外部减排项目导致这一时期的碳价长期处于低价，而减排的实际效果也不理想；进入第三阶段，欧盟改变了前两阶段的国家分配方案（NAP），重新创建了国家履行措施（NIM），将碳排放额确定的权利从欧盟各国收归至欧盟本身，避免了各国从自身利益出发而获得超出自身需要的排放限额这一情形。

针对前三阶段运行中产生的各种问题，2018 年 2 月欧盟正式通过了 EU－ETS 的第四阶段的设计改革方案，将进一步缩减各国的排放总量，同时暂时将 2023 年以前超出限额的排放量的税率翻倍至 23%，其所征收的所得税全部置入市场稳定储备（Market Stability Reserve）[①]。同时，在交易体系中加入了现代化基金和创新基金两个低碳基金机制。现代化基金主要是用作支持提升能源效率的投资以及低收入成员国能源部门现代化，而创新基金将会提供财政支持给能源密集型行业使用再生能源和碳捕捉及存储等创新技术。除碳交易市场结构的不断变革外，EU－ETS 同时还建立起一套较为成熟的碳衍生品交易机制，包括碳远期、碳期货、碳期权、碳互换、碳保险等。从国际期货实践经验来看，碳现货和碳期货通常是同时期推出的产品。据不完全统计，碳期货交易额已经占到碳金融交易量的 85% 以上。一方面，碳期货为购买此金融产品的企业提供了套期保值的效用，可以对冲碳价波动所带来的风险；另一方面，碳期货也成为吸引投机者参与碳交易金融产品的重要因素，增加了碳市场的流动性并且优化了投资者的结构层次，为碳交易市场发挥其效用提供了重要保障。在碳期货的基础上，EU－ETS 于 2005 年通过 EXC 推出了 EUA 碳期权，此为全世界首个碳期权合约。它的出现可以为全球金融市场动荡带来的避险的作用，同时可以吸引工业企业、能源交易公司以及基金公司等经济实力较强的实体参与者加入碳金融衍生品市场，使得碳期权产品变得更加多样化、复杂化、国际化。

---

① 周舟．全球碳定价机制现状与展望分析：EU－ETS 已成为世界上最大、最活跃的碳排放交易体系[N]．期货日报，2018－08－21．

世界银行发布的最新数据显示，到目前为止，已经有45个国家、25个国内地方（州、省）实行了碳价机制，涉及的碳排放量达到110亿吨①。从表11－4可以看出全球碳价在1美元/吨到139美元/吨不等；而从碳价分布来看，碳价较高的国家基本上实施的是碳税价格机制，而碳价较低的国家和地区则实施碳交易价格机制。全球碳价和价格机制如表11－4所示。

表11－4　全球碳价及价格机制汇总

国家或地区	碳价格机制	碳价（美元/吨）	国家或地区	碳价格机制	碳价（美元/吨）
瑞典	碳税	139	瑞士	碳交易市场	8
瑞士	碳税	101	深圳	碳交易试点	7
列支敦士登	碳税	101	上海	碳交易试点	6
芬兰	碳税	77	崎玉	碳交易市场	6
挪威	碳税	64	东京	碳交易市场	6
法国	碳税上限	55	哥伦比亚	碳税	6
丹麦	化石能源税	29	拉脱维亚	碳税	6
加拿大BC	碳税	29	智利	碳税	5
英国	额定地板税	25	区域温室气体倡议	碳交易市场	5
西班牙	碳税	25	重庆	碳交易试点	5
爱尔兰	碳税	25	挪威	碳税下限	5
加拿大BC省	碳税	23	福建	碳交易试点	3
斯洛文尼亚	碳税	21	墨西哥	碳税上限	3
韩国	碳交易市场	21	日本	碳税	3
欧盟	碳交易市场	16	爱沙尼亚	碳税	2
新西兰	碳交易市场	15	湖北	碳交易试点	2
美国加利福尼亚	碳交易市场	15	广东	碳交易市场	2
加拿大魁北克省	碳交易市场	15	天津	碳交易市场	1
加拿大安大略省	碳交易市场	15	墨西哥	碳税下限	>1
北京	碳交易试点	9	波兰	碳税	<1 <1
葡萄牙	碳税	8	乌克兰	碳税	

资料来源：世界银行2018年最新发布数据。

① 资料来源：中国碳交易网，http://www.tanjiaoyi.com/article－24332.html。

第四节　碳定价影响绿色发展的国际比较

经济绿色发展的实质就是现在国际上推崇的绿色经济的概念，然而关于绿色经济的内涵，国际社会至今没有给出统一的定义。在最初，经济发展与环境保护被剥离开来。绿色经济更加注重在发展经济的同时改善生态环境，即环境经济学所强调的将生态环境视为经济增长的外生变量①。随着研究的不断丰富，绿色经济被认为是生态、经济和社会相结合的系统的经济发展模式②。绿色经济追求的是生态、经济、社会三方面的全面、协调、可持续发展，且必须保障三方面的利益收获，在此基础上实现生态环保和经济发展的目标③。解振华认为，绿色经济由低碳经济、循环经济、生态经济等形式组成，并引领了低碳市场的发展④。蒋南平认为，绿色经济的本质概念在于解决经济发展与生态平衡之间的矛盾，其基础包括资源能源的开发与利用、经济发展的绿色路径及社会和谐的构建方式等多种内容。迄今为止，最为国际社会广泛接受的是联合国环境规划署（UNEP）对绿色经济的定义，即可提高人类福祉和社会公平，同时显著降低环境风险和生态稀缺的经济⑤。

一、碳税对全球绿色发展的影响

碳税一词简单明了，就如同字面所言是指针对二氧化碳排放来进行征收的一种税，其目的就是减少全球二氧化碳的排放量，减缓全球变暖趋势。征收碳税是通过一个简单而有效的经济方式，来达到减少温室气体排放的目

---

① 石敏俊．中国人民大学国家发展与战略研究院．中国经济绿色发展报告[R]. 2018.

② 任保平，张蓓．马克思主义政治经济学绿色发展思想的理论基础[J]．学习与探索，2017(12)：112－117，188.

③ 唐啸．绿色经济理论最新发展述评[J]．国外理论动态，2014(1)：125－132.

④ 解振华．绿色经济引领低碳市场发展[J]．低碳世界，2012(10)：12－13.

⑤ 丁刚，陈奇玲．绿色经济的涵义及评价指标体系的构建[J]．太原理工大学学报（社会科学版），2014(1)：1－4.

的，相较于碳交易市场等其他方式，只要额外增收少量的管理成本即可。

碳税征收目前有两种方式：第一种方式是以二氧化碳的实际排放量为征收碳税的标准来计算征收的；第二种方式是以煤炭、石油、天然气等化石燃料的使用量折算的二氧化碳排放量为税基，是目前国际上较常采用的征收方式。

碳税征收的目的有以下三个方面：①碳税作为环境保护税的一种，其最主要的目的就是保护环境，减少二氧化碳的排放量，减缓全球变暖的趋势。②碳税的开征使得化石燃料这些相对价格低廉的燃料单位价格上升，从而减少了原有的价格差距，使得可以用来替代化石燃料的新型能源、清洁能源在成本上更具有竞争力，推进了这类能源的使用。③通过征收碳税，可以获得一定数量的收入。经过多国的实践显示，这可以说是一种比较先进的税赋转嫁方式。

征收碳税对一国的经济增长具有两个方面的影响：一方面，碳税会使相关产品的价格变得高昂，增加企业生产产品的成本，所以会降低能源密集型产业的市场竞争力，阻碍该国的经济增长；另一方面，碳税可作为增加政府收入的一种政策手段，能够使得政府的投资规模变大，对经济增长起到正面的促进作用。

国际上实行碳税的国家并不少，基本上都取得了不错的减排效果，并且经济也得以继续发展。从发展的眼光来看碳税的实施：①将会使企业的生产方式变得清洁化。为使得国家的经济结构不受到结构性损伤并引发社会问题，必须要保留一部分传统领域的企业，而实现这一目标的唯一途径是清洁生产工艺及污染治理技术的提升。因此，生产方式清洁化被认为是构建绿色产业的必由之路。②促使高端化的产业出现。就经济效益与环境效益双赢的绿色产业本质要求来说，追求资源价值最大化始终是其核心发展目标之一。过去普遍存在资源效率低下、行业产能过剩的低端产业链条不符合绿色产业发展内涵要求的问题。通过实行碳税，优胜劣汰，迫使企业资本投入或通过创新研发引领高新技术产业发展，发展绿色高端产业。③多元化的产业结构性保障。实行碳税，使得企业延伸传统产业、新建主导产业、带动相关产业、完善基础产业、实施多元产业顺序推进，从而提升了产业系统互动效应及抗风险能力。总体来说，多元产业战略是保证绿色产业持续演进的有效结构支撑。

二、碳交易市场对全球绿色发展的影响

碳交易从本质上讲就是各种温室气体的排放权的交易，这一概念源于美国经济学家戴尔在1968年提出的排放权交易体系（简称ETS）。在之后《京都议定书》的协商谈判中，ETS便成为解决全球变暖问题的一种重要机制，并确立了三种碳交易机制：国际排放贸易、联合履约和清洁发展机制。各个成员国通过三种碳交易机制相互协作，共同来促进《京都议定书》。以比较自由的方式来实现碳减排目标。

在碳交易市场中，碳排放量作为可以被各市场的参与者进行买卖的商品：如果某个行业自身的碳排放量越大，那么其所面临的机会成本就会越发高。特别注意一点，当在碳交易的过程中获得的收益大于科技创新或产业升级所支付的成本时，根据追求利益最大化原则，碳交易市场上将会有大量的资金流入相应的重点绿色低碳行业，从而促进产业结构的不断更新以及经济结构的升级调整。图11－5表现的是碳交易市场对经济结构的影响示意图。

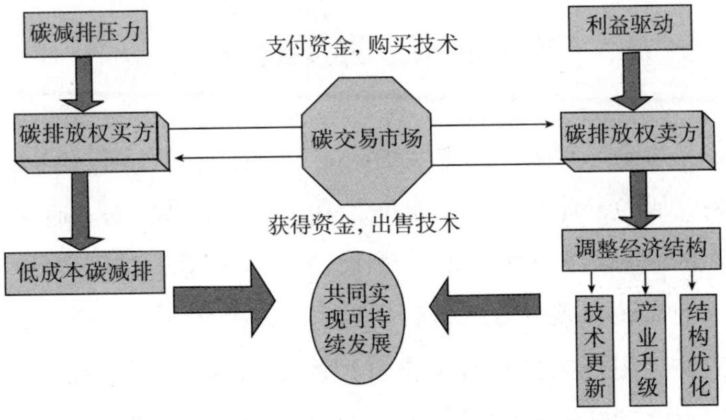

图11－5　碳交易市场对经济结构的影响示意图

由图 11－5 可知，碳交易市场主要通过三个方面来对经济结构进行相应的调整。第一个方面，碳排放权交易中的购买方。根据经济发展的可持续性原则，如果企业的产业结构不合理，其碳排放量超过所拥有的限额，那么此企业需要购买额外的碳排放额来抵扣多余的碳排放量，反之则说明相关产业的结构是合理的。第二个方面，碳排放权交易配额在市场上进行自由交易，可以促进相关企业改进其生产环节以及技术更新，达到保护环境和节能减排的效果，从而调整当前的经济结构。第三个方面，碳交易市场无形中给企业设置了减排任务，增加了企业的生产制造困难，提高了企业的生产成本，使企业在市场的优胜劣汰中自动进行淘汰，从而达到促进企业转型、优化经济结构、推动经济的可持续发展。

国际社会实行碳交易市场体系的国家不在少数，都取得了不错的成绩，不仅完成了各国相应的减排任务，还促进了各国相应的低碳产业的绿色发展。通过运用碳市场机制的设定，企业在市场化的条件下，为达到自身的利润最大化，不得不提升企业的技术水平，加大创新研究力度，实现企业的低碳运行；同时，实行碳交易市场机制，可促使新的绿色产业的出现，形成低碳经济的产业链，使得全球各国的产业变得丰富，能够抵御相应的风险出现。总之，碳交易市场体系对全球的绿色发展具有举足轻重的影响力。

第五节　政策建议

碳定价作为全球碳减排的重要措施之一，已经在各国的实践中取得了不错的成果，成为全球各国经济绿色发展的重要举措。本书通过对全球各国实行碳定价机制的实际情况加以对比，提出如下几点建议：

（1）实行碳税与碳交易市场双规制的政策机制。由于碳交易市场自身会存在相应的寻租现象，并且免费分配配额的方式可能导致的不公平结果。因此作为价格控制机制的碳税，可以运用财政方式来进行运作，使得分配结果更加公平。并且由于税收具有固定效应，企业需计算减排成本，这有利于相关企业控制其碳减排的成本，使双方相互协作形成较长远的碳减排激励效用。同时，碳排放总量的设定是不确定的，而实行碳税最困难的部分在于如何确定合理的税率和税基，由于现实生活中存在信息不对称的条件，政府也不可能制定出完全合理的税率和税基或碳排放的总量控制标准值，故需要碳税和碳交易这两种机制相互配合、协同作用。从长期来看，应采用碳税和碳交易（绝对减排目标）模式推动减排，采取组合型政策，实行各国经济的绿色发展。

（2）实行国际统一的碳定价机制。由于各国相继实施或已准备实施碳交易与碳税政策，各国碳交易市场的连接以及建立全球统一的碳交易市场和相对应统一的碳税已经成为国际的主流趋势。并且学者已经从理论上证明了建立全球碳市场有利于国际各国减少碳排放的成本，提高各自的减排效率和全球福利水平的提升。不过，要推行全球统一的碳定价机制，还需要解决与平衡国际社会上的诸多问题，需要各国相互协助共同努力，是一个漫长的过程。对于全球经济的绿色发展来说，统一碳定价机制一定是大势所趋，是各国发展重要的推动力。

（3）完善定价机制，丰富交易品种和交易方式。碳定价的影响因素一般分为四个方面：制度因素、经济因素、环境因素和社会因素。要明确四个因素对于碳价的影响程度与影响机理，形成具有市场效率的定价机制，将现行的定价机制加以完善，同时，丰富碳交易市场上的交易品种和交易方式，如碳期权、碳期货与碳保险等全球统一碳金融市场。这样做有助于保障市场的公平性和透明性，增强各国之间碳交易的流动性，减少各国所负担的成本，可以形成国际市场的有效保障，消除碳泄漏风险，促使国际各国以及企业积极地参与国际碳市场交易，有利于国际各国实行绿色经济的道路发展。

第五篇

结　语

第十二章　新时代绿色发展的关键路径与实现逻辑

改革开放以来，我国经济社会发展取得了举世瞩目的成就。然而，随着资源生态、人口规模、外资外贸、市场化改革等传统经济增长红利逐渐消退，粗放的生产方式和消费方式变得难以为继，我国社会的主要矛盾已经转化为人民日益增长的美好生活需要和不平衡不充分的发展之间的矛盾。为了破解人与自然和谐共生共荣困境，习近平总书记基于坚实的历史逻辑、现实逻辑和理论逻辑，提出了一系列推进绿色发展的新观点、新思想、新论断，形成了新时代中国特色社会主义绿色发展观，成为当前我国经济社会高质量发展的行动指南，也为世界经济社会的可持续发展提供了中国方案。进入新时代，明确“如何实现绿色发展”，是全面贯彻落实绿色发展理念，推动我国经济社会高质量发展的关键。

第一节　新时代绿色发展理念研究文献回顾

进入新时代，绿色发展理念引起了学术界的热切关注和深入研究。学者们主要围绕绿色发展理念的形成过程、理论渊源、科学内涵、理论创新、时代价值、水平测度和实现路径等展开了系统研究，形成了丰富的研究成果。

关于绿色发展理念的形成过程。绿色发展理念是在一定的时代背景下产生并与时俱进逐渐深化发展的（白瑞、秦书生，2012；何爱平、安梦天，2018）[①②]。学者们从不同的视角或时间节点对绿色发展理念的形成过程进行了梳理。任保平和张蓓（2017）梳理了马克思主义政治经济学绿色发展思想形成的时代背景及演化过程[③]。陆波和方世南（2016）研究了新中国成立后绿色发展理念的演进轨迹并将其划分为三个阶段[④]。王海芹和高世楫（2016）[⑤]、李雪娇和何爱平（2016）[⑥] 等研究了改革开放以来中国共产党绿色发展理念的演进。焦艳和李合亮（2016）[⑦]、方文和杨勇兵（2018）[⑧] 等对习近平绿色发展理念的形成和发展进行了梳理。

关于绿色发展理念的理论渊源。以任保平和张蓓（2017）、李国俊和陈梦曦（2017）[⑨]、黄茂兴和叶琪（2017）[⑩]、安海彦和姚慧琴（2018）[⑪] 等为代表的众多学者认为，马克思主义发展观是绿色发展理念的理论渊源；以何爱平等（2018）[⑫]、梁超（2018）[⑬]、金瑶梅（2018）[⑭] 等为代表的学者同样赞同该观点，但他们认为，儒家的“天人合一”思想、道家的“道法自然”思想和佛家的“众生平等”思想等中国传统文化也是绿色发展理念的

---

① 白瑞，秦书生. 论我国绿色发展思想的形成[J]. 理论月刊，2012(7)：106－109.

② 何爱平，安梦天. 习近平新时代中国特色社会主义绿色发展思想的科学内涵与理论创新[J]. 西北大学学报(哲学社会科学版)，2018(5)：84－93.

③ 任保平，张蓓. 马克思主义政治经济学绿色发展思想的理论基础[J]. 学习与探索，2017(12)：112－117.

④ 陆波，方世南. 绿色发展理念的演进轨迹[J]. 重庆社会科学，2016(9)：24－30.

⑤ 王海芹，高世楫. 我国绿色发展萌芽、起步与政策演进：若干阶段性特征观察[J]. 改革，2016(3)：6－26.

⑥ 李雪娇，何爱平. 绿色发展的制约因素及其路径拿捏[J]. 改革，2016(6)：90－99.

⑦ 焦艳，李合亮. 习近平绿色发展理念的形成及内容[J]. 中共天津市委党校学报，2017(2)：39－44.

⑧ 方文，杨勇兵. 习近平绿色发展思想探析[J]. 社会主义研究，2018(4)：15－23.

⑨ 李国俊，陈梦曦. 习近平绿色发展理念：马克思主义生态文明观的理论创新[J]. 学术交流，2017(12)：53－57.

⑩ 黄茂兴，叶琪. 马克思主义绿色发展观与当代中国的绿色发展——兼评环境与发展不相容论[J]. 经济研究，2017(6)：17－30.

⑪ 安海彦，姚慧琴. 习近平绿色发展思想探析——《资本论》生态经济思想的意蕴[J]. 经济学家，2018(3)：20－26.

⑫ 何爱平，等. 习近平新时代绿色发展的理论创新研究[J]. 经济学家，2018(6)：5－12.

⑬ 梁超. 实践视角下绿色发展理念：哲学基础、现实困境及建构向度[J]. 南京航空航天大学学报(社会科学版)，2018(1)：14－19.

⑭ 金瑶梅. 中国传统自然观视域中的绿色发展理念[J]. 黑龙江社会科学，2018(2)：1－5.

理论渊源。

关于绿色发展理念的科学内涵。学者们主要从绿色发展理念的基本要素视角进行了研究。吴苑华（2016）从坚守生态底线、转变发展理念和方式、坚守居所道德和开展绿色革命四个方面理解绿色发展理念的本质内涵[①]。秦书生和胡楠（2017）认为，绿色发展理念倡导绿色价值观，要求形成绿色发展方式和生活方式，价值目标是使人民群众获得生态幸福[②]。何爱平和安梦天（2018）认为，绿色发展理念以绿色财富观和绿色生产力理论为出发点和理论基础，以绿色产业体系构建为动力和支撑，以绿色发展方式转型为实施途径，并通过建章立制——完善绿色制度体系保障绿色发展的实施与落实。方文和杨勇兵（2018）认为，人与自然生命共同体、“绿水青山就是金山银山”、绿色发展的实践路径、绿色发展的制度保障等核心理念建构了习近平绿色发展思想的丰富内涵[③]。部分学者从不同的宏观视角研究了绿色发展理念的科学内涵，如刘德海（2017）认为，从经济发展角度来看，绿色发展是创新驱动的发展；从政治建设角度来看，绿色发展是高层次的发展；从生态环境角度来看，绿色发展是可持续性的发展；从社会发展角度来看，绿色发展是普惠民生的发展；从文化价值角度来看，绿色发展是和谐向上的发展[④]。此外，渠彦超和张晓东教授（2016）从伦理视角研究了绿色发展理念的内涵，认为绿色发展表现为一种价值标准、价值目标和价值规范。

关于绿色发展理念的理论创新。学者们主要从绿色发展理念与马克思主义发展观对比的视角研究其理论创新。方世南（2016）认为，绿色发展理念继承和发展了马克思主义发展规律论、发展价值论和发展方法论[⑤]。

---

① 吴苑华. 深入理解习近平的绿色发展思想[J]. 马克思主义研究,2016(10):50 - 58.

② 秦书生,胡楠. 中国绿色发展理念的理论意蕴与实践路径[J]. 东北大学学报(社会科学版),2017(6):631 - 636.

③ 方文,杨勇兵. 习近平绿色发展思想探析[J]. 社会主义研究,2018(4):15 - 23.

④ 刘德海. 绿色发展理念的科学内涵与价值取向[J]. 江苏社会科学,2017(3):1 - 7.

⑤ 方世南. 论绿色发展理念对马克思主义发展观的继承和发展[J]. 思想理论研究,2016(5):28 - 33.

沈斐（2016）认为，绿色发展理念把马克思主义发展观推进到一个新的阶段，尤其是其中蕴含的价值观革命①。周晓敏和杨先农（2016）认为，在目标内涵上，绿色发展理念丰富和发展了马克思生态思想内涵；在价值取向上，绿色发展理念丰富和发展了马克思生态人本思想；在动力源泉上，绿色发展理念丰富和发展了马克思生态科技思想；在发展要求上，绿色发展理念丰富和发展了马克思生态和谐思想。李国俊和陈梦曦（2017）也认为，绿色发展理念分别在目标、价值、发展动力和发展的内在要求等方面对马克思生态文明观的理论体系进行了全面的提升。何爱平、李雪娇等（2018）从生产力和生产关系两个层面论证了绿色发展理念对马克思主义政治经济学的继承和发展，认为绿色发展理念是马克思主义政治经济学时代化和中国化的新成果，开拓了中国特色社会主义政治经济学发展的新境界。

关于绿色发展理念的时代价值。学者们主要从理论价值、实践价值和世界价值三个方面论证了绿色发展理念的时代价值。理论价值主要体现在绿色发展理念是对世界发展理念的科学总结（秦书生、胡楠，2017），继承和发展了马克思主义生态思想（徐茂华、李晓雯，2018）②，开辟了马克思主义中国化的新境界（薛丁辉，2017）③。实践价值主要体现在绿色发展理念为新时代中国特色社会主义经济社会与资源环境的协调发展提供了基本遵循（秦书生、胡楠，2017；徐茂华、李晓雯，2018；安海彦、姚慧琴，2018），为中国推进生态文明建设指明了方向（薛丁辉，2017）。世界价值主要体现在绿色发展理念为世界范围内解决生态环境和经济增长之间的矛盾提供了中国智慧和方案（何爱平、安梦天，2018；徐茂华、李晓雯，2018），彰显了中国在国际社会的生态责任（薛丁辉，2017）。

关于绿色发展水平的测度。在国家层面，李晓西、刘一萌和宋涛（2014）构建了“人类绿色发展指数”，测算了123个国家绿色发展指数及

---

① 沈斐.价值观革命:绿色发展何以超越资本逻辑[J].毛泽东邓小平理论研究,2016(9):65-69.

② 徐茂华,李晓雯.绿色发展理念的五个向度及现实价值[J].重庆社会科学,2018(8):74-82.

③ 薛丁辉.习近平绿色发展思想及其当代价值研究[J].理论学刊,2017(1):34-39.

其排序[①]。在区域层面，王兵和侯冰清（2017）基于 DEA - Global - Malmquist 模型，研究了我国东部、中部和西部地区的绿色发展绩效[②]；郝汉舟和周校兵（2018）[③]、郝淑双和朱喜安（2018）[④] 测算了我国省际绿色发展水平；杨顺顺（2018）采用 AHP - GRAP 联合评价技术，对长江经济带绿色发展水平进行测评[⑤]。在产业层面，涂正革和王秋皓（2018）从收入水平、工业结构和研发投入三个维度，研究了我国工业绿色发展的水平[⑥]；张乃明、张丽等（2018）构建了农业绿色发展的评价指标体系并进行验证与应用[⑦]。

关于绿色发展理念的实现路径。学者们从理论层面研究绿色发展理念的同时，还研究了绿色发展理念的实现路径。在理念层面，全面贯彻绿色发展新理念，规范主体行为，大力倡导绿色生产和绿色消费（李雪娇、何爱平，2016；陈亮、哈战荣[⑧]，2018；宋妍、张明[⑨]，2018）。在规划层面，编制绿色发展战略规划，将绿色发展上升到国家战略层面（李周，2016；金乐琴，2018）[⑩]。在科技层面，不断加快创新人才集聚和成果转化，充分发挥科技创新的支撑引领作用（陈亮、哈战荣，2018；史丹，2018；涂正革、王秋皓，2018）。在产业层面，积极发挥市场资源配置的作用，加快构建绿色发展的现代经济体系（陈亮、哈战荣，2018）。在制度层面，持

---

① 李晓西，刘一萌，宋涛. 人类绿色发展指数的测算[J]. 中国社会科学，2014(6)：69 - 95.

② 王兵，侯冰清. 中国区域绿色发展绩效实证研究：1998—2013——基于全局非径向方向性距离函数[J]. 中国地质大学学报(社会科学版)，2017(6)：24 - 40.

③ 郝汉舟，周校兵. 中国省际绿色发展指数空间计量分析[J]. 统计与决策，2018(12)：114 - 118.

④ 郝淑双，朱喜安. 中国区域绿色发展水平影响因素的空间计量[J]. 经济经纬，2019(1)：10 - 17.

⑤ 杨顺顺. 长江经济带绿色发展指数测度及比较研究[J]. 求索，2018(5)：88 - 95.

⑥ 涂正革，王秋皓. 中国工业绿色发展的评价及动力研究——基于地级以上城市数据门限回归的证据[J]. 中国地质大学学报(社会科学版)，2018(1)：47 - 56.

⑦ 张乃明，张丽，等. 农业绿色发展评价指标体系的构建与应用[J]. 生态经济，2018(11)：21 - 24.

⑧ 陈亮，哈战荣. 新时代创新引领绿色发展的内在逻辑、现实基础与实施路径[J]. 马克思主义研究，2018(6)：74 - 86.

⑨ 宋妍，张明. 公众认知与环境治理：中国实现绿色发展的路径探析[J]. 中国人口·资源与环境，2018(8)：161 - 168.

⑩ 金乐琴. 高质量绿色发展的新理念与实现路径——兼论改革开放 40 年绿色发展历程[J]. 河北经贸大学学报，2018(6)：22 - 30.

续深化绿色发展的制度创新，全面推进环境治理体系与治理能力现代化（秦书生、胡楠，2017；陈亮、哈战荣，2018；宋妍、张明，2018）。在法律层面，把绿色创新和绿色发展中好的经验和政策措施凝练为法律法规，通过生态法治促进绿色发展转型（李周，2016）。

综上所述，学者们围绕绿色发展理念展开了系统和深入的研究，研究成果对于政府部门和社会主体深刻理解并全面贯彻绿色发展理念具有重要的指导和借鉴意义。然而，随着理论研究的不断深入，重复研究、相似或相同观点的现象日益凸显。现阶段，绿色发展不能再停留于理论层面的重复研究，而应将研究重心转向“如何实现绿色发展”的具体实践，探索践行绿色发展理念，推动经济社会高质量发展的关键路径、实现逻辑及行动举措。

第二节　新时代绿色发展的关键路径选择

正如文献回顾部分所述，“马克思主义发展观是当代绿色发展理念的理论渊源”的观点已成为学术界的共识，这就要求我们必须基于马克思主义发展观，从马克思主义政治经济学的基本原理角度来解读绿色发展，探求实现绿色发展的关键路径。

一、马克思关于科学技术是生产力的思想

马克思生活于第一次工业革命的时代，他深刻地认识到科学技术在促进生产力发展中的巨大作用。早在1848年问世的《共产党宣言》中，马克思就指出“资产阶级在它的不到一百年的阶级统治中所创造的生产力，比过去一切世代创造的全部生产力还要多，还要大。自然力的征服，机器的采用，化学在工业和农业中的应用，轮船的行驶，铁路的通行，电报的使用，整个大陆的开垦，河川的通航，仿佛用法术从地下呼唤出来的大量人口——过去哪一个世纪料想到在社会劳动里蕴藏有这样的生产力呢?”在《经济学手稿（1857—1858年）》中，马克思指出，“社会生产力的一

切增长，也可以说是劳动本身的生产力的一切增长，如科学、发明、劳动的分工和结合、交通工具的改善、世界市场的开辟、机器等等所产生的结果，都不会使工人致富，而只会使资本致富……因而前提条件是以产业、商业和科学的一定发展，简言之，以生产力的一定发展为基础的”。在1867年出版的《资本论》第一卷中，马克思指出，“劳动生产力是由多种情况决定的，其中包括：工人的平均熟练程度，科学的发展水平和它在工艺上应用的程度、生产过程的社会结合，生产资料的规模和效能以及自然条件”。大工业则把科学作为一种独立的生产力。这些表述都充分体现了马克思对科学技术作为生产力的高度认可。

在《资本论》中，马克思通过深入剖析剩余价值的生产过程来揭露资本主义剥削的实质，也揭示了科学技术是生产力的基本逻辑。马克思指出，“相对剩余价值与劳动生产力成正比。它随着生产力提高而提高，随着生产力降低而降低”。而“劳动生产力是随着科学和技术的不断进步而不断发展的”。因此，在绝对剩余价值生产受到工作日的时间限制的情况下，随着科学技术的发展和社会生产力水平的提高，资本家为了剥削更多的相对剩余价值，必须要不断地采用新技术，变革劳动过程的技术条件和社会条件，通过科学技术创新提高劳动生产力，提高资本的有机构成，从而实现资本增值。

《资本论》中的科学技术是生产力的思想还体现在马克思关于科学技术与经济发展关系的论述。在企业竞争方面，马克思指出，“采用改良的生产方式的资本家比同行业的其余资本家，可以在一个工作日中占有更大的部分作为剩余劳动。他个别地所做的，就是资本全体在生产相对剩余价值时所做的。但是另一方面，当新的生产方式被普遍采用，因而比较便宜地生产出来的商品的个别价值和它的社会价值之间的差额消失的时候，这个超额剩余价值也就消失了。价值由劳动时间决定的规律，既会使采用新方法的资本家感觉到，他必须低于商品的社会价值来出售自己的商品，又会作为竞争的强制规律，迫使他的竞争者也采用新的生产方式”。“价格下降和竞争斗争也会刺激每个资本家通过采用新的机器、新的改良的劳动方法、新的结合，使他的总产品的个别价值降到它的一般价值以下”。但是，这样的过程不会就此结束，“每个资本家都抱有提高劳动生产力来使商品便宜的动机”，“自从剩余价值的生产永远不能通过延长工作日来增加以来，资本就竭尽全力一心一意加快发展机器体系来生产相对剩余价值”。因此，随着某些企业技术创新的出现并获得超额剩余价值，资本的逐利和竞争会让其他企业纷纷模仿，引发创新浪潮，于是经济走向高涨，当较多的企业模仿同一创新后，创新浪潮便会消逝，经济出现停滞，如果经济要再度增长，就必须有新一轮的创新。也就是说，技术创新是经济周期波动的根本原因，只有不断创新，才能保证经济的持续增长。在产业发展方面，马克思指出，“随着发明的增多和对新发明的机器需求的增加，一方面机器制造业日益分为多种多样的独立部门，另一方面制造机器的工场手工业内的分工也日益发展”。一个工业部门生产方式的变革，必定引起其他部门生产方式的变革。这首先是指那些因社会分工而孤立起来以致各自生产独立的商品，但又作为总过程的阶段而紧密联系在一起的工业部门。因此，有了机器纺纱，就必须有机器织布，而这二者又使漂白业、印花业和染色业必须进行力学和化学革命。同样，另一方面，棉纺业的革命又引起分离棉花纤维和棉籽的轧棉机的发明。由于这一发明，棉花生产才有可能按目前需要的巨大规模进行。由此可见，一个产业的创新发展会引起其他相关产业的创新发展，引发更大的创新浪潮。

正是基于对马克思科学技术是生产力思想的高度认可，1988 年 9 月，邓小平同志从中国特色社会主义建设实践出发，创造性地提出“科学技术是第一生产力”的科学论断。他指出，“马克思说过，科学技术是生产力，事实证明这话讲得很对。依我看，科学技术是第一生产力”。这一论断体现了马克思主义的生产力理论和科技观。

二、马克思关于科学技术异化的思想

在高度肯定科学技术作为生产力的同时，马克思还不惜笔墨从不同视角对科学技术的负面价值进行了分析和警示。

在剥削工人方面，资本家不仅通过科学技术提高资本有机构成而剥夺了工人创造的相对剩余价值，而且无休止地摧残着工人的身体和精神。马克思指出，“资本是根本不关心工人的健康和寿命的，除非社会迫使它去关心”，“最近10年来伦敦因饥饿而死亡的人数的惊人增长，同机器缝纫业的扩大是齐头并进的”，“在大工业的背景下，工厂手工业、手工业和家庭劳动的传统形态经历着彻底的变革：工厂手工业不断地转变为工厂；手工业不断地转变为工厂手工业；最后，手工业和家庭劳动领域在相对来说短得惊人的时间内变成了苦难窟，骇人听闻的最疯狂的资本主义剥削在那里为所欲为”，他还列举了诸多工人甚至是少女和儿童惨遭奴役的事例。由此可见，在资本主义社会条件下，技术异化为资本家剥削和压迫工人的帮凶，“成为生产工人不是一种幸福，而是一种不幸”。

在社会就业方面，科学技术对工人就业具有挤出效应，导致大量工人失业。马克思指出，“机器不仅是一个极强大的竞争者，随时可以使雇佣工人‘过剩’”，“劳动资料一作为机器出现，就立刻成了工人本身的竞争者……一旦工具由机器来操纵，劳动力的交换价值就随同他的使用价值一起消失。工人就像停止流通的纸币一样卖不出去”，“在机器逐渐地占领某一生产领域的地方，它给同他竞争的工人阶层造成慢性的贫穷。在过渡迅速进行的地方，机器的影响则是广泛的和急性的。世界历史上再没有比英国手工织布工人缓慢的毁灭过程更为可怕的景象了”。“机器不仅在采用它的生产部门，而且还在没有采用它的生产部门把工人抛向街头”。“因此，在资本主义的基础上，劳动生产力的提高必然会产生永久性的表面上的工人人口过剩”。

在生态环境方面，资本主义社会在发展生产力的同时，也带来了生态环境的严重破坏。马克思指出，“资本主义生产……破坏着人和土地之间的物质变换，也就是使人衣食形式消费掉土地的组成部分不能回归土地，从而破坏土地持久肥力的永恒的自然条件……资本主义农业的任何进步，都不仅是掠夺劳动者的技巧的进步，而且是掠夺土地技巧的进步，在一定时期内提高土地肥力的任何进步，同时也是破坏土地肥力持久源泉的进步”。“劳动生产率也是和自然条件联系在一起的，这些自然条件的丰饶度往往随着社会条件所决定的生产率的提高而相应地减低”。可见，马克思在近代工业化初期生态危机初显时代最早敲响了生态危机的警钟。

由此可见，当科学技术出现异化，其负面价值的影响使经济社会难以实现绿色、高质量发展。

三、马克思关于人的自由全面发展的思想

马克思强调，人是目的，人具有最高价值，一切创新活动都是为了满足人的各方面需要，实现人的彻底解放和自由全面发展，而实现这一目标的社会形态是共产主义社会，“这种共产主义，作为完成了的自然主义 = 人道主义，而作为完成了的人道主义 = 自然主义，它是人和自然之间、人和人之间的矛盾的真正解决，是存在和本质、对象和自我确证、自由和必然、个体和类之间的斗争的真正解决”。在《共产党宣言》中，马克思、恩格斯进一步论证了资本主义必然灭亡和共产主义必然胜利的人类社会发展规律，第一次向全世界宣告了实现人的自由全面发展的道路——以共产主义代替资本主义。他们指出，“代替那存在着阶级和阶级对立的资产阶级旧社会的，将是这样一个联合体，在那里，每个人的自由发展是一切人的自由发展的条件”。在《资本论》中，马克思将共产主义社会描述为“自由王国”，并明确指出，“自由王国只是在必要性和外在目的规定要做的劳动终止的地方才开始；因而按照事物的本性来说，它存在于真正物质生产领域的彼岸”。

科学技术创新是通往自由王国的革命力量。马克思指出，“自由王国只有建立在必然王国的基础上，才能繁荣起来”。所以，“作为价值增值的狂热追求者，他（资本家）肆无忌惮地迫使人类去为生产而生产，从而去发展社会生产力，去创造生产的物质条件；而只有这样的条件，才能为一个更高级的、以每一个个人的全面而自由的发展为基本原则的社会形式建立现实基础”。“只有在现实的世界中并使用现实的手段才能实现真正的解放；没有蒸汽机和珍妮走锭精纺机就不能消灭奴隶制；没有改良的农业就

不能消灭农奴制；当人们还不能使自己的吃喝住穿在质和量方面得到充分保证的时候，人们就根本不能获得解放”。可见，共产主义社会的实现是以生产力的极大发展和物质产品的极大丰富为前提，而科学技术创新不仅是生产关系变革的根本动力，而且为人的解放和自由全面发展提供必要的物质基础，是通往自由王国的革命力量。

科学技术创新是消灭科学技术异化的根本途径。马克思既高度肯定了科学技术的正面价值，同时也警示了科学技术异化带来的负面价值。对于科学技术创新带来的负面价值，马克思并没有因此把科学技术本身当作罪恶之源，他认为科学技术异化的根源是资本主义私有制。他指出，“要学会把机器和机器的资本主义应用区别开来，从而学会把自己的攻击从物质资料本身转向物质生产资料的社会使用形式”。因此，要消灭科学技术异化现象就必须消灭生产资料的资本主义私有制，实现由必然王国向自由王国的迈进，使科学技术不再成为资本增殖的手段，使全社会的人成为全部生产资料的主人，使科学技术创新的逻辑服从于人的自由全面发展的逻辑。然而，科学技术创新是通往自由王国的革命力量，所以科学技术异化现象最终还要依靠科学技术创新来解决。

四、马克思关于循环经济发展的思想

在《资本论》中，马克思虽然没有直接提出“循环经济”的概念，但他从人与自然之间物质变换关系的视角，论述了循环经济发展的动力、原则、条件、目标等思想，特别是在1894年出版的《资本论》第三卷第五章中，直接论述了科技进步条件下生产排泄物和消费排泄物的再利用问题，进一步证明了科学技术创新是消灭科学技术异化的根本途径。

循环经济发展的动力。马克思认为，一方面，“原料的日益昂贵，自然成为废物利用的刺激”。另一方面，“化学的每一个进步不仅增加有用物质的数量和已知物质的用途，从而随着资本的增长扩大投资领域。同时，它还教人们把生产过程和消费过程中的废料投回到再生产过程的循环中去，从而无须预先支出资本，就能创造新的资本材料”。此外，资本家为了提高利润率，会努力追求“不变资本使用上的节约”。因此，原料价格、科技进步和资本家对利润率的追求是发展循环经济的直接动力。

循环经济发展的原则。马克思虽然没有明确提出循环经济发展的3R原则，但其基本思想在《资本论》的诸多表述中均有体现。在减量化方面，马克思指出，应该“把生产排泄物减少到最低限度和把一切进入生产中去的原料和辅助材料的直接利用提到最高限度”，而“废料的减少，部分地要取决于所使用的机器的质量。机器零件加工的越精确，抛光越好，机油、肥皂等物就越节省。这是就辅助材料而言的。但是部分地说——而这一点是最重要的——在生产过程中究竟有多大一部分原料变为废料，这取决于所使用的机器和工具的质量。最后，这还取决于原料本身的质量”。在再利用方面，马克思引述了《工厂视察员报告》中的一段评论：“收集废毛和破烂毛织物进行再加工，过去一向认为是不光彩的事情，但是，对已成为约克郡毛纺织工业区的一个重要部门的再生呢绒业来说，这种偏见已经完全消除。毫无疑问，废棉加工业很快也会作为一个符合公认的需要的生产部门，而占有同样的位置。”马克思还指出，“这种再生羊毛，在1862年底，已占英国工业全部羊毛消费量的1/3”，英国的丝织业“从1839年到1862年，真正生丝的消费略为减少，而废丝的消费却增加了一倍”。在资源化方面，马克思认为，“所谓的废料，几乎在每一种产业中都起着重要的作用”。他指出，“化学工业……不仅找到新的方法来利用本工业的废料，而且还利用其他各种各样工业的废料，例如，把以前毫无用处的煤焦油转化为苯胺染料，茜红染料（茜素），近来甚至把它转化为药品”。排泄物，即所谓的生产废料再转化为同一个产业部门或另一个产业部门的新的生产要素；就是这样一个过程，通过这个过程，这种所谓的排泄物就再回到生产从而消费（生产消费或个人消费）的循环中。

循环经济发展的条件。马克思认为，大量废物、机器改良和科学进步三者相互作用是废弃物循环利用的条件，他指出，“总的说来，这种再利用的条件是：这种排泄物必须是大量的，而这只有在大规模的劳动的条件下才有可能；机器的改良，使那些在原有形式上本来不能利用的物质，获得一种在新的生产中可以利用的形态；科学的进步，特别是化学的进步，发现了哪些废物的有用性质”。马克思还指出，“由于大规模社会劳动所产生的废料数量很大，这些废料本身才重新成为商业的对象，从而成为新的生产要素”。“由于机器的改良，废料减少了”。这种损失（亚麻的损失），用较好的机器就可以避免。他还认为，“一般劳动是一切科学劳动，一切发现，一切发明”，由于发明而产生了节约。

循环经济发展的目标。对于资本家来讲，“在可变资本的量已定，剩余价值率已定时，不变资本这一部分的费用的减少，会相应地提高利润率”，他们发展循环经济的目标正是提高利润率，实现剩余价值最大化。然而，马克思从人类社会可持续发展的视角，认为发展循环经济的目标是促进人与自然的和谐共处，达到人的解放和自然的解放，最终实现“社会化的人，联合起来的生产者，将合理地调节他们和自然之间的物质变换，把它置于他们的共同控制之下，而不让它作为一种盲目的力量来统治自己；靠消耗最小的力量，在最无愧于和最适合于他们的人类本性的条件下来进行这种物质变换”。

综上所述，现阶段人类发展的困境是人与自然之间的矛盾，新时代绿色发展理念的价值旨归正是实现人与自然之间矛盾的真正解决，推动人的彻底解放和自由全面发展，这与马克思主义发展观是一脉相承的。更为庆幸的是，马克思站在全人类发展的高度，为促进人与自然的和谐共处，实现人的自由全面发展，进而迈向“自由王国”指出了清晰的路径，即生产资料公有制代替资本主义私有制和科学技术创新。目前，我国已建立了以公有制为主体、多种所有制经济共同发展的基本经济制度，并处于社会主义的初级阶段，已踏上了迈向共产主义的伟大征程，科学技术已被代表人类最先进生产力和最广大人民利益的阶级所掌握，破除了科学技术异化的制度根源，科学技术创新将真正成为消灭科学技术异化，通往“自由王国”的革命力量。现代学者通过定量研究进一步证明，科学技术创新对于绿色发展具有显著的正向效应（袁润松、丰超等，2016；王兵、侯冰清，2017；郝淑双、朱喜安，2018），越来越多的学者认识到，科学技术创新是绿色发展的核心动力（涂正革、王秋皓，2018；史丹，2018；陈亮、哈战荣，2018）。因此，新时代践行绿色发展理念，应选择科学技术创新作为关键路径。

第三节　科学技术创新驱动绿色发展的实现逻辑

生产力和生产关系的矛盾运动表明，生产力决定生产关系，生产关系一定要适合生产力发展的规律，是人类社会发展的普遍规律，揭示了生产力是社会生产中最革命、最活跃的因素，是推动整个社会存在和发展的最终决定力量。

科学技术作为社会生产的渗透性要素，作用于劳动者、劳动资料和劳动对象等实体性要素和经营管理等联结性要素，对生产力的发展起着核心引领作用，是先进生产力的集中体现和通往“自由王国”的革命力量。

生产关系是人们在社会生产过程中形成的社会经济关系。马克思在《〈政治经济学批判〉导言》中指出，生产关系是由生产、分配、交换和消费四个环节构成的有机体系，四个环节相互联系、相互作用，共同推动社会生产和再生产。

科学技术通过影响生产、分配、交换和消费四个环节，进而影响社会生产方式和生活方式，推动社会发展，而社会生产方式和生活方式通过反作用于生产、分配、交换和消费四个环节，进而反作用于科学技术，对科学技术创新提出价值导向和社会需求。因此，按照生产力和生产关系的矛盾运动规律，科学技术创新驱动绿色发展的实现逻辑如图 12 - 1 所示。

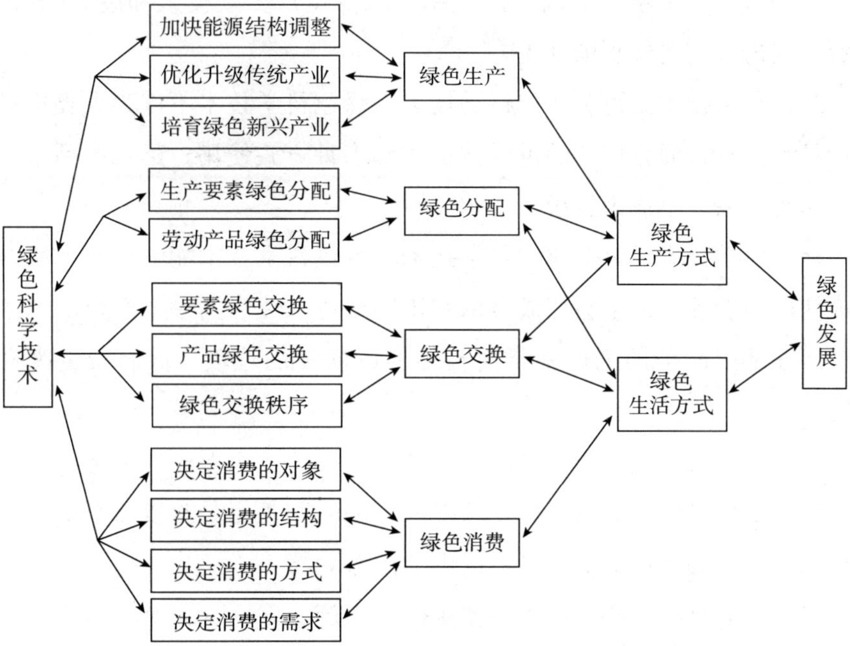

图 12－1　科学技术创新驱动绿色发展的实现逻辑

一、绿色科学技术是第一生产力

从马克思的科技观和世界各国的发展史可以看出，科学技术是一把“双刃剑”。在生产资料私人占有制和单纯追求经济价值的技术创新观引导下，科学技术为人类带来巨大福祉的同时，也将人类引入了发展窘境。现阶段，我国已破除了科学技术异化的制度根源，正在推进科学技术创新的价值观革命，崇尚绿色科学技术创新，着力破解科学技术异化带来的历史问题并规避科学技术出现新的异化现象。

绿色科学技术是以人为本的科学技术。绿色科学技术不再单纯地以经济价值为导向，而是以谋求人的自由全面发展为终极价值目标，以无产阶级和广大人民群众的根本利益为最高衡量标准。

绿色科学技术是减量化的科学技术。人与自然关系严重失衡的根源是人类对自然资源的过度消耗和对生态环境的过度破坏，绿色科学技术在社会生产和再生产中不断提高生产效率，减少生产要素投入和废弃物排放，从源头促进人与自然和谐共生。

绿色科学技术是再利用的科学技术。绿色科学技术不仅为人类提供绿色产品和服务，而且使产品可以被多次和多种方式使用，延长产品生命周期，防止产品过早成为垃圾。

绿色科学技术是资源化的科学技术。绿色科学技术能够使生产废料和完成使用功能的产品重新变成可以利用的资源，成为同一个产业部门或另一个产业部门的新的生产要素而不是不可恢复的垃圾，从而减少废弃物排放。

绿色科学技术是环境修复的科学技术。对于已经形成的生态破坏和环境污染，依靠自然界的自我修复需要漫长的时间甚至是难以修复的，绿色科学技术为生态环境的尽快修复提供了技术手段。

可见，只有绿色科学技术，才能推动生产、分配、交换和消费环节的绿色化，才能推动社会生产和再生产的绿色化，进而形成绿色生产方式和绿色生活方式。因此，绿色科学技术才是第一生产力，才是消灭科学技术异化的根本途径，才是通往“自由王国”的革命力量。

二、绿色科学技术推动生产关系绿色化

绿色科学技术通过对生产关系的决定性影响，推动生产关系绿色化，形成绿色生产方式和绿色生活方式，从而为绿色发展提供科学依据和技术支撑。

（一）绿色科学技术推动绿色生产

绿色科学技术加快能源结构调整。煤炭、石油等传统能源开采利用技术和节能环保技术的不断进步，可以提高传统能源开发利用效率，减少传统能源开采利用的生态破坏和环境污染。天然气特别是页岩气勘探、开采和利用技术进步，使天然气可以作为一种清洁高效的能源资源和化工原料，降低经济社会发展对煤炭、石油资源的依赖。太阳能、核能、氢能、

风能、生物质能、地热能等可再生能源开发利用技术的突破，加快了可再生能源替代化石能源的步伐，从根本上解决化石能源枯竭和生态环境破坏问题，突破人类发展的能源极限和生态极限。

绿色科学技术优化升级传统产业。钢铁、化工、建材、纺织、有色、食品等传统产业优化升级有赖于绿色科学技术支持，特别是大数据、云计算、人工智能、物联网、VR/AR、量子通信等新一代信息技术快速发展，推动传统产业向信息化、智能化、工业化深度融合，提升传统产业的智能制造、绿色生产和科学管理水平，提高全要素生产率和产品附加值，从而更好地服务经济社会发展。

绿色科学技术培育绿色新兴产业。绿色新材料、节能环保技术、清洁能源开发利用技术等在推动传统产业优化升级的同时，也推动了绿色新兴产业的兴起和快速发展。大数据、云计算、人工智能、物联网、VR/AR、量子通信等新一代信息技术引领了新一轮科技革命浪潮，带动了新产业、新模式和新业态的繁荣发展，在提供绿色产品和服务，保护人体健康和生存环境的同时，为经济社会发展注入新动能。

（二）绿色科学技术推动绿色分配

绿色科学技术推动生产要素的绿色分配。由于生产要素的分配最终是由生产力水平决定的，绿色科学技术可以提高劳动、资本、土地和企业家才能等生产要素的配置效率，提升生产要素的边际生产力。绿色科学技术不断拓展生产要素的内涵，商业模式、数据信息、人工智能、可再生能源等也成为新的生产要素，改变了生产要素的结构，降低了人类发展对自然资源的消耗和生态环境的破坏。在新时代，由于人力资本的作用越来越大，在教育和科技的推动下，劳动者逐渐由体力劳动向脑力劳动转变、由简单劳动向复杂劳动转变，劳动者有了多元化的自主创业或就业渠道，对经济发展越来越具有决定性意义，使国民收入分配也更加公平。

绿色科学技术推动劳动产品的绿色分配。在劳动产品方面，由于绿色生产决定绿色分配，绿色科学技术推动了产业结构向知识密集、技术密集和低污染、高附加值的产业调整，加快劳动产品绿色化。在分配方式方面，科学技术进步使更多数量、更多种类的商品可供分配，满足社会的各类需求，加快按劳分配为主体、多种分配方式并存向按需分配方式演进，劳动将不再成为谋生的手段，人与人之间更加平等。在分配过程方面，移动通信、物联网、互联网、先进交通运输工具，可以缩短劳动产品流通时间，提高分配效率，加快劳动产品由分配环节向消费环节过渡，使分配过程更高效、更节能、更清洁。

（三）绿色科学技术推动绿色交换

要素绿色交换。信息化、智能化、先进发达的交通运输系统以及绿色科学技术支撑下的商业模式创新，使传统生产要素交换更高效、流动更快捷，降低了企业之间的交易成本和资源环境代价。此外，信息、数据、专利等作为新的生产要素也成为市场交换的对象，这些绿色的生产要素不仅对资源环境的负面影响小，而且是经济社会发展的强大动能。

产品绿色交换。在绿色购买方面，基于绿色科学技术生产的绿色产品以及基于互联网的商业模式创新，引导着消费者对绿色产品的选择和购买方式的节能绿色化。在绿色循环方面，绿色设计、绿色产品、绿色包装以及新一代信息技术的发展，使资源和产品可以在消费领域被多次交换、多次使用。在绿色回收方面，建立在新一代信息技术基础上的废弃物社会回收系统和废弃物资源化利用技术，使过去的“城市垃圾”变成“城市矿山”。

绿色交换秩序。大数据和云计算、电子通信、互联网等先进科学技术与政府职能的深度融合，为政府跨区域、跨部门、跨行业数据采集和分析赋能，显著提高了政府管理和公共服务的信息化、智能化、科学化水平，强化了规范市场秩序的能力，降低了政府决策失误、市场失灵带来的经济损失和资源环境代价。

（四）绿色科学技术推动绿色消费

绿色消费包括绿色生产性消费和绿色生活性消费。生产性消费与生产是同一的（逄锦聚，2016），如前文所述，绿色科学技术推动绿色生产性消费，在保护生态环境的前提下生产绿色产品。按照社会生产和再生产原理，生产决定消费，所以绿色科学技术通过推动绿色生产，对绿色生活性消费发挥决定性作用。

绿色科学技术决定消费的对象。由于生产者生产产品的数量和种类决定了消费者的消费对象，绿色科学技术通过推动绿色产品的生产，决定消费者绿色消费的对象和数量。

绿色科学技术决定消费结构。绿色科学技术的不断进步，使得绿色产品和服务的种类显著多元化，因此，消费者可以根据自己的喜好选择不同的消费结构。

绿色科学技术决定消费的方式。绿色科学技术为消费者提供了多元消费方式，比如消费者可以选择通过互联网购物，也可以去实体商场购物，去商场购物可以选择骑共享单车，也可以选择网约电动汽车，还可以选择乘坐氢燃料公交车，甚至可以乘坐地铁或轻轨等。

绿色科学技术决定消费的需求。当节能家电被生产出来，消费者发现自己需要节能家电；当可穿戴设备被生产出来，消费者发现自己需要可穿戴设备；当企业开始提供互联网服务，消费者发现自己需要互联网服务，如果没有这些产品和服务，消费者也不会有这些需求，所以绿色科学技术可以创造和引领新的消费需求。

绿色科学技术通过推动绿色生产、绿色分配、绿色交换和绿色消费，从而实现绿色产业体系的形成和生产方式的绿色转变，并引导绿色消费，为绿色生活方式的构建奠定基础。生产方式与生活方式在经济活动过程中的辩证关系表明，绿色生产方式决定绿色生活方式，生产方式的变革必然引起人们生活方式的变革，如果没有绿色生产方式，绿色生活方式就失去了物质基础和技术手段；绿色生活方式决定绿色生产方式，绿色生活方式对绿色生产方式提出了新要求，如果没有绿色生活方式，生产方式和产业体系的绿色转型就会出现内生动力不足，绿色生活方式可以倒逼绿色生产方式的持续演进升级。可见，绿色科学技术推动了绿色生产方式和绿色生活方式的有机统一，二者互为前提、相互促进、共生共荣，共同推动经济社会的绿色发展。

三、绿色生产关系要求科学技术绿色化

生产力与生产关系的矛盾运动规律表明，生产关系不仅要适合于生产力的性质、水平和发展的要求，而且对生产力具有反作用力。新时代绿色发展理念是一场发展理念的绿色革命，以人与自然和谐共生为价值导向，要求规避科学技术异化现象，形成绿色发展方式和生活方式，并渗透到生产关系的四个环节，进而对科学技术创新提出正确价值导向和社会需求，引导科学技术创新绿色化，服务于人的自由全面发展。

综上所述，在新时代背景下，绿色科学技术与绿色生产关系的矛盾运动，是生产力与生产关系矛盾运动规律的现代体现；绿色科学技术与绿色生产关系的相互作用、相互促进、协同演进，使绿色生产方式与绿色生活方式相协调、自然生产力与社会生产力相协调、自然再生产与经济再生产相协调，从而实现经济社会的绿色发展和人与自然的彻底解放。

第四节　促进科学技术创新驱动绿色发展的建议

一、坚定走科技兴国之路

英国、德国、日本、美国等世界强国的崛起和生产力与生产关系的矛盾运动规律表明：新时代背景下的中国，唯有凝聚举国之力，整合全球科技资源，突破关键科技“瓶颈”，坚定走科技兴国之路，依靠绿色科学技术创新，推动经济发展方式由主要依靠增加物质资源消耗的传统方式向主要依靠科学技术创新、劳动者素质提高和管理创新转变的根本转变，才能实现绿色发展和中华民族的伟大复兴。

二、推动价值观革命

推动科技创新的价值观革命。在新时代背景下，应充分吸取粗放式发展的深刻教训，着力推动科技创新的价值观革命，及时扬弃单纯追求

经济价值的科技创新观，回归马克思的以人为本的科技创新观，扭转科技创新的价值导向，倡导“绿色科学技术是第一生产力”的先进理念，规避科学技术的异化现象，从而谋求人的自由全面发展和人与自然的彻底解放。

推动企业生产的价值观革命。强化企业在科技创新中的主体作用，发挥政府的组织协调优势，从制度规范、法律约束、政策引导、经济支持等多方面着手，扭转企业生产经营的价值导向，尤其是企业家的价值导向，鼓励和支持企业进行节能环保技术、新能源技术、废弃物回收再利用技术、新一代信息技术等绿色科学技术的创新和应用，用绿色科学技术改进设备和工艺流程，从产品设计、要素投入、产品生产与包装、产品运输、废弃物回收再利用等产品生命周期的每一个环节，提高全要素生产率和产品附加值，降低生产经营对生态环境的破坏。

推动公众消费的价值观革命。强化宣传教育的力度和广度，将环境教育和简约适度、绿色低碳的生活方式普及成为全民素质教育中的重要内容，引导消费者转变消费观念，提高社会公众的绿色消费意识，培育绿色消费文化。遵循生产决定消费的原理，政府和企业协同推进，引导消费者购买绿色产品和服务。鼓励更多企业通过科学技术和商业模式的协同创新，在全社会范围内构建废弃物回收利用系统，引导消费者形成合理处置消费垃圾的习惯。

三、推进人口红利向人才红利转变

绿色科学技术创新有赖于科技人才的培养，科技创新能力不足的根本原因是思维禁锢。面对复杂多变的国际形势和日新月异的新一轮科技革命，“只有把核心技术掌握在自己手中，才能真正掌握竞争和发展的主动权，才能从根本上保障国家经济安全、国防安全和其他安全”。因此，随着人口红利的逐渐消退，我国亟须推进人口红利向人才红利转变，着力实施国民创新能力提升工程，从早教、幼儿园开始，持续培养孩子的创新精神、创新意识和创新能力，为推动绿色科学技术创新和绿色发展培育人才。

四、促进金融资本与科学技术融合

随着我国资本市场特别是风险资本市场的日趋成熟，应积极引导和鼓励各类金融资本与绿色科学技术深度融合，建立全过程、多元化的科学技术创新融资模式，形成各类金融工具协同融合的科技金融生态环境。着力加大对基础科学研究的支持力度，强化资本要素对原始创新的贡献。充分发挥各类国家级产业发展基金的杠杆作用，撬动更多社会资本进入高新技术产业。鼓励金融服务创新，进一步健全和完善多层次资本市场，建立适应科技创业企业发展的多元化金融服务模式。

参考文献

[1][德]马克思. 资本论:第3卷[M]. 北京:人民出版社,2004:115.

[2][德]马克思. 资本论:第2卷[M]. 北京:人民出版社,2004:108.

[3]胡家勇,李繁荣.《资本论》中的生态思想及其当代价值[J]. 经济学动态,2015(7):70-79.

[4]邓亚中. 列宁生态思想研究[D]. 武汉:华中师范大学,2015.

[5]邓小平. 邓小平文选:第2卷[M]. 北京:人民出版社,1994:163,164.

[6]薄海. 我国经济欠发达地区绿色发展的理论依据及现实路径[J]. 经济研究导刊,2017(25):6-8.

[7][德]马克思,恩格斯. 马克思恩格斯全集:第48卷[M]. 中共中央马克思恩格斯列宁斯大林著作编译局,译. 北京:人民出版社,1985:4.

[8][德]马克思. 1844年经济学哲学手稿[M]. 中共中央马克思恩格斯列宁斯大林著作编译局,译. 北京:人民出版社,2000:105.

[9][德]马克思,恩格斯. 马克思恩格斯选集:第4卷[M]. 中共中央马克思恩格斯列宁斯大林著作编译局,译. 北京:人民出版社,1995:383-384.

[10][德]马克思,恩格斯. 马克思恩格斯文集:第6卷[M]. 中共中央马克思恩格斯列宁斯大林著作编译局,译. 北京:人民出版社,2009:272.

[11][俄]列宁. 列宁全集:第1卷[M]. 北京:人民出版社,1984:169.

[12][俄]列宁. 列宁全集:第34卷[M]. 北京:人民出版社,1985:169.

[13][俄]列宁. 列宁全集:第38卷[M]. 北京:人民出版社,1986:283.

[14]黄志斌,沈琳,袁蛟姣. 毛泽东的绿色发展思想及其时代意义[J].

毛泽东邓小平理论研究,2015(8):48－52,91.

[15]毛泽东. 毛泽东文集:第7卷[M]. 北京:人民出版社,1999:448.

[16]毛泽东. 毛泽东选集:第3卷[M]. 北京:人民出版社,1991:894.

[17]毛泽东. 毛泽东论林业[M]. 北京:中央文献出版社,2003:77.

[18]中共中央文献研究室. 新时期环境保护重要文献选编[M]. 北京:中央文献出版社,2001:139.

[19]邓小平. 邓小平文选:第3卷[M]. 北京:人民出版社,1995:21.

[20]中共中央文献研究室编. 回忆邓小平:中卷[M]. 北京:中央文献出版社,1998:280.

[21]冷溶,汪作玲,等. 邓小平年谱(1979—1997):下册[M]. 北京:中央文献出版社,2004:867.

[22]江泽民. 江泽民文选:第2卷[M]. 北京:人民出版社,2006:233.

[23]中共中央文献研究室. 江泽民论有中国特色社会主义(专题摘编)[M]. 北京:中央文献出版社,2002:279.

[24]江泽民. 江泽民文选:第3卷[M]. 北京:人民出版社,2006:545.

[25]《中国环境年鉴》编辑委员会. 中国环境年鉴[M]. 北京:中国统计出版社,1998:3.

[26]中共中央文献研究室. 江泽民论有中国特色社会主义(专题摘编)[M]. 北京:中央文献出版社,2002:237.

[27]江泽民. 论科学技术[M]. 北京:中央文献出版社,2001:77－78.

[28]中共中央文献研究室. 科学发展重要论述摘编[M]. 北京:中央文献出版社,2008:37.

[29]岳利萍,毕冬一. 新时代中国特色社会主义政治经济学人民中心论思想的渊源与创新[J]. 西北大学学报(哲学社会科学版),2018,48(3):23－31.

[30]中国共产党第十八届中央委员会第五次全体会议公报[J]. 求是,2015(21):3－7.

[31]岳利萍.生态文明的科学指南[N].光明日报,2018-06-04(6).

[32]习近平在省部级主要领导干部学习贯彻党的十八届五中全会精神年专题研讨班上的讲话[N].人民日报,2016-05-10(2).

[33]张志强,徐中民,程国栋.可持续发展下的生态经济学理论透视[J].中国人口·资源与环境,2003,13(6):1-7.

[34]唐建荣.生态经济学[M].北京:化学工业出版社,2004:22-27.

[35][美]赫尔曼·戴利,乔舒亚·法利.生态经济学:原理和应用(第二版)[M].金志农,陈美球,蔡海生,译.北京:中国人民大学出版社,2014:13-28.

[36]Costanza R. What Is Ecological Economics[J]. *Ecological Economics*, 1989,1(1):1-7.

[37]Costanza R., King J. The First Decade of Ecological Economics[J]. *Ecological Economics*, 1999,28(1):1-9.

[38]Barbier E. B. Paradise Lost? *The Ecological Economics of Biodiversity* [M]. London: Earthscan,1994,78-152.

[39] Faber M, Manstetten R. Proops J. *Ecological Economics: Concepts and Methods*[M]. Cheltenham: Edward Elgar, 1996:165-208.

[40] Asafu-Adjaye. *Environmental Economics for Non-economists*[M]. Singapore: World Scientific Publishing Co Pte Ltd, 2000:121-123.

[41] Tansley A. G. The Use and Abuse of Vegetational Concepts and Terms. [J]. *Ecology*,2007,31(5):284-307.

[42][美]莱切尔·卡森.寂静的春天[M].上海:上海译文出版社,2008:107-361.

[43][美]丹尼斯·梅多斯,德内拉·梅多斯,乔根·兰德斯.增长的极限[M].北京:机械工业出版社,2013:42-87.

[44]Edward Goldsmith. A Blueprint for Survival[J]. Ecologist,1972,2(1):135-139.

[45]马涛. 中国对外贸易中的生态要素流分析——从生态经济学视角看贸易与环境问题[M]. 上海:复旦大学出版社,2007:25－48.

[46]Costanza R., D'Arge R., de Groot R., et al. The Value of the World's Ecosystem Eervices and Natural Capital[J]. Nature, 1997, 387(1): 253－260.

[47]王家玉. 国内关于毛泽东生态建设思想的研究综述[J]. 高校社科动态,2018(1):35－36.

[48]沈满洪. 生态经济学[M]. 北京:中国环境科学出版社,2008:3－15.

[49]洪银兴. 可持续发展经济学[M]. 北京:商务印书馆,2000:18－138.

[50]孙兵. 区域协调组织与区域治理[M]. 上海:上海人民出版社,2007:56－57.

[51]林毅夫,刘培林. 中国的经济发展战略与地区收入差距[J]. 经济研究,2003(3):19－25,89.

[52]李春梅,李亚兵. 产业结构优化与区际产业转移:理论与模型[J]. 兰州学刊,2015(11):197－203.

[53]李国平. 首都圈结构:分工与营建战略[M]. 北京:中国城市出版社,2004:120－275.

[54]李国平. 京津冀区域科技发展战略研究[M]. 北京:中国经济出版社,2008:233－257.

[55]孙久文. 首都经济圈区域经济关系与合作途径[J]. 领导之友,2004(3):25－27.

[56]刘作丽,贺灿飞. 京津冀地区工业结构趋同现象及成因探讨[J]. 地理与地理信息科学,2007(5):62－66,76.

[57]张贵,王树强,刘沙. 基于产业对接与转移的京津冀协同发展研究[J]. 经济与管理,2014(4):14－20.

[58]朱江丽,李子联.长三角城市群产业—人口—空间耦合协调发展研究[J].中国人口·资源与环境,2015(2):75-82.

[59]刘少和,梁明珠.环大珠三角城市群游憩带旅游产业集聚发展路径模式——以广东山海旅游产业园区建设为例[J].经济地理,2015(6):190-197.

[60]万庆,曾菊新.基于空间相互作用视角的城市群产业结构优化——以武汉城市群为例[J].经济地理,2013(7):102-108.

[61]方创琳.京津冀城市群协同发展的理论基础与规律性分析[J].地理科学进展,2017(1):15-24.

[62]李小建,杨慧敏.中原城市群产城协调发展分析[J].区域经济评论,2017(4):47-54.

[63]刘士林,刘新静.城市群:未来城镇化的主平台[N].光明日报,2014-06-03(11).

[64]Dunn JES. A Statistical and Analytical Technique for Regional Analysis[J]. *Papers of the Regional Science Association*,1960,6(1):97-112.

[65]NazaraS, Hewings G. J. D. Spatial Structure and Taxonomy of Decomposition in Shift-Share Analysis [J]. *Growthand Change*,2004,35(4):476-490.

[66]史春云,涨捷,高薇.国外偏离—份额分析及其拓展模型研究述评[J].经济问题探索,2007(3):133-136.

[67]吴继英.偏离—份额分析法空间模型及其应用[J].统计研究,2009(4):73-79.

[68]游士兵,杨涛,黄炳南.基于空间偏离—份额法的区域产业结构研究[J].统计与决策,2010(17):117-120.

[69]陈燕武,楼燕妮.海西经济区产业结构与经济增长关系研究——基于偏离—份额分析空间模型[J].华侨大学学报(哲学社会科学版),2010(4):44-51.

[70]陈群元,宋玉祥.长株潭"3+5"城市群产业结构效益与竞争力研究

[J]. 地域研究与开发,2009(2):66－70.

[71]安同良,周绍东,皮建才. R&D 补贴对中国企业自主创新的激励效应[J]. 经济研究,2009(11):87－98,120.

[72]陆国庆. 中国战略性新兴产业政府创新补贴的绩效研究[J]. 经济研究,2014(7).

[73]张杰,翟福昕. 竞争如何影响创新:中国情景的新检验[J]. 中国工业经济,2014(11):44－45.

[74]张杰,杨连星,新夫. 中国创新补贴政策的绩效评估:理论与证据[J]. 经济研究,2015(10):4－17,33.

[75]苗圩. 加快建设制造强国[J]. 中国经贸导刊,2016(1):10－12.

[76]童有好. "互联网＋制造业服务化"融合发展研究[J]. 经济纵横,2015(20):62－67.

[77]贾莹. 生产性服务业对制造业转型升级的作用机制研究[J]. 技术与创新管理,2016(1):76－81.

[78]王建成. 突围 :中国制造业品牌的现状与出路[J]. 中国工业评论,2016(4):34－41.

[79]迟福林. 在转型升级中打造中国制造全球品牌[J]. 经济参考报,2015－07－16(8).

[80]马雪娇. "负面清单"模式成为我国制造业再造的新契机[J]. 中国商论,2016(17):132－134.

[81]史宇鹏. 知识产权保护、异质性企业与创新:来自中国制造业的证据[J]. 金融研究,2013(8):136－149.

[82]胡斌武. "中国制造 2025"背景下职业教育技术技能型人才培养的现状与新要求[J]. 经营与管理,2016(5):38－41.

[83]黄益平. 经济增长更多依靠创新与产业升级[J]. 经济参考报,2015－07－17(8).

[84]冯飞. 绿色发展指引中国制造[J]. 节能与环保,2015(12):27－29.

[85]张翔,赵群.低碳经济引领下的我国制造业绿色化发展综述[J].机械制造,2013(10):1-6.

[86]刘飞,曹华军,何乃军.绿色制造的研究现状与发展趋势[J].中国机械工程,2000(1):114-119.

[87]袁珊珊,钟佩思,刘梅,张丹丹.机电产品的绿色制造技术研究[J].机械设计与制造,2012(4):256-258.

[88]冯飞.绿色发展指引中国制造[J].节能与环保,2015(12):27-29.

[89]中国社会科学院工业经济研究所课题组.中国工业绿色转型研究[J].中国工业经济,2011(4):5-14.

[90]蓝庆新,韩晶.中国工业绿色转型战略研究[J].经济体制改革,2012(1):24-28.

[91]付保宗.我国推行绿色制造面临的形势与对策[J].宏观经济管理,2015(11):34-36.

[92]李博洋.中国区域绿色制造评价体系研究[J].工业经济论坛,2015(2):23-30.

[93]吴晓青.加快推动我国消费绿色转型[J].宏观经济管理,2014(4):6-7.

[94]井绍平.绿色营销及其对消费者心理与行为影响的分析[J].管理世界,2004(5):145-146.

[95]崔如波.绿色消费:21世纪全新的生活理念[J].理论前沿,2002(4):17-18.

[96]黄李琴.和谐社会与绿色消费[J].社会科学论坛,2006(2):41-43.

[97]於素兰.我国绿色消费拓展影响因素分析[J].学术探索,2014(10):132-137.

[98]王宽,秦书生.发达国家发展绿色消费的经验及其对中国的启示[J].资源环境与发展,2013(5):19-23.

[99]文启湘,文晖.加快推进消费转型升级——新常态下消费发展的若干思考[J].消费经济,2016(1):87-90.

[100]张新宁,包景岭,王敏达.绿色消费政策手段的中外对比研究[J].安徽农业科学,2012(1):516-521.

[101]蔡军.产品设计阶段的成本管理研究[D].长沙:中南大学,2012.

[102]於素兰,孙育红.德国日本的绿色消费:理念与实践[J].学术界,2016(3):221-230.

[103]孙秋野.能源互联网[M].北京:科学出版社,2015:34-35.

[104]曾嵘.能源互联网引论[M]//能源互联网研究课题组.能源互联网发展研究.北京:清华大学出版社,2016:2-11.

[105]刘振亚.构建全球能源互联网 推动能源清洁绿色发展[N].人民日报,2015-10-22(11).

[106]郑泽东.能源互联网与绿色交通[M]//能源互联网研究课题组.能源互联网发展研究.北京:清华大学出版社,2016:160.

[107]洪涛.天然气分布式能源:"互联网+化石能源"的先行者[M]//能源互联研网研究课题组.能源互联网发展研究.北京:清华大学出版社,2016:270.

[108]刘振亚.构建全球能源互联网 推动能源清洁绿色发展[N].人民日报,2015-10-22(11).

[109]习近平.携手推进"一带一路"建设——"一带一路"国际合作高峰论坛开幕式上的演讲[EB/OL].http://www.xinhuanet.com//politics/2017-05-14/c-1120969677.htm,2017-05-14.

[110]BP Statistical Review of World Energy 2018 [R]. London:BP Company,2018.

[111]孔琳.推进能源体制改革,促进绿色经济发展[J].经济界,2015(3):76-81.

[112]武旭.我国油气行业监管体系目标设计思考[J].西南石油大学学

报(社会科学版),2015,17(3):1 - 11.

[113]郑海峰,王善琦,周荣军. 构建我国石油工业的现代管理体制[J]. 石化技术,2015,22(3):211,223.

[114]王金照. 建言能源体制改革[J]. 中国经济报告,2015(7):36,38 - 40.

[115]王传刚,来丽锋. 国外大部制改革对我国的启示[J]. 人民论坛,2015(21):251 - 253.

[116]王雨. 推进我国能源战略转型的路径选择[J]. 当代经济研究,2014(3):67 - 70.

[117]陈姝蓉. 完善我国能源法律体系的思考[J]. 法制与社会,2006(17):223 - 224.

[118]马波,刘培良. 我国能源安全保障法律问题探析[J]. 西南石油大学学报(社会科学版),2015,77(3):18 - 24.

[119]李剑阁. 中国能源现代监管体系走向[J]. 中国石油企业,2005(6):30 - 31.

[120]赵芳. 中国能源政策:演进、评析与选择[J]. 现代经济探讨,2008(12):29 - 32.

[121]肖国兴.《能源法》与中国能源法律制度结构[J]. 中州学刊,2010(6):78 - 84.

[122]周文静. 中国能源法律制度的完善——以美国能源法律制度为借鉴[J]. 法制博览(中旬刊),2012(11):202,203.

[123]吴江. 能源战略立法为先——析《中国能源法律体系研究》[J]. 中国电力企业管理,2008(3):40 - 41.

[124]肖国兴. 论中国能源革命与法律变革的维度[J]. 郑州大学学报(哲学社会科学版),2011,44(5):39 - 43.

[125]董成秀,高建,张海霞. 能源战略与政策[M]. 北京:科学出版社,2016:125 - 126.

[126]王文俭.我国天然气供需预测研究[D].青岛:中国石油大学(华东),2013.

[127]莫神星,贾艳.科学发展观指导下的中国能源发展战略[J].中外能源,2013,18(5):4 - 11.

[128]Mishan E J. The Costs of Economic Growth. [J]. *Journal of Finance*, 1967, 24(3):561.

[129]Daly Herman E. The Economics of the Steady State[J]. *American Economic Review*, 1974, 64(2):15 - 21.

[130]Pearce D. Foundations of an ecological economics[J]. *Ecological Modelling*, 1987, 38(1 - 2):9 - 18.

[131]Mol A. P. J., Sonnenfeld D. A. Ecological Modernization around the World:Perspectives and Critical Debates[J]. *Environmental Politics*, 2000, 9(1):1 - 14.

[132]Ferng J. Toward a Scenario Analysis Framework for Energy Footprints [J]. *Ecological Economics*, 2002, 40 (1): 53 - 70.

[133]Giddings B., Hopwood B., O'Brien G. Environment, Economy and Society:Fitting Them Together into Sustainable Development[J]. *Sustainable Development*, 2002, 10(4):187 - 196.

[134]Mcafee K. Green Economy and Carbon Markets for Conservation and Development:A Critical View[J]. *International Environmental Agreements Politics Law & Economics*, 2016, 16(3):333 - 353.

[135]潘家华.持续发展途径的经济学分析[M].北京:中国人民大学出版社,1997:160 - 183.

[136]侯伟丽.21 世纪中国绿色发展问题研究[J].南都学坛,2004(3):106 - 110.

[137]王玲玲,张艳国."绿色发展"内涵探微[J].社会主义研究,2012(5):143 - 146.

[138]蒋南平.中国经济绿色发展的若干问题[J].当代经济研究,2013(2):50-54.

[139]冯之浚,周荣.低碳经济:中国实现绿色发展的根本途径[J].中国人口·资源与环境,2010(4):1-7.

[140]Maggs P., Hoddinott J. The impact of Changes in Common Property Resource Management on Intrahousehold Allocation[J]. *Journal of Public Economics*, 1999, 72(2):317-324.

[141]Carter N. Halting Degradation of Natural Resources:Is There a Role for Rural Communities?[J]. *Oup Catalogue*, 1996, 11(3):251-258.

[142]陈安宁.论我国自然资源产权制度的改革[J].自然资源学报,1994(1):9-16.

[143]谢地.论我国自然资源产权制度改革[J].河南社会科学,2006(5):1-7.

[144]叶青海.制度兼容、制度互补与我国自然资源产权制度完善[J].改革与战略,2010(4):18-21.

[145]汤吉军,张壮.交易成本视角下自然资源国家所有权的行使分析[J].经济体制改革,2016(1):39-43.

[146]张维迎,吴有昌,马捷.公有制经济中的委托人—代理人关系:理论分析和政策含义[J].经济研究,1995(4):10-20.

[147]吴平.完善生态补偿制度实现绿色发展[J].中国财政,2017(12):39-40.

[148]施志源.绿色发展与环境资源法律制度创新[M].北京:法律出版社,2018:110-145.

[149]李成宇,张士强,廖显春,张伟.自然资源资产负债表的研究进展[J].统计与决策,2018(15):37-41.

[150]邴正,蔡禾,洪大用,等."转型与发展:中国社会建设四十年"笔谈[J].社会,2018(6):1-90.

[151]胡石其,熊磊.“组织学习”驱动绿色创新绩效的影响机制[J].求索,2018(6):82-88.

[152]严勇,周建华.供给侧结构性改革背景下的生态文明建设“湖州模式”研究[J].生态经济,2018(11):59-63.

[153]沙占华,冯雪艳.习近平新时代生态民生观探析[J].保定学院学报,2018(6):1-6.

[154]李婷婷.我国国家质量技术基础面临机遇与挑战分析[J].品牌与标准化,2018(5):28-30.

[155]王钦,张隺.中国工业企业技术创新40年:制度环境与企业行为的共同演进[J].经济管理,2018(11):5-20.

[156]郑石明.改革开放40年来中国生态环境监管体制改革回顾与展望[J].社会科学研究,2018(6):28-35.

[157]朱焱.中国气候外交研究[D].北京:中共中央党校,2014.

[158]宋文生.社会主义初级阶段理论研究[D].武汉:华中师范大学,2014.

[159]彭建交,谢中起,臧红松,等.环境治理中的政府信任重塑[J].生态经济,2018(11):40-46.

[160]汤清源.跨区域水环境监管法律机制研究[D].长沙:中南林业科技大学,2018.

[161]王尔德.新时代生态环境管理体制改革和完善治理体系的路线图——专访中国科学院科技战略咨询研究院副院长王毅[J].中国环境管理,2017(6):20-22.

[162]殷培红.中国环境管理体制改革的回顾与反思[J].环境与可持续发展,2016(2):7-11.

[163]李廷康.人类命运共同体理念下的联合国集体安全机制改革[J].国际关系研究,2018(5):39-61,153-154.

[164]尤艳馨.我国国家生态补偿体系研究[D].天津:河北工业大

学,2007.

[165]史玉成.流域水环境治理“河长制”模式的规范建构——基于法律和政治系统的双重视角[J].现代法学,2018(6):95-109.

[166]房临旭.海洋环境执法的问题与对策[J].法制博览,2018(32):81-82.

[167]赵旭光,李红枫.从法治视角探究生态环境监管体制改革[J].中国特色社会主义研究,2018(4):91-96.

[168]李悦.向环境污染宣战——第三次全国环境保护会议在京召开[J].中国环境管理,1989(3):32.

[169]张文波.我国环境行政执法权配置研究[D].重庆:西南政法大学,2017.

[170]章瑞.舆论监督问题与对策研究[D].北京:中共中央党校,2010.

[171]杨珊.公众参与环境管理现状及对策研究[J].环境与发展,2018(7):190-192.

[172]朱国华.我国环境治理中的政府环境责任研究[D].南昌:南昌大学,2016.

[173]张红兵,张淑莲.论京津冀生态环境协同发展的问题与对策[J].河北青年管理干部学院学报,2018(6):84-89.

[174]林永生,吴其倡,袁明扬.中国环境经济政策的演化特征[J].中国经济报告,2018(11):39-42.

[175]薄燕.合作意愿与合作能力——一种中国参与全球气候变化治理的新框架[J].世界经济与政治,2013(1):135-155,160.

[176]许琳.全球气候治理与中国的战略选择[J].世界经济与政治,2013(1):116-134,159.

[177]钮松,王九思.全球气候变化治理组织与中国在气候治理中的角色[J].中国软科学,2013(5):10-17.

[178]李慧明.全球气候治理制度碎片化时代的国际领导及中国的战略

选择[J]. 当代亚太,2015(4):128 - 156,160.

[179]李昕蕾. 全球气候治理领导权格局的变迁与中国的战略选择[J]. 山东大学学报(哲学社会科学版),2017(1):68 - 78.

[180]冯存万. 人类命运共同体理念视角下的中国气候治理援助[J]. 领导科学论坛,2017(21):8 - 14.

[181]彭本利. 习近平共同体理念下的环境治理和全球气候治理[J]. 广西社会科学,2018(1):1 - 5.

[182]杨永清,李志. "人类命运共同体"理念下全球气候治理的国家责任[J]. 哈尔滨师范大学社会科学学报,2018(4):24 - 29.

[183]李慧明. 构建人类命运共同体背景下的全球气候治理新形势及中国的战略选择[J]. 国际关系研究,2018(4):3 - 20,152 - 153.

[184]王礼茂,李红强,顾梦琛. 气候变化对地缘政治格局的影响路径与效应[J]. 地理学报,2012(6):853 - 863.

[185]王文举,赵艳. 全球碳市场研究及对中国碳市场建设的启示[J]. 东北亚论坛,2019(2):97 - 112,128.

[186]Asane - Otoo E. Competition policies and environmental quality:Empirical analysis of the electricity sector in OECD countries[J]. *Energy Policy*, 2016,95:212 - 223.

[187]陈红敏. 国际碳核算体系发展及其评价[J]. 中国人口·资源与环境,2011(9):111 - 116.

[188]张益纲,朴英爱. 世界主要碳排放交易体系的配额分配机制研究[J]. 环境保护,2015(10):55 - 59.

[189]陈婉. 2018 年度全球碳市场进展报告[J]. 环境经济,2018(5):44 - 47.

[190]钱浩祺,吴力波,任飞州. 从"鞭打快牛"到效率驱动:中国区域间碳排放权分配机制研究[J]. 经济研究,2019(3):86 - 102.

[191]梁姣. 低碳经济国际合作博弈分析与机制研究[D]. 成都:西南交

通大学,2011.

[192]毛涛.加拿大魁北克省与英属哥伦比亚省碳税立法比较研究[J].时代法学,2013(4):99-107.

[193]郭冬梅.印度低碳经济对策及对中国的启示[J].东南亚纵横,2010(4):107-111.

[194]周舟.全球碳定价机制现状与展望分析:EU-ETS已成为世界上最大、最活跃的碳排放交易体系[N].期货日报,2018-08-21.

[195]石敏俊.中国人民大学国家发展与战略研究院.中国经济绿色发展报告[R].2018.

[196]任保平,张蓓.马克思主义政治经济学绿色发展思想的理论基础[J].学习与探索,2017(12):112-117,188.

[197]唐啸.绿色经济理论最新发展述评[J].国外理论动态,2014(1):125-132.

[198]解振华.绿色经济引领低碳市场发展[J].低碳世界,2012(10):12-13.

[199]丁刚,陈奇玲.绿色经济的涵义及评价指标体系的构建[J].太原理工大学学报(社会科学版),2014(1):1-4.

[200]白瑞,秦书生.论我国绿色发展思想的形成[J].理论月刊,2012(7):106-109.

[201]何爱平,安梦天.习近平新时代中国特色社会主义绿色发展思想的科学内涵与理论创新[J].西北大学学报(哲学社会科学版),2018(5):84-93.

[202]任保平,张蓓.马克思主义政治经济学绿色发展思想的理论基础[J].学习与探索,2017(12):112-117.

[203]陆波,方世南.绿色发展理念的演进轨迹[J].重庆社会科学,2016(9):24-30.

[204]王海芹,高世楫.我国绿色发展萌芽、起步与政策演进:若干阶段

性特征观察[J]. 改革,2016(3):6 - 26.

[205]李雪娇,何爱平. 绿色发展的制约因素及其路径拿捏[J]. 改革,2016(6):90 - 99.

[206]焦艳,李合亮. 习近平绿色发展理念的形成及内容[J]. 中共天津市委党校学报,2017(2):39 - 44.

[207]方文,杨勇兵. 习近平绿色发展思想探析[J]. 社会主义研究,2018(4):15 - 23.

[208]李国俊,陈梦曦. 习近平绿色发展理念:马克思主义生态文明观的理论创新[J]. 学术交流,2017(12):53 - 57.

[209]黄茂兴,叶琪. 马克思主义绿色发展观与当代中国的绿色发展——兼评环境与发展不相容论[J]. 经济研究,2017(6):17 - 30.

[210]安海彦,姚慧琴. 习近平绿色发展思想探析——《资本论》生态经济思想的意蕴[J]. 经济学家,2018(3):20 - 26.

[211]何爱平,等. 习近平新时代绿色发展的理论创新研究[J]. 经济学家,2018(6):5 - 12.

[212]梁超. 实践视角下绿色发展理念:哲学基础、现实困境及建构向度[J]. 南京航空航天大学学报(社会科学版),2018(1):14 - 19.

[213]金瑶梅. 中国传统自然观视域中的绿色发展理念[J]. 黑龙江社会科学,2018(2):1 - 5.

[214]秦书生,胡楠. 中国绿色发展理念的理论意蕴与实践路径[J]. 东北大学学报(社会科学版),2017(6):631 - 636.

[215]方文,杨勇兵. 习近平绿色发展思想探析[J]. 社会主义研究,2018(4):15 - 23.

[216]刘德海. 绿色发展理念的科学内涵与价值取向[J]. 江苏社会科学,2017(3):1 - 7.

[217]方世南. 论绿色发展理念对马克思主义发展观的继承和发展[J]. 思想理论研究,2016(5):28 - 33.

[218]沈斐.价值观革命:绿色发展何以超越资本逻辑[J].毛泽东邓小平理论研究,2016(9):65-69.

[219]徐茂华,李晓雯.绿色发展理念的五个向度及现实价值[J].重庆社会科学,2018(8):74-82.

[220]薛丁辉.习近平绿色发展思想及其当代价值研究[J].理论学刊,2017(1):34-39.

[221]李晓西,刘一萌,宋涛.人类绿色发展指数的测算[J].中国社会科学,2014(6):69-95.

[222]王兵,侯冰清.中国区域绿色发展绩效实证研究:1998—2013——基于全局非径向方向性距离函数[J].中国地质大学学报(社会科学版),2017(6):24-40.

[223]郝汉舟,周校兵.中国省际绿色发展指数空间计量分析[J].统计与决策,2018(12):114-118.

[224]郝淑双,朱喜安.中国区域绿色发展水平影响因素的空间计量[J].经济经纬,2019(1):10-17.

[225]杨顺顺.长江经济带绿色发展指数测度及比较研究[J].求索,2018(5):88-95.

[226]涂正革,王秋皓.中国工业绿色发展的评价及动力研究——基于地级以上城市数据门限回归的证据[J].中国地质大学学报(社会科学版),2018(1):47-56.

[227]张乃明,张丽,等.农业绿色发展评价指标体系的构建与应用[J].生态经济,2018(11):21-24.

[228]陈亮,哈战荣.新时代创新引领绿色发展的内在逻辑、现实基础与实施路径[J].马克思主义研究,2018(6):74-86.

[229]宋妍,张明.公众认知与环境治理:中国实现绿色发展的路径探析[J].中国人口·资源与环境,2018(8):161-168.

[230]金乐琴.高质量绿色发展的新理念与实现路径——兼论改革开放

40 年绿色发展历程[J]. 河北经贸大学学报,2018(6):22 - 30.

[231]习近平. 在哲学社会科学工作座谈会上的讲话[EB/OL]. 新华网,2016 - 05 - 18.

[232]彭国昌. 分离与融合:中国特色社会主义城乡一体化发展趋势与路径选择[J]. 湖南社会科学,2014(1).

[233]孙久文,唐泽地. 中国特色的扶贫战略与政策[J]. 西北师范大学学报,2017(2).

[234]戴跃侬. 人的全面发展理论与马克思主义中国化[J]. 马克思主义与现实,2007(5).

[235]洪银兴. 以创新的经济发展理论阐释中国经济发展[J]. 中国社会科学,2016(11).

[236]洪银兴. 以人为本的发展观及其理论和实践意义[J]. 经济理论与经济管理,2007(5).

[237]简新华. 创建中国特色发展经济学[J]. 生产力研究,2008(18).

索　引

C

城镇化（CH9）

产业结构（CH3）

产业升级（CH3）

产业转型（CH3）

城市群（CH3）

D

低碳经济（CH11）

对外开放（CH4、CH9）

F

发展理念（CH4、CH5、CH8、CH9）

负外部性（CH11）

G

价值观革命（结语）

改革开放（CH4、CH5、CH9）

供给侧改革（CH3）

共享发展（CH9）

国际金融（CH4）

国家治理（CH9）

H

宏观调控（CH9）

环境问题（CH2）

环境治理（CH1、CH9）

J

价值观革命（结语）

集体化（CH4）

计划经济体制（CH9）

经济发展与生态环境（CH2、CH9）

经济体制（CH8、CH9）

经济体制改革（CH8）

经济增长（CH2、CH4、CH9）

经济转型（CH4、CH9）

K

科学技术（结语）

科学技术异化（结语）

科学技术创新（结语）

可持续发展（CH2）
可再生能源（CH7）

L

绿色发展（CH1、CH9、CH11、结语）
绿色发展的政治经济学（CH6）
绿色科学技术（结语）
绿色能源（CH7）
绿色交通（CH6）
绿色经济发展（CH7）
绿色生产方式（CH1、结语）
绿色生活方式（结语）

M

马克思主义绿色发展理念（CH1）
马克思主义政治经济学（CH1）

N

能源体制改革（CH7）
能源管理体制（CH7）
能源法律体制（CH7）
能源监管体制（CH7）
能源领域市场化（CH7）
能源与环境综合决策机制（CH7）
能源互联网（CH6）
能源现状（CH6）

P

偏离——份额分析法（CH3）

Q

全面深化改革（CH4）
全球能源互联网（CH6）
全球气候治理（CH10）
全球气候变化（CH10）

R

人类命运共同体（CH1、CH10）

S

生产力（CH1、结语）
生产关系（结语）
社会主义初级阶段（CH9）
社会主义市场经济体制（CH9）
生态经济学（CH1、CH2）
生态文明（CH9）
市场化（CH9）
市场化改革（CH9）
市场经济改革（CH7）
世界经济（CH4）

T

天然气分布式能源（CH6）
碳定价（CH11）
碳税（CH11）

碳交易市场（CH11）
碳减排模式（CH11）

W

稳态经济（CH2）
五大发展理念（CH4、CH9）

X

项目抵消机制（CH11）
新时代（结语）
协调发展（CH2）
循环经济（结语）
新时代（CH1、CH9）

Y

“一带一路”建设（CH6、CH10）
应对气候变化（CH10）
有机整体（CH2）
依法治国（CH9）

Z

自由全面发展（结语）
中国梦（CH4、CH9）
总量管控与贸易体系（CH11）
自贸区（CH4）